Anonymous

Der Bote aus Thüringen

Anonymous

Der Bote aus Thüringen

ISBN/EAN: 9783743471092

Hergestellt in Europa, USA, Kanada, Australien, Japan

Cover: Foto ©ninafisch / pixelio.de

Weitere Bücher finden Sie auf **www.hansebooks.com**

Der Bote aus Thüringen.

Schnepfenthal, 1796.

Im Verlage der Erziehungsanstalt daselbst,
d in Commission bey S. L. Crusius zu Leipzig, wie auch in
r Herrmannischen Buchhandlung in Frankfurt am Mayn, der
Gothaischen Zeitungsexpedition und allen Postämtern.

Der Bote
aus
Thüringen.

Erstes Stück.

1 7 9 6.

setzung der Geschichte der Deutschen.

Herr Gevatter! ich erfülle im neuen Jahr
was ich ihm am Ende des alten ver
Ich will ihm heute einiges von den Ein-
en erzählen, wodurch sich der Kaiser Karl
große Verdienst um das Reich, das er
hte, und also auch um unser liebes Vater-
warb, das ein so großer und wichtiger
ines Reiches war.
on durch die Besiegung so mancher äußern
der seiner Herrschaft unterworfenen Län-
e er für die Sicherheit derselben gesorgt.
durch war es geschehen, daß er an denjeni-
änzen, von woher das meiste von feindli-
fällen für unser Vaterland zu fürchten war,
gung fester Plätze z. B. an der Saale und
ranstaltete, wie ich ihm schon erzählt habe.
aber in dieser Rücksicht noch mehr. Er
setzte in solche Gränzgegenden Grafen, welche von
dem

dem alten Deutschen Worte Mark, das soviel als Zeichen, Gränzzeichen bedeutet, Markgrafen genannt wurden, welchen Namen noch jetzt manche Deutsche Fürsten führen. Dergleichen Markgrafen setzte er in die Provinzen, welche an die von Slaven bewohnten Gegenden gränzten, Z. B. ins heutige Fränkische und Oestreichische. Diese Markgrafen bekamen mehrere Gaue und Grafschaften unter sich, und mußten die Gränzen gegen feindliche Einfälle vertheidigen. Mit gleichem Eifer sorgte er für die Sicherheit der Seeküsten gegen feindliche Unternehmungen der Normänner. Dort ließ er Verschanzungen an den Mündungen*) der Flüsse anlegen und durch mit Soldaten versehene Schiffe die Landungen der Feinde verhindern. Nicht weniger suchte Karl durch mancherley Anstalten die innere Ruhe und Sicherheit in unserm Vaterlande, so weit es nur immer die noch ziemlich rohen Sitten und Denkungsart unserer Vorfahren erlauben wollten, zu erhalten. Theils um seine eigne Macht zu vergrößern, theils um der innern Ruhe willen, schaffte er die Herzogliche Würde unter denjenigen Völkern unsers Vaterlandes ab, bey denen sie noch gewöhnlich war, wie Z. B. bey den Bayern; und übergab die

Auf-

---

*) Mündung nennt man den Ausfluß eines Stromes in das Meer.

Aufsicht über einzelne Provinzen und Districte den Grafen, welche Recht und Gerechtigkeit in den ihnen angewiesenen Bezirken handhaben mußten. Damit aber auch diese nicht etwa nachläßig in der Erfüllung ihrer Pflichten würden: so schickte er von Zeit zu Zeit kluge, rechtschaffene und ihm ergebene Männer in die verschiedenen Provinzen und Gegenden seines großen Reiches, welche untersuchen mußten, ob auch die Grafen ihre Pflichten gehörig erfüllten. Solchen Abgeordneten konnten die Einwohner ihre etwanigen Beschwerden und Klagen vorlegen, worauf diese ihnen entweder selbst sogleich Hülfe verschaften, oder dem Kaiser Karl darüber Bericht abstatteten und die Sache seiner Entscheidung und Anordnung überliesen.

Soll ein Staat bestehen und soll darin auf Recht und Gerechtigkeit gesehen werden: so müssen gewisse Vorschriften da seyn, nach welchen die einzelnen Glieder des Staates zu handeln angehalten werden. Solche Vorschriften nennt man Gesetze und Verordnungen. Die Deutschen Bewohner unsers Vaterlandes hatten dergleichen schon lange vor dem Kaiser Karl. Auch waren diese Gesetze, die anfänglich sich auf bloßes Herkommen, d. i. auf die Gewohnheit, seit undenklichen Zeiten her so zu handeln, gründeten, schon vor Karls Zeiten schriftlich aufgesetzt worden, wie ich schon zu einer andern Zeit erzählt habe. Jedes Deutsche Volk hatte seine eigenen Gesetze, die zum Theil von denen der übrigen sehr abwichen. Karl ließ, wie dieß die vorigen Fränkischen Könige auch schon gethan hatten, jedem der ihm unterworfenen Völker im Ganzen seine bisherigen Gesetze, wovon der Herr Gevatter schon bey der Erzählung von der Besiegung der Sachsen ein Beyspiel gehört hat. Doch veränderte er manche der schon vorhandenen, oder vermehrte sie mit neuen, je nachdem die veränderten Zeitumstände eins oder das andere nothwendig machten. Einige Beyspiele will ich ihm hiervon doch anführen, weil er dadurch zugleich die Sitten unserer Vorfahren zu Kaiser Karls Zeiten etwas kennen lernen wird. Da das Laster der Trunkenheit damals unter den Deutschen so sehr im Schwange gieng: so suchte Karl demselben entgegen zu arbeiten, und verordnete daher, daß niemand den andern zum Trunke nöthigen und noch weniger jemand vor Gerichte betrunken erscheinen solle. Um die so häufigen Mordthaten zu verhindern, untersagte er, bey Friedenszeiten und bey den Volksversammlungen, Waffen zu tragen. Aber die Gewohnheit, bewaffnet zu gehen, war den Deutschen eine so liebe Gewohnheit, daß diese Verordnung wenig oder gar

nichts

nichts fruchtete. Auf Straßenraub, der damals
so sehr gewöhnlich war, sezte er die Todesstrafe;
für eine Mordthat aber blieb die bisher gewöhnliche Geldstrafe. Auch gegen den immer allgemeiner gewordenen Meineid gab er schärfere Geseze.
Bisher war der Meineidige mit einer Geldstrafe
davon gekommen; er aber befahl, daß dem Meineidigen die Hand abgehauen werden sollte.

Als ein kluger Mann sahe Karl indessen wohl
ein, daß bürgerliche Geseze und Strafen allein
nicht im Stande sind, die rohe Denkungsart eines
Volks zu verändern. Sie können wohl allenfalls
viele von groben Vergehungen und Verbrechen
abhalten; aber eigentlich gebessert wird durch bürgerliche Geseze, so nüzlich und nöthig sie auch in
einem Staate sind, der Mensch nicht. Immer
bleiben ihm genug Gelegenheiten übrig, wobey er
seinen wilden, unsittlichen Neigungen folgen und
doch sich vor bürgerlichen Strafen sicher stellen
kann. Dieß wußte Kaiser Karl, und darum wollte er durch weit wirksamere Mittel auf die Denkungsart seiner Unterthanen wirken. Diese Mittel waren die Religion und vermehrte und richtigere Einsichten oder Aufklärung des Verstandes.

Ich habe dem Herrn Gevatter schon erzählt,
wie Karl bey der Besiegung der Sachsen es sich
zum angelegentlichsten Geschäft machte, ja irrigere
weise

weise so gar Gewalt brauchte, dieses Volk zu Christen zu machen. Doch war ihm nicht etwa nur daran gelegen, daß die Bewohner seines großen Reiches den Namen Christen führten; sondern daß sie auch in der That als Christen denken und handeln sollten. Damit es d... mit ihnen kommen möchte, suchte er zuförderst unter der Geistlichkeit bessere Sitten einzuführen.

(Die Fortsetzung folgt.)

Von der Zeitung für Prediger, Schullehrer und Erzieher erscheint mit dem Anfange des Jahres 1796 in unserm Verlage wöchentlich und zwar allemal Donnerstags ein halber Bogen in gr. Octav bisweilen mit einer Beylage, und der Preis fürs ganze Jahr ist 1 Rl. 8 Gr. sächs. oder 2 Fl. 24 Kr. Rheinisch, wofür sie an den meisten auswärtigen respect. Postämtern und Zeitungsexpeditionen, deren Entfernung von Gotha nicht zu weit ist, wöchentlich portofrey zu erhalten seyn wird. Vierteljährlich ist diese Zeitung mit einem Umschlage und broschirt zu 6 Gr. oder 26 Kreuzer in allen Buchhandlungen Deutschlands zu haben. Die Hauptspedition dieser Zeitung besorgt ferner das Kl. Reichspostamt zu Gotha, an welches sich auswärtige Postämter und Zeitungsexpeditionen mit ihren Bestellungen wenden können. Auch nimmt das Herzogl. Postamt und die privil. Zeitungsexpedition zu Gotha Bestellungen an; und von letzterer wird die Zeitung an alle diejenigen Oerter, wohin ihre Zeitungsboten gehn, um den festgesetzten Preis, wöchentlich und zwar convertirt versendet. Schnepfenthal im December 1795.

Die Buchhandlung der Erziehungs-Anstalt daselbst.

Der Bote aus Thüringen.

Zweytes Stück.

1796.

Fortsetzung der Geschichte der Deutschen.

Karl war, wie dieß jeder vernünftige und nachdenkende Mensch seyn wird, der Meynung, daß rechtschaffene und einsichtsvolle Geistliche ungemein viel zur Besserung ihrer Nebenmenschen beytragen können. Daher war er auch ein großer Verehrer solcher Glieder dieses Standes, welche sich auszeichneten durch einen tugendhaften Lebenswandel, als Muster ihrer Gemeinen, und welche damit ein unermüdetes Bestreben verbanden, die ihrer Leitung und Unterricht Anvertrauten durch ihre Lehren und ihr Beyspiel immer klüger und besser zu machen. Dagegen eiferte er gewaltig gegen die geistlichen Herren, welche nur große Freunde von reichlichen Einnahmen waren, und ohne Unterschied rechtmäßige und unrechtmäßige Mittel anwendeten, ihre eigenen und die Einkünfte ihrer Kirchen zu vermehren. Er eiferte gegen die

die, welche zwar gar sehr für die Aufbauung neuer Kirchen und für die Ausschmückung der alten und neuen mit schönen Altartüchern, schönen Statüen und Bildern und allerley kostbaren Geräthschaften und Verzierungen besorgt waren; aber sich sonst wenig oder gar nicht um die Erfüllung ihrer Amtspflichten bekümmerten. Er war ein abgesagter Feind aller derer, welche sich zwar vor den Leuten den Schein der Heiligkeit und Frömmigkeit gaben, aber heimlich sich in allen Lastern und Ausschweifungen herumwälzten und sich mancherley Verbrechen und Ungerechtigkeiten schuldig machten. Es ist der Mühe werth, ihn selbst ein wenig reden zu hören, wie er solchen Herren derb die Wahrheit sagte. In den Verordnungen, welche er, um die Sitten der Geistlichen zu verbessern, ergehen ließ, kommen unter andern folgende Stellen vor: „Heißt „das der Welt absterben, wenn man nur nicht „in den Krieg zieht und kein Weib nimmt, aber „doch durch allerley niedrige Kunstgriffe seine „Güter und Einnahmen zu vermehren sucht? „Heißt das der Welt absterben, wenn man an„dern ihr Vermögen entzieht durch Vorspiege„lungen der Freuden des Himmels und Andro„hung der Qualen der Hölle, sie dadurch an den „Bettelstab bringt und durch den Mangel zu
„Raub

„Raub und Diebſtahl nöthigt. Was iſt von
„denen zu halten, welche andern ihre Güter ab-
„ſchwatzen, die rechtmäßigen Erben um die ge-
„hoffte Erbſchaft bringen, um davon neue Kir-
„chen anzulegen? Wo haben Chriſtus und ſeine
„Apoſtel gelehrt, Leute wider ihren Willen zu
„Geiſtlichen und zu Mönchen zu machen und mit
„unwiſſenden Menſchen Stifter und Klöſter zu
„beſetzen? Es iſt gar ſchön, wenn in der Kirche
„gut geſungen und geleſen wird; aber wenn eins
„fehlen muß: ſo iſt ſchlechter Geſang erträglicher,
„als die üble Aufführung der Prieſter. Schöne
„Kirchen ſind gut, aber gute Sitten noch beſ-
„ſer. Kirchenbau iſt altteſtamentlich, aber Rei-
„nigkeit der Sitten neuteſtamentlich und Erfor-
„derniß eines wahren Chriſten." So ſehr nun
aber auch der Kaiſer Karl ſich darüber ärgerte,
wenn ſo viele Geiſtliche ſeiner Zeit nur auf die
Vermehrung ihrer und ihrer Kirchen Einkünfte,
ſelbſt durch allerley ungerechte Mittel, hinarbeiteten:
ſo hielt er es doch für billig, daß die, welche für
das Beſte der Seelen anderer Menſchen geſchäf-
tig ſeyn ſollten, nicht Noth litten, ſondern vielmehr ihr ordentliches Auskommen hätten. Daher
ſah er ſehr darauf, daß die den Geiſtlichen und
Kirchen beſtimmten Zehnten ordentlich entrichtet
würden, und gieng hierin ſeinen Unterthanen
ſelbſt

selbst mit gutem Beyspiel voran, indem er den Verwaltern und Aufsehern seiner Kammergüter ernstlich befahl, von seinen Gütern ja die Zehnten gehörig an die Geistlichkeit abzuliefern. Da indessen viele Geistlichen und Kirchen so ansehnliche Güter besaßen, daß sie davon viel mehr einnahmen, als sie zu ihren Bedürfnissen nöthig hatten: so war sein Wille, daß ein Theil ihrer Einnahmen zur Versorgung der Armen und Nothleidenden verwendet würde.

Auserdem daß Kaiser Karl wünschte, die Geistlichen möchten, durch ihr gutes Betragen, ihre Gemeinen und Kirchkinder zu einem frommen und wirklich christlichen Wandel ermuntern, war auch sein ernstlicher Wille, daß die Herren Bischöfe, Priester und Mönche als Lehrer und Aufseher des öffentlichen Gottesdienstes ihre wichtigen Pflichten gehörig und zweckmäßig erfüllen sollten. Ueberhaupt hatte dieser große Mann vom öffentlichen Gottesdienste ungleich richtigere Vorstellungen, als wohl der größte Theil der Christen der damaligen Zeit nicht hatte. Die meisten Leute schienen damals zu glauben, daß der öffentliche Gottesdienst eigentlich dazu eingerichtet sey, dem lieben Gott zu gewissen Zeiten, etwa wie einem vornehmen Herrn, seine Aufwartung zu machen, und ihm seine Hochachtung und

Ehr-

Ehrfurcht zu bezeugen, indem man an den eingeführten gottesdienstlichen Gebräuchen Theil nähme. Dadurch daß man zu den bestimmten Zeiten die Kirchen und den öffentlichen Gottesdienst besuchte, glaubte man, würden zum Theil die begangenen Sünden wieder gut gemacht.

W. Wenn man so hier und da ein wenig auf so mancher Leute Thun und Reden Acht giebt: so kommt es einem vor, als ob dieser Glaube auch heut zu Tage noch nicht ganz abgekommen wäre.

B. Das könnte wohl seyn. Aber schlimm genug, wenn es wirklich so ist. Kaiser Karl dachte hierüber in manchem anders. Er hielt, wie auch heut zu Tage alle Vernünftige, dafür, daß wenn der öffentliche Gottesdienst der Christen wirklich rechten Nutzen hervorbringen soll, er so eingerichtet seyn müsse, daß bey demselben die Menschen über ihr Seelenheil belehrt und ihnen gezeigt werde, wie sie, nach den Anweisungen Jesu, nicht nur hier auf der Erde ein frohes und zufriedenes Leben führen, sondern sich auch durch die gute Anwendung des gegenwärtigen zur Erlangung eines zukünftigen, noch bessern Lebens vorbereiten könnten. Viele Geistlichen waren aber damals selbst so unwissend, daß sie ihren Gemeinen beym öffentlichen Gottesdienste wenig kluges und erbauliches zu sagen wußten. Deßhalb ließ Kaiser Karl Predigten, welche lange vor seiner Zeit von verständigen Männern in Lateinischer und Griechischer Sprache waren geschrieben worden, ins Deutsche übersetzen; befahl den Geistlichen, diese Predigten an Sonn- und Festtagen ihren Gemeinen vorzulesen, und auf diese Weise ihren Kirchkindern allerley gute Lehren und Ermahnungen beyzubringen.

W. Die damaligen Geistlichen müssen ja erbärmliche Schächer gewesen seyn, wenn sie nicht einmal selbst eine Predigt machen konnten.

B. Ja freylich waren sie das; zwar nicht alle, aber doch die meisten. Ich werde ihm bald noch etwas von ihrer Unwissenheit erzählen. Die Predigtsammlungen, welche Karl veranstaltete, bekamen den Namen Postillen; daher man noch in spätern Zeiten Predigtbücher Postillen nannte, und noch jetzt giebt man manchen Predigtsammlungen diesen Namen.

W. Er hat mir ja selbst vor ein Paar Jahren einmal eine solche Postille*) verschafft, worin ich mich immer Sonntags zu erbauen pflege.

B. Da man damals die Gewohnheit hatte, zuweilen Lebensbeschreibungen und allerley Geschich-

---

*) Christliche Hauspostille von C. G. Salzmann.

schichten von frommen und heiligen Männern
in den Kirchen vorzulesen, diese Geschichten oder
sogenannten Legenden aber mit unter gar viele alberne Erzählungen enthielten; so sorgte Karl
dafür, daß aus diesen Legenden manches alberne
und anstößige Zeug herausgeworfen und sie so
zur Erbauung der Leute zweckmäßiger gemacht
würden. Er ermahnte auch die Herren Geistlichen, die Bibel fleißig zu studiren; und sorgte
dafür, daß die damalige Lateinische Uebersetzung
davon in manchen Stellen verbessert wurde; weil
wenige Geistliche die Bibel in den Sprachen,
worin die Propheten und Apostel geschrieben hatten, lesen konnten. Der Herr Gevatter wird ja
wohl, von seinem Confirmationsunterrichte her,
noch wissen, daß das alte Testament ursprüng-
lich in Hebräischer und das neue Testament in
Griechischer Sprache geschrieben worden ist. Der
Kaiser Karl mochte auch wohl selbst die Bibel
gar fleißig studirt haben: weil er hie und da
ungleich viel richtigere Einsichten in Religionssachen hatte, als viele Herren Geistlichen damaliger Zeit, ja selbst als der heilige Vater in Rom,
ob dieser gleich das Haupt der Christenheit seyn
wollte. So war z. B. der Papst und mit ihm
viele andere, der Meynung, die Christen sollten
die Bilder verehren, welche den Herrn Christus,

die

die Apostel und andere fromme und heilige Männer vorstellten und die man zur Auszierung in den Kirchen aufgestellt hatte. Aber Kaiser Karl hielt die Meynung des Papstes und so vieler andern Christen für einen groben Irrthum und behauptete, in der Bibel stände nichts von einer solchen Bilderverehrung. Da viele Bischöfe seines Reichs seiner Meynung waren, so befahl er, daß die Bilder der Heiligen zwar um Andenken an die Tugenden und Verdienste dieser Menschen in den Kirchen bleiben könnten, daß man ihnen aber keine besondere Verehrung erweisen solle.

(Die Fortsetzung folgt.)

Bey Siegfried Lebrecht Crusius in Leipzig sind folgende nützliche Schriften herausgekommen:

Seyers Geschichte der Urwelt in Predigten, ein Versuch, auch den Ungelehrten mit dem Sinn und Geist der mosaischen Urkunden bekannter zu machen und gegen die Angriffe der Zweifler und Spötter zu verwahren. 1r Bd. 1s Heft gr. 8.   10 gr.

Buße, F. G. Einleitung in die nöthigsten Kenntnisse des neuern Münzwesens für Deutsche 2te Abth. gr. 8.   16 gr

Haufft, M. C. V. über den Gebrauch der Griechischen Profanscribenten zur Erläuterung des N. Testaments. gr. 8.   16 gr.

Der Bote aus Thüringen.

Drittes Stück.

1796.

Fortsetzung der Geschichte der Deutschen.

W. Was den ersten Theil der Verordnung Kaiser Karls betrifft, da bin ich mit derselben ganz wohl zufrieden: denn ich glaube immer, daß der Anblick des gut gemahlten Bildes eines frommen Menschen, oder eine schöne Abbildung irgend einer seiner guten Handlungen allerdings mancherley gute Gedanken in uns hervorbringen und zur Nachahmung eines ähnlichen Betragens anreitzen kann. Aber mit dem letzten Theile dieser Verordnung bin ich auch gar nicht zufrieden.

B. O ho, Herr Wirth! wo denkt er denn hin? Also will er, wir sollen die Bilder anbeten und verehren?

W. Das nun eben nicht. Aber Kaiser Karl handelte, nach meinem geringen Verstande, thöricht und unrecht, daß er befahl, sie sollten nicht verehrt werden. So etwas, denke ich, muß man nicht

nicht befehlen; sondern es vielmehr eines jeden seiner Einsicht und Willkühr überlassen. Irrthümer können ja, wie er mir mehrmals gesagt hat, nur durch bessere Belehrung weggeschafft werden.

B. Wenn er's so meynt, da muß ich ihm freylich Recht geben. Auch half Kaiser Karls Befehl in Ansehung der Bilderverehrung nicht mehr und nicht weniger, als die Religionsedicte und Verfolgungen der heydnischen Römischen Kaiser in Ansehung des Christenthums. Das Christenthum hatte sich, wie er weiß, dadurch immer mehr ausgebreitet, und die Bilderverehrung wurde bald allgemein in der ganzen Christenheit.

Manche andere religiöse Misbräuche, welche sich nach und nach unter den Christen eingeschlichen hatten, suchte Kaiser Karl ebenfalls wegzuschaffen. So fand er es für unschicklich, die Glocken zu taufen, da von unserm Heilande die Taufe ja nicht für die Glocken, sondern für die Menschen, welche unter die Zahl der Christen aufgenommen werden sollten, bestimmt worden war. Er wollte es auch nicht leiden, daß Leute, um, ihrem Vorgeben nach, ihre begangenen Sünden abzubüßen, nackend und in Ketten im Lande herumzögen, und auf diese Weise mit Nichtsthun die

Zeit

Zeit verschwendeten, die sie zu allerley nützlichen Geschäften anwenden konnten. Er befahl, daß kein Frauenzimmer eher, als bis sie zur völligen Reife ihres Verstandes gekommen wäre, als Nonne eingekleidet werden sollte.

Ich habe ihm, Herr Gevatter! bisher erzählt, was Kaiser Karl für die Verbreitung der Christlichen Religion in seinem Reiche und für die Verbesserung des öffentlichen Gottesdienstes that. Nun will ich ihm aber auch erzählen, wie Karl überhaupt daran arbeitete, mehrere Einsichten unter seinen Unterthanen zu verbreiten und ihren Verstand durch mancherley nützliche Kenntnisse aufzuklären. Da fieng er nun bey sich selbst an, und suchte vorerst durch sein eigenes Beyspiel mehr Geschmack an allerley nützlichen Kenntnissen in dem Reiche, das er beherrschte, zu verbreiten und seine Unterthanen durch das, was er that, selbst immer klüger zu werden, zur Nachahmung zu reizen. In seiner Jugend mochte man wohl nur vorzüglich darauf gesehen haben, auf ihm einen guten Soldaten zu machen, weil man damals das Kriegshandwerk für das einzige hielt, das sich für einen freyen Mann schicke, und glaubte, ein Prinz, der das Kriegführen nicht verstünde und liebe, sey ein elender Wicht. Als Karl aber König geworden war, sahe er selbst wohl ein, daß es gut sey, wenn ein König auch noch von etwas anderm, als vom Kriegführen Einsichten hätte, und suchte sich mit allem Eifer mancherley Kenntnisse zu verschaffen. Um sich herum fand er nun Niemanden, der ihn bey seinen Bemühungen so recht unterstützen und Lehrerstelle bey ihm hätte vertreten können. Daher berief er aus andern Gegenden und selbst aus fremden Ländern geschickte und damals wegen ihrer Gelehrsamkeit und Einsichten berühmte Männer an seinen Hof; ließ sich von ihnen in diesen und jenen Wissenschaften Unterricht geben, lernte Griechisch und Lateinisch, um sich aus den Schriften solcher alten, längst verstorbenen weisen Männer, die in diesen Sprachen geschrieben hatten, zu belehren; dachte selbst über alles nach, und so brachte er es nach und nach dahin, daß er in mehrern Wissenschaften so große Einsichten bekam, daß er zu den gelehrtesten Männern seiner Zeit gehörte, und in manchen Stücken sogar seine Lehrer übertraf. Von der Zeit, welche ihm von seinen mühsamen Regierungsgeschäften übrig blieb, widmete er einen beträchtlichen Theil dem Umgange mit solchen Männern, von denen er allerley Nützliches lernen konnte. Er schämte sich nicht, noch als König das Schreiben zu lernen, da er es in seiner Jugend nicht gelernt hatte. Ja er war so emsig,

die

diese nützliche Kunst zu erlernen, daß er auf seinen Feldzügen und auf seinen Reisen immer die Schreibmaterialien bey sich führte und unter seinem Kopfküssen verwahrte, um die Augenblicke, welche er von Geschäften frey war, sogleich zur Uebung in dieser Kunst benutzen zu können. Um auch selbst die Essenszeit zur Erweiterung seiner Einsichten nicht unbenutzt zu lassen, mußte ihm immer jemand von denen, die um ihn waren, beym Essen etwas aus einem Buche vorlesen.

Nachdem er aus eigener Erfahrung den großen Nutzen und das Vergnügen, welche vermehrte Einsichten und erweiterte Kenntnisse dem Menschen gewähren, einsehen gelernt hatte; nachdem er überzeugt geworden war, daß die Menschen nur dann erst recht gesittet und besser werden können, wenn sie anfangen klüger und ihr Verstand aufgeklärter zu werden: so traf er nun auch Anstalten, allerley nützliche Kenntnisse und Einsichten in seinem Reiche gemeiner zu machen und immer weiter auszubreiten. Besonders richtete er dabey sein Augenmerk auf unser Vaterland, so wie ihm überhaupt Deutschland besonders sehr am Herzen lag; und er dieses Land für den wichtigsten Theil der seiner Herrschaft unterworfenen Länder hielt. Er befahl, daß in allen Klöstern und in allen Bischöflichen Sitzen Schulen angelegt

legt werden sollten. Die Schulen, welche in den Klöstern angelegt wurden, nannte man Klosterschulen, die Schulen aber in den Bischöflichen Sitzen Dom- und Stiftsschulen, weil man sie an den sogenannten Dom- oder Hauptkirchen errichtete. In den Klosterschulen mußten die Mönche unentgeldlich den Unterricht geben und bekamen dadurch ein neues Geschäft, wodurch sie in ihrer Einsamkeit ihren Nebenmenschen nützlich werden konnten, welches sie um so mehr zu thun verbunden waren, da sie von den Christen nach und nach so viele Güter erhalten hatten, daß sie bequem genug leben konnten. Auch die Bisthümer waren reichlich genug mit Gütern versehen und wurden es immer mehr, so daß die Herren Bischöfe und die zu den Domkirchen gehörigen Geistlichen, aus welchen letztern die heutigen Domherren entstanden sind, den Unterricht in den neu gestifteten Domschulen ebenfalls unentgeldlich geben sollten.

Diese Kloster und Domschulen, welche Kaiser Karl errichten ließ, waren freylich vorzüglich für die Bildung der Geistlichen bestimmt, und darnach war auch der Unterricht in denselben eingerichtet. Dieß hatte seine Ursachen: Kaiser Karl mochte glauben, wenn die Geistlichen nur erst gescheuter sind: so werden es durch sie, wenn sie ihre

Pflich-

Pflichten erfüllen, die andern Leute nach und nach auch werden. Auch meynte man damals überhaupt, daß nur die Geistlichen viel zu wissen brauchten. Wie sehr es aber die Geistlichen damals nöthig hatten, klüger zu werden, hat der Herr Gevatter schon bey Erzählung vom Entstehen der Postillen gesehen. Ich will hier nur noch hinzusetzen, daß manche dieser Herren damals so unwissend waren, daß sie kaum lesen konnten, und wenn sie dieß auch nothdürftig konnten, doch öfters das nicht verstanden, was sie lasen, so daß sie, wenn sie Gebete in den Kirchen herlasen, nicht wußten, was sie beteten. Es war also wohl sehr gut, daß Karl zuerst darauf sahe, daß durch die angelegten Schulen die, welche Geistliche werden wollten, besser unterrichtet würden. Es konnten aber auch solche an dem Unterrichte in denselben Theil nehmen, die sich nicht dem geistlichen Stande widmeten, und nicht nur die Kinder der Adelichen und der Freyen Leute, sondern auch die Kinder der Leibeigenen, weil auch leibeigene Geistliche werden konnten. Unter andern Kenntnissen, die man in diesen Schulen lehrte, lehrte man auch Lesen, Schreiben, Rechnen und Musik. Der Unterricht in der Musik bestand im Singen. Damals sangen nämlich bey gottesdienstlichen Versammlungen nicht die Gemeinen, weil diese es nicht konnten, sondern nur die Geistlichen. Bey den großen Kirchen, z. B. an den Domkirchen, waren besondere Geistliche, welche das Chor hießen und in der Kirche sangen. Vermuthlich sind daraus die Chöre entstanden, welche jetzt in unsern Kirchen den Gesang in Ordnung halten sollen, und wozu man nun Kinder und junge Leute braucht, weil das gute Singen jetzt gemeiner ist, als es damals war.

(Die Fortsetzung folgt.)

Herr GutsMuths, Verfasser der mit Beyfall aufgenommenen Gymnastik für die Jugend, arbeitet jetzt an einem Buche:

Spiele zur Uebung und Erholung des Körpers und Geistes für die Jugend, ihre Erzieher und alle Freunde unschuldiger Jugendfreuden, möglichst vollständig gesammelt und durchaus praktisch bearbeitet und beurtheilt.

In diesem Buche werden mehr als hundert Spiele, die theils mit Bewegung verknüpft sind, theils sitzend getrieben werden, beschrieben. Es ist also für alle, die sich mit Erziehung der Jugend beschäftigen, gewiß sehr wichtig. In der nächsten Ostermesse erscheint es und kostet 1 rthlr. 16 gr. Die Pränumeranten erhalten es für 1 rthlr. 4 gr. und schicken ihr Geld entweder an Herrn Guts Muths, Erzieher zu Schnepfenthal, oder an die Buchhandlung zu Schnepfenthal ein.

Der Bote aus Thüringen.

Viertes Stück.

1796.

Fortsetzung der Geschichte der Deutschen.

Kaiser Karl selbst war ein ungemein großer Freund vom schönen Singen in der Kirche, und das Geplär, das in den Kirchen Deutschlands und Frankreichs vor und beym Antritt seiner Regierung war, war ihm so unausstehlich, daß er aus Italien, wo man das Singen besser verstand, geschickte Sänger kommen ließ, welche mehrere seiner Unterthanen im Singen unterrichten mußten; und so wurde, vorzüglich da nun in den neu errichteten Schulen besonderer Unterricht im Singen gegeben werden mußte, auch in Deutschland ein besserer Gesang in den Kirchen eingeführt. Kaiser Karl pflegte auch, wann er in seinem Reiche herumreiste, sein Singechor immer bey sich zu haben; welches an den Oertern, wo er sich einige Zeit aufhielt, beym Gottesdienste singen mußte. Da spitzten nun die Leute, wann sie den schönen Gesang der Sänger Karls hörten, gewaltig die Ohren. Einsmals fiel bey einer solchen Gelegenheit ein gar lächerliches Stückchen vor. Ein Geistlicher aus der Nachbarschaft des Orts, wo Kaiser Karl sich aufhielt, kam dorthin in die Kirche. Er konnte nicht singen, wußte auch nichts von der Einrichtung und Ordnung, die unter des Kaisers Chorsängern eingeführt waren. Beym Gottesdienst aber stellte er sich mitten unter die Sänger hin. Als diese auf einmal um ihn herum anfiengen zu singen, da stutzte er und wußte nicht, wie ihm geschah. Indessen blieb er ganz ruhig stehen und hörte zu. Der Vorsänger des Chors wurde ihn gewahr und drohte mit seinem Stabe, (womit er vermuthlich den Tact zu schlagen oder auch wohl Stöße auszutheilen pflegte, wenn es bey einem oder dem andern Sänger nicht recht gehen wollte) ihm eins zu versetzen, wenn er nicht mitsingen würde. Der gute Mann wußte nun vor Angst nicht, was er anfangen sollte. Hinausgehen konnte er nicht. Was that er also? Er fing an allerley Bewegungen mit seinen Kinnbacken zu machen, daß man denken sollte, er sänge; im Grunde aber brachte er auch nicht einen Ton hervor. Die Chorsänger und die Umstehenden wurden dieß bald gewahr, und konnten sich des Lachens nicht enthalten. Kaiser Karl

aber

aber, der Mitleiden mit dem armen Manne hatte, blieb, ob ihm das Lachen wohl auch in manchen Augenblicken ziemlich nahe seyn mochte, ganz ernsthaft. Nach dem Ende des Gottesdienstes ließ er denselben zu sich kommen und machte ihm für die ausgestandene Angst ein Geschenk.

Zum Besten seiner eigenen Kinder und seiner adelichen und unadelichen Hofbedienten errichtete Kaiser Karl auch an seinem Hofe eine besondere Schule, welche aber auch wohl andere Kinder besuchen durften. Auf diese Schule hatte er, da sie ihm so nahe war, besonders ein sehr wachsames Auge, ohne deßhalb die übrigen Schulen in seinem Reiche außer Acht zu lassen. Vielmehr mußten ihm die Bischöfe und Vorsteher der Klosterschulen von Zeit zu Zeit genaue Berichte von dem Zustande der ihrer Aufsicht übergebenen Schulen abstatten; und fand er da Ursache, hier und da mit etwas unzufrieden zu seyn: so theilte er derbe Verweise aus. So oft er von einer Reise oder aus einem Feldzuge zu Hause kam: so war es eins seiner ersten Geschäfte, daß er sich die Ausarbeitungen der Schüler in seiner Hofschule, so hieß die Schule, die er an seinem Hofe angelegt hatte, vorzeigen ließ, oder selbst in die Schule ging und ein Examen mit ihnen anstellen ließ. Als dieß auch einmal geschah, fand sich's, daß die Ausarbeitungen der adelichen Schüler äußerst schlecht gemacht waren; hingegen die der Kinder geringer Aeltern sehr gut. Darüber wurde der Kaiser sehr verdrießlich. Er befahl den adelichen Kindern sich zu seiner Linken und den gemeinen Kindern sich zu seiner Rechten zu stellen, und nun hielt er den erstern eine tüchtige Strafpredigt. Mit einer finstern Miene und einer donnernden Stimme sprach er zu ihnen: „Ihr Jünkerchen, ihr artigen Geschöpf„chen, nicht wahr, ihr seyd von zu vornehmer „Herkunft, ihr seyd viel zu reich, als daß ihr „nöthig hättet, meine Befehle zu befolgen, und „für eure eigene wahre Ehre zu sorgen? Euch ist „Müßiggang lieber als Arbeit; und Spiel und „unnützer Zeitvertreib liegt euch mehr am Her„zen, als etwas nützliches zu lernen und klüger „zu werden. Aber (bey diesen Worten drohte er „ihnen mit seiner Rechten) aber, bey Gott! euer „Adel und eure hübschen Gesichterchen gelten „nichts bey mir, sollten andre Leute auch noch so „viel davon halten; wisset, von Karln habt ihr „für die Zukunft nichts zu hoffen, wofern ihr „nicht etwa künftig durch desto eifrigern Fleiß eh„re bisherige Faulheit wieder gut machet." Zu den fleißigen Schülern, ob sie gleich nur gemeiner Leute Kinder waren, redete er aber ganz anders.

ders. Mit ungemeiner Freundlichkeit sprach er zu ihnen: „Habt Dank, lieben Kinder, daß ihr „meinen Befehl, zu euerm eignen Vortheile, nach „Möglichkeit befolgt habt; fahrt ihr so fort, und „werdet ihr immer vollkommener in euern Kennt- „nissen werden; so sollt ihr auch herrliche Bis- „thümer und Abteyen von mir bekommen, und „ich werde euch zu Ehre und Ansehen erheben." Dies Geschichtchen erzählt ein Schriftsteller, aus dem 10ten Jahrhunderte, der unter dem Namen der Mönch von St. Gallen bekannt ist.

Zur Verbreitung nützlicher Kenntnisse und Wissenschaften legte der Kaiser Karl auch an seinem Hofe eine Büchersammlung oder soge- nannte Bibliothek an, aus welcher man heut zu Tage noch Bücher an mehrern Orten z. B. in Paris, in Wien, Achen, in den dasigen Bibliothe- ken, sehen kann. Auf seinen Befehl wurden auch in den Klöstern dergleichen Büchersammlungen angelegt, und viele alte Schriften, von denen manche viel mehr als 2000 Jahr alt sind, sind auf diese Weise erhalten worden und bis auf unsere Zei- ten gekommen. Wenig oder gar nichts würden wir von den ältesten Zeiten und wie es damals unter den Menschen ausgesehen hat, wissen, wenn durch dergleichen Anstalten nicht Nachrichten von unserm Vaterlande und andern Ländern erhalten worden wären. Seht

Z. Sieht er Herr, Gevatter! das alles und noch mehr that der Kaiser Karl, um seine Unterthanen klüger und verständiger zu machen; und an seinem besten Willen lag es gewiß nicht, wenn nur nicht allerley nützliche Kenntnisse in unserm Vaterlande gemeiner wurden. Er hatte auch wirklich die Freude, noch bey seinen Lebzeiten zu sehen, wie in den durch seine Sorgfalt angelegten Schulen ein geschickter Mann nach dem andern gebildet wurde. In der Folge trugen diese Männer wieder zur weitern Verbreitung allerley guter Einsichten in unserm Vaterlande bey. Besonders wurden nebst mehrern andern die Klosterschulen zu Fulda und Hirsau*) und unter den Domschulen besonders die zu Paderborn, Hildesheim und Magdeburg als solche, worin sehr geschickte Leute gebildet wurden, bald sehr berühmt.

W. Aber so viel ich aus seiner Erzählung urtheilen kann: so waren doch diese Schulen nur für solche Leute, welche eigentliche Gelehrte werden wollten. Dabey gewannen ja doch die andern Leute, die Handwerker und Bauersleute und alle die, welche sich nicht eigentlich mit Gelehrsamkeit abgaben, nichts. B.

*) Ein nicht lange nach K. Karls Tode angelegtes und, eben wegen der darin zugleich gestifteten Schule, sehr berühmtes Kloster im heutigen Herzogthume Würtemberg.

B. Das erste ist wahr, aber das letztere ist wohl nicht richtig. Schulen, wie es jetzt in allen Städten und Dörfern giebt, worin auch die ärmsten Kinder etwas rechnen, schreiben und lesen lernen und Religionsunterricht erhalten können, errichtete Kaiser Karl freylich nicht. Diese Einrichtung ist erst in viel spätern Zeiten gemacht worden, wie er denn auch zu seiner Zeit davon etwas hören soll. Aber alles Gute kann ja nur nach und nach zu Stande kommen. Der Kirschbaum, der da vor seinem Hause steht, war nicht gleich der grose Baum, welchen er jetzt sieht und der so schöne Früchte zu tragen pflegt. So wie aber aus dem kleinen Kirschkerne, den er vor vielen Jahren in die Erde gelegt hat, der große Kirschbaum da geworden ist: so liegt auch in den ersten Schulen welche der Kaiser Karl angelegt hat, der Keim zu allen Schuleinrichtungen, welche seit der Zeit in Deutschland gemacht worden sind. Erst mußten Männer da seyn, die andere unterrichten konnten und diese Männer sind durch die von Karl angelegten Schulen, so gut als man es damals verstand, gebildet worden. Hatten nun auch die andern Leute nicht gleich Nutzen von diesen Schulen, so zeigte sich doch schon bey ihnen und noch mehr bey ihren Nachkommen nach und nach der Nutzen derselben. Denn die Kenntnisse des Lesens,

Rech-

Rechnens und Schreibens, die ja doch auch in jenen Schulen gelehrt wurden, wurden seitdem nach und nach immer gemeiner, obgleich viele Jahrhunderte noch vergingen, ehe sie der größte Theil der Bewohner unsers Vaterlandes besaß.

(Die Fortsetzung folgt.)

Bey Siegfried Lebrecht Crusius in Leipzig sind folgende nützliche Schriften herausgekommen:

Kämpfe, M. Tr. Lebr. Allgemeines und vollständiges Register zu beyden Auflagen von Joh. Rud. Gottl. Beyers Handbuche für Kinder und Kinderlehrer über den Katechismus Lutheri. 8   12 gr.

Löschers, C. S. Uebergangsordnung bey der Kristallisation der Fossilien, wie sie aus einander entspringen und in einander übergehen, mit 9 Kupfern. 4.   16 gr.

Naumburgs, D. J. S. Abhandlung von der Beinkrümmung nebst einer Beschreibung der Ehrenmannischen Fußmaschine, und einigen angehängten bemerkungswerthen Beobachtungen; unter andern über ein Substitut der Eisengranultbäder und den Gebrauch des kubischen Salpeters, mit 3 Kupfern. 8.   1 rthlr.

Schmidts, F. G. A. Fortgesetzte Beyträge zur Geschichte des Adels und zur Kenntniß der gegenwärtigen Verfassung in Deutschland. gr. 8. 1 rthlr.

Seyffarths, M. T. A. Uebersetzung und Erklärung der gewöhnlichen Episteln und Evangelien, 5tes Heft. gr. 8.   18 gr.

Försters Morgenstunden 1. 2 Bd.

Der Bote aus Thüringen.

Fünftes Stück.

1796.

Fortsetzung der Geschichte der Deutschen.

Je mehr überhaupt ein Theil einer Nation an Einsichten zunimmt, desto mehr gewinnen auch die übrigen dadurch. Denn theils theilen die Klügern, wenn sie gutdenkende Menschen sind, den übrigen ihre bessern Einsichten auf diese und jene Weise mit, theils streben die Unwissenden selbst, nach und nach zu bessern Einsichten zu gelangen. Man sieht das ganz deutlich heut zu Tage. Nachdem viele sogenannte Gelehrte aufgehört haben, abergläubisch zu seyn, an Hexen und Gespenster zu glauben, sich vor dem Gewitter zu fürchten u. dgl. so findet man auch in andern Ständen, selbst in den niedrigsten, eine Menge Menschen, welche weniger abergläubisch sind, als es ihre Aeltern und Vorältern waren.

Durch den Kaiser Karl wurde auch der Ackerbau, der Handel und andere nützliche Gewerbe in unserm Vaterlande sehr befördert. Besonders trug er große Sorge für die Verbesserung der Landwirthschaft durch das gute Beyspiel, das er seinen Unterthanen gab. Gleich andern Fränkischen Königen hatte er in mehrern Provinzen seines Reichs, in Frankreich und Deutschland, ansehnliche Ländereyen und viele Meierhöfe. Die Zahl derer, welche er schon vorher besaß und von seinem Vater geerbt hatte, war durch seine Eroberungen und die Zunahme seiner Macht in Deutschland noch sehr mehr worden. Der Ertrag dieser Landgüter oder Meierhöfe*) machte den größten Theil seiner Einnahme aus, denn eigentliche Abgaben bezahlten die Könige und Fürsten damals wenig oder gar nicht. Da Karl von diesen Gütern seinen Unterhalt und seine meisten übrigen Ausgaben leben und bestreiten mußte, so war ihm auch um so mehr daran gelegen, recht viel von denselben einzunehmen. Deßhalb wendete er auf den Anbau derselben alle mögliche Sorgfalt. Die Aufseher seiner Meierhöfe mußten ihm jährlich bis auf die geringsten Kleinigkeiten genaue Rechnung ablegen von den Einkünften derselben

*) Heut zu Tage pflegt man dergleichen eigenthümliche Ländereyen und Landgüter der Fürsten mit dem Namen Kammergüter und Domainen zu belegen.

und von den dort gemachten Verbesserungen. Ackerbau und Viehzucht aller Art, Fischerey und Obst- und Weinbau mußten auf denselben mit gleichem Eifer betrieben werden. Doch dieß war nicht genug. Da es noch zu Kaiser Karls Zeiten Sitte war, auch noch eine ziemliche Zeit nachher so blieb, daß die Arbeiten, welche jetzt die Handwerksleute in den Städten zu besorgen pflegen, von den Leibeigenen auf dem Lande, auf den Höfen der Adelichen und Freyen gemacht wurden: so waren die Meierhöfe Karls voll von dergleichen Arbeitern. Da gab es auf denselben Schuster, Schneider, Tischler, Wagenmacher, Sattler, Drechsler, Schmiede, Müller, auch sogar Gold- und Silberarbeiter und andere dergleichen Handwerker und Künstler. Die Weiber mußten fleißig Leinwand und Tuch weben, und die Menge von dergleichen Weberarbeiten, welche dort gemacht wurden, war sehr ansehnlich. Auch wurden dort so schöne Arbeiten verfertigt, daß Karl sich nicht schämen durfte, von solchen Arbeiten auswärtigen Fürsten wichtige Geschenke zu machen. Nach den Beschreibungen, welche in Schriften der damaligen Zeiten von diesen Gütern des Kaiser Karls gemacht werden, müssen auf manchen derselben viele und ansehnliche Gebäude gewesen seyn. Auf dem einen Hofe befan-

E 2   den

den sich z. B. an 17 von Holz erbauete Häuser nebst ihren Nebengebäuden und ein Wohnhaus mit 11 Stuben. Auf manchen gab es auch Kapellen. Es war natürlich, daß Karls Beyspiel, das er in Verbesserung seiner Landgüter gab, gar manche Nachahmer finden mußte, daß dadurch der Anbau mehrerer Gegenden sehr befördert und die Verfertigung allerley Arbeiten und künstlicher Sachen immer gemeiner wurde. Es kommen auch daher im neunten und zu Anfange des zehnten Jahrhunderts schon eine Menge Namen von Oertern vor, die heut zu Tage noch vorhanden und zum Theil ansehnliche Städte sind, damals aber meist nur dergleichen Meierhöfe, oder Dörfer und Pfalzen waren, wovon ich vielleicht bey einer andern Gelegenheit ihm manche nennen werde.

W. Pfalzen, was sind das für Dinger?

V. Pfalzen hießen damals bey den Deutschen die Schlösser, worin die Könige zu wohnen pflegten. Damals hatten die Deutschen Könige die Gewohnheit, daß sie zu gewissen Zeiten die Provinzen des Reichs bereisten, um den Zustand der einzelnen Provinzen zu untersuchen und dort Recht und Gerechtigkeit zu handhaben. Deßhalb hatten sie dergleichen Pfalzen oder Schlösser in mehrern

rern Gegenden Deutschlands und hielten sich bald hier, bald dort auf.

Ungeachtet es nun wohl gewiß ist, daß zu jener Zeit Deutschland, besonders durch Kaiser Karls Bemühungen, schon weit angebaueter war, als in den vorhergehenden Zeiten: so war doch Mangel und daher entstehende Theurung der Lebensmittel damals eben nichts seltenes. Das konnte auch wohl bey den vielen innern und äussern Kriegen, bey den nicht seltenen Einfällen benachbarter Völker in Deutschland nicht anders seyn; auch trugen ausserdem noch Miswachs und andere Umstände zum Mangel und Theurung bey. In solchen Fällen suchte Kaiser Karl der Hungersnoth und noch grösserm Mangel dadurch vorzubeugen, daß er die Ausfuhr des Getreides in fremde Länder untersagte und dem Wucher der Kornhändler vorzubeugen suchte. Besonders gereicht es ihm zur Ehre, daß die Verwalter seiner Meierhöfe sein Getreide immer etwas wohlfeiler verkaufen mußten, als es andere Leute zu verkaufen pflegten. Auch rühmt man von ihm, daß er sehr darauf sahe, daß die Bauern und Leibeigenen auf seinen Landgütern nicht gedrückt wurden. Denn er glaubte, wenn seine Untergebenen sich in guten Umständen befänden: so müsse es mit ihm selbst auch gut stehen. Es ist wohl kaum zu

zwei

zweifeln, daß nicht auch hierin sein Beyspiel sollte Nachahmer gefunden haben.

Um dem Herrn Gevatter doch einen Begriff zu geben von den damaligen gewöhnlichen Preisen der Lebensmittel: so will ich ihm den Preis einiger anführen. Ein Gemäß Weitzen von vierzig Pfund kostete nach unserm Gelde, etwa fünf und einen halben Groschen; ein dergleichen Gemäß Roggen gegen vier Groschen; ein solches Gemäß Gerste etwa drittehalb Groschen und ein dergleichen Gemäß Hafer kostete noch nicht einmal anderthalb nach unserm Gelde. Funfzehn zweypfündige Roggenbrote bezahlte man ohngefähr mit drittehalb Groschen und für eben so viel konnte man vier und zwanzig Pfund Weitzenbrot haben. Diese Preise der Lebensmittel sind freylich mit unsern heutigen Preisen verglichen ausserordentlich geringe, und man könnte daraus wohl vielleicht schließen, daß die Zeiten bey einer solchen Wohlfeilheit der Lebensmittel damals ungleich besser gewesen seyn müssen, als jetzt. Wir müssen aber bedenken, daß damals bey weitem nicht so viel Geld unter den Leuten war, wie gegenwärtig, und daß also damals der, welcher einen Groschen verdienen wollte, eben so viel zu thun hatte, als wenn jetzt vielleicht jemand sich einen Thaler verdienen will.

Zur Beförderung des Handels der Deutschen

unter

unter sich und mit ihren Nachbarn, z. B. mit den Slaven, machte Kaiser Karl auch allerley gute Einrichtungen. Freylich war der Handel damals in Deutschland noch von keiner besonders großen Wichtigkeit; aber es war doch nun schon ein guter Anfang dazu gemacht worden. Bey der damaligen großen Unsicherheit wegen der vielen Straßenräuber und kleinen Kriege einzelner Edelleute unter einander sorgte Karl, so viel er konnte, dafür, daß die Handelsleute ziemlich sicher reisen konnten; auch ließ er zum Besten der Fortschaffung der Waaren und der Reisenden Brücken bauen, Wege anlegen und Fähren errichten. Er gab mehrern Oertern, besonders solchen, wo Bisthümer waren, die Marktgerechtigkeit. Auf solche Weise nahmen Jahr und Wochenmärkte ihren Ursprung. Wer nun da auf seinen Gütern mehr Lebensmittel und andere Dinge hervorbrachte, als er zu seinen eigenen Bedürfnissen nöthig hatte, schickte sie auf solche Marktplätze, wo sie gegen Geld oder andere Dinge, die er auf seinen Gütern nicht hatte, und doch nöthig zu haben glaubte, ausgetauscht werden konnten. Zu Handelsplätzen mit den Slavischen Völkerschaften und mit den Waaren waren von Karln einige besondere Oerter an der Gränze jener Völker bestimmt worden, nämlich Bardewick im heutigen

E 4   Lüne-

Lüneburgischen; Magdeburg, Erfurt; Forchheim, welches im heutigen Fränkischen Kreise, und zwar im Bißthum Bamberg liegt; Regensburg im heutigen Bayerschen und Lorch im Oestereichischen Kreise. In diese Plätze wurden die Waaren von Slaven und Deutschen gebracht und gegen einander ausgetauscht. Um sie vor feindlichen Ueberfällen zu verwahren, wurden diese Plätze bevestigt. Weiter aber als bis in diese Plätze durften weder die Slavischen noch Avarischen Kaufleute mit ihren Waaren kommen. Man erlaubte ihnen darum nicht tiefer nach Deutschland zu kommen, damit sie nicht etwa unser Vaterland auskundschaften möchten.

(Die Fortsetzung folgt.)

Auf Conrad Kiefers Leben haben sich folgende Prænumeranten gemeldet:

Herr M. Witty in Großpälschau	1 Ex.
— Diac. Ritter in Rotha	1
— Cand. Hecker daselbst	1
Dem Bamberger daselbst	1
Herr Dokt. Langguth in Suhl	1
— Buchhändler Thomas in Braunschweig	1
Waysenhausbuchhandlung in Halle	2
Herr Buchhändler W. Korn in Breslau	2
Cottaische Buchhandlung in Tübingen	14
Herr Buchhändler Fr. Franke in Berlin	3
— Buchhändler Dieterich in Göttingen	8
— Pferdearzt Haak in Zelle	1

Der Bote aus Thüringen.

Sechstes Stück.

1796.

Fortsetzung der Geschichte der Deutschen

Ich habe ihm, Herr Gevatter! schon so viel von den Thaten Kaiser Karls und von dem erzählt, was dieser Regent nach seinen besten Einsichten, zur Beförderung der Wohlfahrt Deutschlands gethan hat, daß er nun wohl nicht zweifeln wird, daß Karl einer der vorzüglichsten Regenten aller Zeiten und insonderheit ein großer Wohlthäter unsers Vaterlandes gewesen ist. Man hat ihm doch wegen der großen Thaten, die er im Kriege und Frieden verrichtet hat, den Beynahmen der Große gegeben.

W. Dieser Kaiser Karl, von dem er mir so viel erzählt hat, ist also der berühmte Karl der Große gewesen?

B. Nicht anders, Herr Gevatter! Hat er denn etwa schon sonst etwas von diesem großen Manne gehört?

W. Ach schon als Kind sind mir allerley Mähr<LI>chen von ihm erzählt worden, besonders von seinem Generale, dem grosen Roland. Diese Fabelchen haben mir damals viel Spaß gemacht. Nachher habe ich auch einmal, ich weis nicht, ob gelesen oder gehört, daß noch jetzt bey der Kaiserkrönung in Frankfurt allerley Sachen gebraucht würden, welche Karl der Grose gehabt haben soll. Ist denn das wahr?

B. Allerdings. Die sogenannten Reichskleinodien, die bey der Kaiserkrönung gebraucht werden z. B. die goldene Krone, das Zepter, das Schwert, das Evangelienbuch, der Mantel u. s. w. sollen gröstentheils von Karl dem Grosen herrühren. Sie werden jetzt in den beyden Reichsstädten Nürnberg und Aachen aufbewahrt. In Aachen befindet sich nebst andern dieser Dinge das Schwert Karls des Grosen in dem sogenannten Münster oder in der Marienkirche, welche Karl der Grose erbauet hat. Zu Aachen hatte Kaiser Karl auch eine Pfalz und er pflegte sich dort vorzüglich gerne aufzuhalten. Daher noch jetzt sein Andenken bey den Aachnern in besonders grosen Ehren steht, und dieser Reichsstadt seit Karls Zeit eigentlich das Recht der Krönung der Deutschen Könige zuerkannt worden ist; aber schon seit geraumer Zeit läßt sie es zu, daß die Krönung nur dort geschieht, wo jetzt der Kaiser gewählt wird, nämlich in Frankfurt am Mayn.

Daß Karl der Große so ungemein viel zum Besten unsers Vaterlandes gethan hat, ist um so mehr zu verwundern, weil er den größten Theil seiner Regierung zugleich mit Kriegführen beschäftigt war. Aber das kann uns denn auch lehren, was ein einziger Mensch alles in der Welt ausrichten, was für Gutes er stiften kann, wenn er seine von Gott ihm verliehenen vorzüglichen Kräfte und seine Zeit gehörig anwendet. Von beyden hatte Karl während seiner Regierungszeit immer guten Gebrauch zu machen gesucht und fast bis auf den letzten Augenblick seines Lebens war er unermüdet thätig geblieben, um seine Pflichten als Regent zu erfüllen.

Ich könnte ihm, Herr Wirth! nun noch allerley erzählen von andern guten Eigenschaften dieses großen Mannes, von seiner herzlichen Liebe zu seinen Kindern, von seiner Kinderzucht, von seiner Wohlthätigkeit gegen die Armen, von der einfachen Lebensart, die er führte und so manchen andern ihn betreffenden Dingen. Aber es wird nun wohl Zeit seyn, daß wir auch sehen, wie es weiter in unserm Vaterlande gegangen ist. Nur das muß ich doch noch erwähnen, daß der große Karl, wegen seiner großen Verdienste

F 2   um

um sein Reich, nicht nur von den meisten seiner Unterthanen, bey seinem Leben und nach seinem Tode, sehr hochgeachtet wurde: sondern daß er auch bey auswärtigen Völkern und Königen und Fürsten der damaligen Zeit in ausserordentlichem Ansehen stand. Selbst angesehene Regenten ausser Europa suchten seine Freundschaft und machten ihm wichtige Geschenke. So schickte ihm z. B. der Oberherr des von Muhamed gestifteten großen Reichs*) unter andern Geschenken eine kostbare Schlaguhr, welches die erste war, die man in Europa gesehen. Der Morgenländische Kaiser zu Constantinopel schenkte ihm eine Orgel, ein damals auch noch gar seltenes Ding in Europa: denn Karls Vater hatte von eben daher die erste bekommen, und wahrscheinlich gab es wohl damals in Deutschland kaum eine Kirche, worin eine Orgel seyn mochte.

Nach einem so äusserst thätigen und wohlangewandten Leben erkrankte Karl der Große endlich. Ein heftiges Fieber überfiel ihn. Er war gewohnt, nur äusserst selten Arzneymittel zu nehmen, desto mehr aber seine Gesundheit durch Mäßigkeit im Essen und Trinken zu erhalten. Bey vorkommender Unpäßlichkeit suchte er sich durch Fasten zu helfen. Dieß wollte er denn auch jetzt thun.

*) S. Thür. Boten J. 1795 S. 263.

thun. Aber das sonst immer wirksam gefundene Mittel wollte diesmal ihn nicht wieder gesund machen. So mußte er im 70sten Jahre seines Lebens und im 47sten seiner Regierung, im Jahre 814 sterben. Sein Leichnam wurde zu Aachen, wo er im Leben so gerne gewesen war, in der Marienkirche beygesetzt.

Bey der Geschichte Kaiser Karls des Großen haben wir uns freylich ein wenig lange aufgehalten. Da aber durch seine Regierung so große Veränderungen in unserm Vaterlande hervorgebracht worden sind und er unsern Vorfahren so viel Gutes gethan hat, wovon wir gewissermaßen noch bis auf den heutigen Tag die schönsten Früchte genießen: so ist es wohl nicht mehr als billig, daß wir uns bey ihm länger verweilet haben, als es bey den meisten seiner Nachfolger in der Oberherrschaft über unser Vaterland geschehen wird. Laß es uns nun sehen, was nach Karls des Großen Tode in Deutschland merkwürdiges vorfiel und ob die Nachkommen dieses großen Mannes ihm ähnlich gewesen sind.

Wie viel früher hätte Deutschland eines der angebautesten Länder der Erde und die Deutschen sehr zeitig ein sehr gebildetes Volk werden können, wenn Deutschland von einer Reihe solcher weiser Regenten, besonders wenn diese mehr als

Karl der Große den Frieden geliebt hätten, beherrscht worden wäre. Aber zum großen Nachtheile unsers Vaterlandes hatte keiner von Karls Nachkommen den grosen Geist, den er gehabt hatte. Daher denn auch gar bald allerley vorfiel, woraus man sehen konnte, daß Karl der Große nicht mehr an der Spitze der Regierung stand. Die äussern Feinde der Deutschen, die Normänner und Slaven, die Karl in Furcht erhalten hatte, fingen sich wieder an zu regen; ja, was das traurigste war, Kriege in der eignen Familie Karls zerrütteten unser Vaterland und die übrigen Länder des Fränkischen Reichs. Besonders traurig sah es in dieser Rücksicht unter der Regierung des Kaisers Ludwigs des 1sten aus. Dieser war der einzig übriggebliebene Sohn Karls des Großen und war nach seines Vaters Tode Oberherr des Fränkischen Reiches geworden. — Er war sonst ein guter Herr und hatte wirklich den Willen, seinen Unterthanen recht viel Gutes zu thun. So war es gleich bey Antritt seiner Regierung eines seiner ersten Geschäfte, daß er manche Ungerechtigkeiten, welche hier und da unter der sonst so weisen Regierung seines Vaters vorgefallen waren, abzustellen suchte. Wegen seiner Gutherzigkeit hat man ihn auch den Beynamen der Fromme gegeben. Gutherzigkeit allein ist nun aber

nicht

nicht einmal hinlänglich zur guten Regierung eines kleinen Haushalts und einer Familie, wie viel weniger zur Regierung eines großen Reichs. Dazu gehört viel Verstand, Klugheit und Festigkeit bey dem, was man thut. Von diesen Dingen besaß nun frey ich Ludewig nicht so viel, als er zu dem großen Amte, das er führen sollte, nöthig hatte. Er mochte dieß auch wohl selbst fühlen und kam daher auf den Gedanken, seine Herrschaft mit seinen 3 Söhnen Lothar, Ludewig und Pipin zu theilen und jedem derselben die Regierung eines Theils seines Reiches zu überlassen. Dieß zog ihm gar viele Verdrießlichkeiten zu. Denn als er in der Folge noch einen Sohn bekam und diesem auch gern ein Stück seines Reiches zuwenden wollte: so waren seine drey Söhne so pflichtvergessen, daß sie mehr als einmal die Waffen gegen ihren Vater ergriffen und ihn bekriegten.

Seit dem Anfange dieses Jahrs giebt Herr Professor Trommsdorf in Erfurt eine Monatsschrift heraus, die den Titel hat: Monatsschrift zur Aufklärung für den Bürger und Landsmann. Der Jahrgang kostet 2 Gulden Sächsisch. Sie unterscheidet sich von vielen ähnlichen Schriften nicht nur durch die Wahl der Materien; sondern auch durch die Deutlichkeit des Vortrags. Der erste Aufsatz über die Aufklärung ist musterhaft.

... Das bey Reinicke in Leipzig erschienene englische Lesebuch: G. Carter's Narrative of the Loss of the Grosvenor etc. ist nach dem Urtheile der Jenaischen Literatur-Zeitung und mehrerer Sprachkenner als sehr brauchbar besonders zu empfehlen, und ist in jeder soliden Buchhandlung a 12 gr. zu bekommen.

Auf Conrad Kiefers Leben haben sich folgende Pränumeranten gemeldet:

Herr J. C. L. Hoyer in Zelle	1
– Oberappellationsgerichtsprocurator D. Spiel	1
– Scheimeister Dercke ebendas.	1
– Hoper zu Ovelgone im Herzogthum Oldenburg	1
Dem. Elise Laer zu Uelze	1
Herr Leibmed. Wichmann zu Hannover	1
– Pastor Wichmann in Zelle	1
– Präceptor Gleim aus den Sooden bey Allendorf an der Werre	1
– Cand. Liebetrau in Gotha	1
– Garnison Schullehr. Busleb daselbst	1
– Buchhändler Nicolai in Berlin	4
– Buchhändler Müller in Riga	2
– – Stahel und Comp. in Wien	6
– – Gehr und Comp. in Breslau	2
– Voget, reform. Pred. in Anholt	6
– Cand. Schwerd in Neukirchen	12
– Fr. Oberländer in Hildburghausen	6
– Pr. C. S. Bertelsmann in Bückeburg	18
– K. R. König daselbst	1
– Conr. v. d. Reck das.	1
– Ord. Cand. Noß zu Petzen bey Bückeb.	1
– Kaufmann Aprath zu Stadthagen	2

Der Bote aus Thüringen.

Siebentes Stück.

1796.

Fortsetzung der Geschichte der Deutschen.

Kaiser Ludwig der Fromme war sogar so unglücklich, daß er seinen Söhnen in die Hände fiel, nachdem ihn zwischen Straßburg und Basel*) der größte Theil seiner Armee treuloser Weise verließ und zu den Söhnen überging. Nur eine kleine Anzahl von Redlichen war ihm treu geblieben; aber er entließ diese freywillig, um sie nicht unnützer Weise der Wuth seiner Feinde aufzuopfern. Noch heut zu Tage soll von jener verrätherischen Handlung ein Stück Land zwischen oben genannten Städten das Lügenfeld heißen. Der arme Ludwig wurde nun aufs schreck

---

*) Siehe die Karte von Deutschland, auf welcher beyde am Rhein liegende Städte angezeigt sind, wovon die eine in der Schweiz, die andere im Elsaß liegt.

schrecklichste gemißhandelt. Lothar nahm ihn mit sich ins heutige Frankreich, und dort mußte er in einer Kirche vor der Versammlung einer großen Menge Geistlichen und vieler andern Leute öffentlich Kirchenbuße thun.

Wirth. Worin bestand denn diese Kirchenbuße.

B. Das will ich ihm sagen. Der Kaiser mußte ein Verzeichniß aller seiner Sünden, so wie es die Geistlichen ihm aufgesetzt hatten, her lesen, und sich darin für einen Eidbrüchigen, einen Unruhstifter, kurz für einen der größten Verbrecher öffentlich erklären. Man nöthigte ihn, seine Waffen und kaiserliche Kleidung abzulegen, ein härenes Bußkleid anzuziehen und die versammelten Bischöfe sangen ihm Bußpsalmen vor. Diese Mißhandlungen waren das Werk des Lothars, der Bischöfe und anderer geistlichen Herren. Man hatte die Absicht, den Kaiser Ludwig durch diese Demüthigung unfähig zur fernern Regierung seines Reichs zu machen; denn, jeder, dachte man, würde ihn nun verachten. Aber weit gefehlt. Gerade diese Mißhandlungen erregten das Mitleiden seiner übrigen Unterthanen und selbst seiner zwey andern, gegen ihn sonst eben nicht kindlich gesinnten, Söhne. Gar bald kam Ludwig wieder zum völligen Besitz seiner Würde; doch das Mißvergnügen seiner Söhne über ihn hörte

hörte, weil er immer neue Versuche machte, seinem jüngsten Sohne, einen Theil seines Reichs zu versichern, bis an seinen Tod nicht auf, welcher im Jahr 840 erfolgte, als er eben wieder im Begriff war, gegen einen seiner Söhne zu Felde zu ziehen, der sich gegen ihn aufs neue aufgelehnt hatte. Von dem, was Ludwig der Fromme, besonders zum Besten Deutschlands gethan hat, ist merkwürdig, daß er im heutigen Westphalen an der Weser die Abtey Corvey stiftete, wo bald eine für die damaligen Zeiten sehr berühmte Schule entstand. Zur Ausbreitung des Christenthums unter den Normännern und in einigen nördlichen Provinzen unsers Vaterlandes, welche theils von Sachsen, theils von Slaven bewohnt wurden, legte er zu Hamburg ein Erzbisthum an, welches aber nicht lange nachher nach Bremen verlegt wurde. Auch ließ er die Bibel in deutsche Verse übersetzen, damit auch die Ungelehrten sie lesen könnten.

Er kann sich leicht vorstellen, Herr Gevatter, daß Söhne, welche ihren eigenen Vater aus Herrschsucht bekriegten, nach ihres Vaters Tode, nicht eben sehr friedlich unter einander gelebt haben werden. Kaum war der Vater todt, so gieng der Lärm wirklich unter seinen hinterlassenen Söhnen los. Einer von den drey unruhigen Köpfen,

Köpfen, Pipin, war schon bey des Vaters Lebzeiten gestorben, und der vierte Sohn Ludwig, welcher Karl, mit dem Beynamen der Kahle, hieß, hatte einen großen Theil der Länder des verstorbenen Bruders im heutigen Frankreich erhalten. Nach dem Tode des Vaters hätte nun Lothar lieber gern alles allein gehabt. Aber er konnte leicht denken, daß seine beyden noch übrigen Brüder, Ludwig, dem ein großer Theil von Deutschland zu gefallen war, und Karl der Kahle gutwillig nichts herausgeben würden. Daher wollte er es ihnen mit Gewalt nehmen. Ludwig und Karl aber verbanden sich gegen den herrschsüchtigen Bruder und schworen im Angesicht ihrer beyden Armeen, welche den Schwur bekräftigten, sich gegenseitig gegen Lotharen beyzustehen und nicht zuzugeben, daß einem von ihnen das Mindeste entrissen würde. Die Worte, womit sie einander Beystand und Hülfe versprachen, sind bis auf unsere Zeiten gekommen; und wenn es ihm, Herr Wirth, recht ist: so will ich ihm etwas von den Worten mittheilen, womit Karl seinem Bruder Ludwig und dessen aus Deutschen bestehenden Heere Beystand versprach.

W. Das soll mir lieb seyn. Ich will doch sehen, ob das damalige Deutsch sehr verschieden von dem alten Gothischen ist, wovon er mir einmal

mal einige Zeilen gewiesen hat. Mit unserm heutigen Deutsch wird es doch wohl auch schon einige Aehnlichkeit haben?

B. So ziemlich viel. Unter jedem alten Deutschen Worte steht das heutige. Da sehe er her!

In Godes Minna ind durh tes Christia-
In Gottes Liebe und durch des christli-
nes Folches ind unser bedhero Gehaltniss,
chen Volkes und unserer beyder Erhaltung
fon thesémo Dage frammordes, so fram so
von diesem Tage hinführo, so weit so
mir Got Gewizzei indi Mahd surgibit, so bald
mir Gott Weisheit und Macht giebt so bald
ih thesan mhnan Bruodher — so man mit
ich diesen meinen Bruder — so man mit
Rehtu sinan Bruodher scal.
Recht seinen Bruder soll.

Nun versteht er denn etwas davon, Herr Gevatter?

W. Wäs werd ichs denn nicht! Die meisten Wörter sind ja so deutlich, daß man ohne viel Kopfzerbrechen unsere heutigen darin findet. Nicht wahr, der eine Bruder verspricht: um Gottes Liebe und des christlichen Volkes und ihrer beyder Erhaltung willen, dem andern Bruder von dem Tage ihrer Verbindung an und immerfort,

nach

nach seiner Einsicht und Kraft beyzustehen, so wie es mit Recht einem Bruder geziemt.

W. Er hat es ja recht gut getroffen. — Nach dieser festen Verbindung gingen die beyden Brüder tapfer auf den Lothar los. Dieser sahe sich endlich genöthigt, Friedensvorschläge zu thun. Karl und Ludwig wünschten auch Ruhe und Frieden. Alle drey Brüder hielten also eine Zusammenkunft, wobey das Nöthige verabredet wurde, und im Jahr 843 wurde endlich ihr ganzer Streit zu Verdun *), einer Stadt im heutigen Frankreich durch einem förmlichen Vergleich geendigt, vermöge dessen das ganze große Fränkische Reich in drey Theile getheilt wurde.

W. Will er mir nicht sagen, was jeder von den drey Brüdern bekam?

B. Sogleich soll er es hören. Aber um ihm alles recht begreiflich zu machen, müssen wir die Kärtchen von Deutschland und von Frankreich zur Hand nehmen. Da suche er auf der von Frankreich, auf der rechten Seite, die Flüsse Rhone, Saone, Maas und Schelde; auf dem Kärtchen von Deutschland, aber, wie sichs von selbst versteht, auf der linken Seite, kann er auch drey davon sehen. Hat er sie gefunden?

W. Ja auf beyden.

B.

*) In der Provinz Lothringen, jetzt im Depart. 75

B. Jetzt wollen wir auf der Karte von Deutschland den Rhein suchen und seinem Laufe von seinem Ursprunge an folgen. Sieht er hier in der Schweiz entspringt er und geht da unten in den Niederlanden in die Nordsee. Nun passe er auf!

Alles, was disseits des Rheins oder auf der rechten Seite dieses Flusses, von seinem Ursprunge an bis an seinen Ausfluß in die Nordsee, liegt, bekam Ludwig unter seine Oberherrschaft, also ein Stückchen von der heutigen Schweiz, das disseits des Rheins liegende Deutschland, so weit es den Franken schon unterworfen war, und ein großes Stück der heutigen Vereinigten Niederlande. Auf der linken Seite des Rheins erhielt aber Ludwig auch noch etwas, nämlich Maynz, Worms und Speyer mit den dazu gehörigen Bezirken. Diese jenseitigen Distrikte hat sich Ludwig wegen des dortigen Weinwachses aus, und um einen guten Uebergang über den Rhein zu haben.

Zu Lothars Antheile gehörte alles, was hier zwischen dem Rhein und den Flüssen Rhone, Saone, Maas und Schelde liegt, also ein Stück von der heutigen Schweiz, von Frankreich, von Deutschland und den Vereinigten Niederlanden. Der größte Theil davon wurde in der Folge nach seinem Sohne, der auch Lothar hieß, Lothringen genannt,

genannt, wovon noch bis zur Französischen Revolution eine Provinz Frankreichs so hieß.

Karl der Kahle bekam unter seine Herrschaft alles, was jenseits der Rhone, Saone, und Schelde liegt, also den größten Theil des heutigen Frankreichs.

W. Auf diese Art hat ja also Lothar das Wenigste bekommen. Bekam er vielleicht noch Italien? Denn noch hat der Herr Gevatter nicht gesagt, auf wem das gefallen ist; es war ja auch durch Karl den Großen ein Theil des Fränkischen Reichs geworden.

B. Ganz Recht. Lothern wurde auch Italien und die Römische Kaiserwürde gelassen.

(Die Fortsetzung folgt.)

Auf Conrad Kiefers Leben haben sich folgende Pränumeranten gemeldet:

Hr. Senat. Brehmes zu Stadthagen	1 Er.
- Begemann, Inspector des Waisenhauses zu Berntrupp	1
- Oberpr. Holper zu Stadthagen	1
- Inspector Krämer daselbst	1
- Verwalter Rozenberg auf Burghof	1
- Diaconus Meyer zu Stadthagen	1
- Pastor Meyer zu Meebeck	1
- Gastwirth Pappelbaum zu Stadthagen	1
- Pastor Schönfeld daselbst	1
- Pastor Wedekind zu Lindhorst	1
- Conr. Zersen zu Stadthagen	1

Der Bote aus Thüringen.

Achtes Stück.

1796.

Fortsetzung der Geschichte der Deutschen

Nun waren also aus dem großen Fränkischen Reiche drey besondere Reiche geworden. Ludwigs Antheil hat den Namen des Deutschen Reichs, so wie Ludwig selbst als Stifter desselben den Beynamen der Deutsche bekommen. Wir wollen nun sehen, Hr. Gevatter, was mit diesem Reiche, als unserm Vaterlande und mit unsern Vorfahren, als den Bewohnern desselben weiter für merkwürdige Veränderungen nach und nach vorgegangen sind.

Als König Ludwig der Deutsche Oberhaupt des Deutschen Reichs wurde, gehörten, wie der Hr. Gevatter nun schon aus dem vorhergehenden wissen kann, manche Bezirke dazu, die heut zu Tage nicht mehr dazu gerechnet werden. Hingegen aber gehörten auch jenseits des Rheins große Striche Landes nicht dazu, welche doch ißt

Theile des Deutschen Reichs ausmachen. Auch gab es noch beträchtliche Landesstriche in Deutschland, die damals noch von Slavischen Völkerschaften bewohnt und beherrscht wurden, und meist noch in Unabhängigkeit von ihren Deutschen Nachbaren geblieben waren. Den Mähren und Böhmen hatte dieß nicht gelingen wollen, denn diese mußten dem Deutschen Könige Tribut bezahlen, so sehr sie sich auch zuweilen dagegen sträubten. Die Slaven, so wie auch die Normänner, hatten sich überhaupt die Streitigkeiten, welche unter der Nachkommenschaft Karls des Grosen entstanden waren, sehr zu Nutze gemacht, und die an ihr Gebiet gränzenden Deutschen Provinzen gar sehr zu beunruhigen gesucht. Ludwig der Deutsche that alles, was er konnte, um diese Feinde der Deutschen zur Ruhe zu bringen, und sein Reich gegen sie zu vertheidigen. Um dieß desto besser im Stande zu seyn, suchte er eine Einrichtung wieder hervor, welche sein Grosvater, Karl der Grose, aus mancherley Ursachen, abgeschafft hatte. Ludwig ernannte nämlich in den Gränzprovinzen Herzoge. Die Völker, welche am meisten von den Einfällen dieser Feinde, auch während Ludwigs Regierung, beunruhigt wurden, waren die Sachsen und Thüringer. Beyde Völker bekamen nun wieder Herzoge und späterhin wur-

wurde auch die Herzogliche Würde bey den Bayern, Franken und Schwaben wieder eingeführt. So lange Ludwig der Deutsche lebte, wurden die Feinde des Deutschen Reichs durch die guten Einrichtungen, die er traf, so ziemlich im Zaume gehalten. Aber einige Jahre nach seinem Tode, welcher 876 erfolgte, hatte Deutschland gar viel von den Normännern zu leiden, wie bald erzählt werden soll.

Ludewig der Deutsche hatte vor seinem Tode das Deutsche Reich unter seine Söhne vertheilt, und hätte bald eben solchen Verdruß davon gehabt, wie ehemals sein Vater bey der Theilung der ganzen Fränkischen Monarchie unter seine Söhne. Durch Ludwigs Klugheit wurde indessen doch die Ruhe erhalten. Nach seinem Tode beherrschte jeder seiner Söhne den ihm zugefallenen Antheil. Zwey davon starben aber schon einige Jahre nach ihres Vaters Tode, und so wurde der noch allein lebende jüngste Bruder, welcher Karl hieß, und wegen seines dicken Körpers den Beynamen der Dicke bekam, König über das ganze Deutsche Reich, dessen Umfang sich dadurch sehr erweitert hatte, daß auch größtentheils Lothringen, nach dem Absterben der Nachkommenschaft Lothars, des Bruders Ludwigs des Deutschen, nach und nach an dasselbe gekommen war. Ja noch mehr;

eben

eben dieser Karl der Dicke wurde auch Römischer Kaiser, bekam Italien, und wurde einige Jahre nachher sogar von den Franzosen zum Könige von Frankreich gewählt. Doch was half ihm das alles, da es ihm am Besten, nämlich an Einsicht fehlte, ein so großes Reich auf eine kluge Weise zu regieren. Daher ging auch alles schief. Die Normänner hatten, schon ehe er König von Deutschland und Lothringen geworden war, einen schrecklichen Einfall gethan, sich jenseits des Rheins an der Maas festgesetzt, und von ihren Verschanzungen aus, Lüttich, Aachen, Bonn, Köln und mehrere andere Städte und viele Klöster und Kirchen geplündert und verwüstet. Karl der Dicke sollte nun diese Feinde seines Reichs zu vertreiben suchen. Auf einem Reichstage zu Worms versprachen auch alle Deutschen Nationen unsers Vaterlandes ihn zu unterstützen. Ja sie versprachen es nicht nur; sondern in kurzer Zeit brachten auch die Ostfranken, Bayern, Schwaben, Thüringer und Sachsen ein sehr ansehnliches Heer zusammen, um ihre Deutschen Brüder jenseits des Rheins von den Feinden zu befreyen, und dadurch sich selbst vor ähnlichen Plünderungen zu verwahren. Unter Karls des Dicken Anführung rückte dieses Heer gegen die Verschanzungen der Normänner an; zwölf Tage wurden diese belagert und schon

was

waren sie aufs äusserste gebracht: als Karl sich durch den von den Normännern bestochenen Bischof Luitward von Vercelli, einen seiner Räthe, bereden ließ, einen Vergleich zu schließen, der für die Deutschen eben so nachtheilig war, als er ihnen unter jenen Umständen zum Schimpf und Schande gereichte. Eine große Summe Geldes warde von den Deutschen den Normännern bezahlt, und noch ausserdem ein Stück vom Lande der Friesen abgetreten. Dagegen versprachen zwar die Normänner das Deutsche Reich nicht mehr zu beunruhigen, hielten aber nicht Wort. Auf gleiche Weise kaufte Karl diesem Volke auch den Frieden ab, als dasselbe in Frankreich einfiel und dort ebenfalls schreckliche Verwüstungen anrichtete. Durch eine solche Aufführung machte sich Karl der Dicke so verächtlich in seinem Reiche und vorzüglich bey den Deutschen, daß die Deutschen und Lothringischen Großen des Reichs auf dem Reichstage zu Trebur*), wohin Karl dieselben zusammen berufen hatte, ihn förmlich absetzten, und einen gewissen Arnulf, seinen Verwandten und Herzog von Kärnthen**) zum

Kö-

*) Ein Flecken im heutigen Hessen-Darmstädtischen, wo vor Alters eine Königliche Pfalz oder Pallast gewesen ist.
**) Ein Theil des heutigen Oestreichischen Kreises.

mit einem so ausserordentlichem Muthe, daß fast das ganze Normännische Heer, theils durchs Schwert der Deutschen fiel, theils in den Sümpfen und in der Dyle umkam. Zwey Normännische Könige blieben in diesem blutigen Treffen, und das bisher von den Normännern besetzt gehaltene Land wurde wieder von ihnen befreyt. Seit dieser Zeit waren die Normänner, obgleich die Kriege zwischen ihnen und den Deutschen noch nicht ganz aufhörten, Deutschland nicht mehr fürchterlich.

(Die Fortsetzung folgt.)

Quittung.

Ich bekenne hierdurch, aus der löbl. Expedition des Botens aus Thüringen 15 Rthl. 20 Gr. für die hiesigen Abgebrannten am 17ten Januar d. J. richtig erhalten zu haben. Cölleda, d. 4. Febr. 1796.

Rud. Tim. Traug. Müller, Oberpfarrer.

Auf Kiefers Leben haben sich folgende Pränumeranten gemeldet:

Herr Cant. Kroemer zu Stadthagen	1 Ex.
– Vorsteh. Bertelsmann zu Bielefeld	1
– Joh. Gottl. Filtsch in Dresden	11
– Rector Wendland in Thorn	12
– Prof. Müller in Kiel	6
– Schnittero in Heide	14
– Buchhändl. Hammerich in Altona	16
– Postschreib. Oehmich in Erfurt	1
– Bertels in Flensburg	30

Der Bote aus Thüringen.

Neuntes Stück.

1796.

Fortsetzung der Geschichte der Deutschen

Bald zeigte sich ein neuer Feind, der den Deutschen noch viel gefährlicher wurde, als die Normänner. Dieser neue Feind waren die Ungarn. Sie waren aus den ehemaligen Wohnsitzen der Hunnen und Avaren, aus Asien nach Europa gekommen, hatten sich im neunten Jahrhunderte endlich in dem Lande, das nach ihnen den heutigen Namen Ungarn bekommen hat, feste gesetzt und waren so Nachbarn des Deutschen Reichs, das sich gegen Morgen bis an Ungarn hin erstreckte, geworden. Sie machten damals, weil sie noch roh und ungebildet waren, vom Rauben und Plündern Handwerk. Nun hatten sie viel von den reichen Klöstern und Kirchen mancher Deutschen Provinzen und überhaupt viel davon gehört, was in Deutschland alles für schöne Sächelchen zu finden wären. Dies machte ihnen

März 1796.

Lust, sich etwas davon zu holen. Doch so lange der tapfere König Arnulf lebte, wagten die Ungarn es nicht zu kommen. Dieser König wurde, obgleich, wie man sich leicht denken kann, wider seinen Willen, die Ursache, daß die Ungarn Lust bekamen, Deutschland zu plündern. Das ging nämlich so zu. Die Mähren, die wie ich schon erzählt habe, dem Deutschen Reiche zinsbar waren, lehnten sich zu König Arnulfs Zeiten gegen die Deutschen auf und machten ihnen viel zu schaffen. Da bediente sich nun Arnulf der Hülfe der Ungarn, die Mähren zu demüthigen. Die Mähren wurden freylich durch der Ungarn Beystand wirklich besiegt, aber dadurch auch mit unserm Vaterlande näher bekannt. Eben diese nähere Bekanntschaft reizte nun die Ungarn zu Einfällen in unser Vaterland und wurde unsern Vorfahren so äußerst nachtheilig.

Kaum war der tapfere König Arnulf im Jahre 899 gestorben: so fingen die Ungarn an, die Deutschen so zu quälen, daß einem die Haut schaudert, wenn man die Beschreibungen von den schrecklichen Unthaten liest, die sie in Deutschland verübten. In großen Haufen fielen sie mehrmals, bald hier, bald dort, in die Deutschen Provinzen ein, und verheerten dieselben fast von einem Ende zum andern. Wo man hinsah er-

buckte

blickte man in Bayern, in Schwaben, in Franken und Thüringen durch sie zerstörte und verbrannte Klöster und Kirchen, verwüstete Dörfer, und ausgeplünderte und verstümmelte Leute. Diese Unmenschen soffen das Blut der Erschlagenen, rissen den Leuten das Herz aus dem Leibe und fraßen es auf, kuppelten die beym Leben gelassenen, gleich Hunden, mit den Haaren an einander und trieben sie als Sclaven nach ihrer Heimath zu. Am allerschlimmsten kamen die armen Mönche dabey weg. Viele von diesen wurden, wie man erzählt, lebendig gesotten, gebraten, und auf andere grausame Arten gemartert. Von 53 Klöstern, welche damals im heutigen Oestreichischen und Bayerschen waren, blieben nur wenige unverwüstet, und 21 derselben wurden gänzlich zerstört. Die geängstigten Mönche suchten, gleich irrenden Schafen, hier und da Zufluchtsörter, um sich vor der Wuth ihrer grausamen Feinde zu verbergen, und in Bayern sollen manche Derter, wo die Mönche sich hin flüchteten, davon ihre heutigen Namen erhalten haben, wie z. B. München, die heutige Hauptstadt von Bayern. Ueberhaupt hatte Bayern von den Ungarn das meiste auszustehen und nebst diesem Lande auch sein Vaterland, Herr Gevatter, das Thüringerland, wo unter andern auch Eisenach von ihnen gänzlich zerstört worden seyn soll, und hernach länger als 100 Jahre hindurch in seinen Trümmern liegen blieb, ehe es wieder aufgebauet wurde.

W. Aber in aller Welt, Herr Gevatter! wie ist es möglich, daß unsere Vorfahren, die er mir doch als so tapfere Leute beschrieben hat, den Unfug der Ungarn so mit ansehen konnten? Sollte man nicht denken, sie müßten sich gleich zu Hunderttausenden zusammen gezogen, und diese Räuber, so wie sie's verdienten, wie die tollen Hunde vor die Köpfe geschlagen haben.

B. Man denkt manchmal, daß etwas geschehen müßte, und geschieht doch nicht. Indessen an Muth und Tapferkeit fehlte es wirklich unsern Vorfahren nicht. Aber leider war unter den verschiedenen Nationen unsers Vaterlandes keine rechte Einigkeit, kein rechtes Zusammenhalten. Wenn die Ungarn in Bayern oder sonst wo einfielen, so dachten die Sachsen und andere: Laß's seyn, wenn sie nur nicht zu uns kommen; und wenn sie in Thüringen jämmerlich hausten und wirthschafteten, so glaubten die Schwaben und die übrigen: wir sind sicher genug vor ihnen, zu uns werden sie wohl nicht kommen. So wie aber die einzelnen Nationen des Deutschen Reichs gegen einander gesinnt waren, so dachten auch

meist

meist bey jedem Volke die Grafen und Edelleute gegen einander; beyde hatten wieder gleiche Gesinnungen gegen die Bischöfe und Klöster; und die geistlichen Herren eben solche gegen die weltlichen. Der Graf lachte ins Fäustchen, wenn der Herr Abt oder der Bischof recht mitgenommen wurde, und der Abt und Bischof segnete und kreuzigte sich vor Freuden, wenn der Feind auf des Grafen Gütern recht wirthschaftete. In allen Ecken und Enden des Deutschen Reichs gab es Fehden oder kleine Kriege, welche ein Graf mit dem andern, die Bischöfe mit den Adlichen und diese wieder unter einander führten. Wie kann bey einer solchen Wirthschaft einem Feinde der gehörige Widerstand gethan werden? Hätte nun freylich ein solcher oder ein ähnlicher Herr an der Spize der Deutschen Nation gestanden, wie weiland Karl der Große war: so mögte das Ding wohl anders gegangen seyn. Aber, daß Gott erbarme! damals als die Ungarn mit unserm Vaterlande so übel umgingen, war das Reichsoberhaupt ein Kind. Um Streitigkeiten und Kriegen, die so leicht hätten entstehen können, wenn man aus einer andern, als aus der bisher regierenden Familie, einen König gewählt hätte, vorzubeugen, hatten die Großen des Reichs beschlossen, bey der Wahl eines neuen Königs lieber in dieser Familie zu bleiben. Nun hatte König Arnulf bey seinem Tode nur einen einzigen sechsjährigen Sohn hinterlassen: also war dieser zum Oberhaupt des Deutschen Reichs gewählt worden. Zwar hatte der junge König Ludewig, so hieß er, mit dem Beynahmen das Kind, zwey der angesehensten Fürsten des Reichs den Erzbischof Hatto von Mayn; und den mächtigen und klugen Herzog der Sachsen, Otto den Erlauchten, zu Vormündern. Aber bey allem Ansehen, das diese beyden, besonders der letztere hatte, ging es doch nicht so, wie es zum Besten unsers Vaterlandes hätte gehen sollen. Konnten doch unter der Regierung dieses Königs nicht einmal zwey unruhige Große, welche einander unaufhörlich befehdeten, eher zur Ruhe gebracht werden, als bis man den einen auf eine höchst treulose Weise dem Könige in die Hände spielte. Das Geschichtchen ist folgendes: Graf Adelbert von Babenberg*) und der Bischof von Würzburg hatten schon viele Jahre hindurch über etwas mit einander Streit und blutigen Krieg geführt, und dabey einer in des andern und seiner Anhänger Gebiet wechselseitig große Verheerungen gemacht, so daß in dem heutigen Hessen und Franken mehrere Gegenden un-

tgemein

*) Jetzt Bamberg im heutigen Franken.

gemein viel gelitten hatten. Graf Adelbert,
den man für den Urheber des Streits hielt, wurde
vom Könige auf einen Reichstag nach Tribur zur
Verantwortung gefördert, er erschien aber nicht.
Hierauf marschirte der König selbst mit einem
Heere gegen ihn. Graf Adelbert zog sich nun in
seine Burg Theres. Das gegen ihn ausgeschickte
Heer belagerte die Burg, konnte sie aber nicht
erobern. Da erbot sich der oben genannte Erzbischof von Mayaz, Hatto, den Grafen dem
Könige zu überliefern. Er begab sich zu Graf
Adelberten in die Burg und redete ihm zu, er
mögte doch den König wegen seines Ungehorsams
um Verzeihung bitten, und sich ihm unterwerfen.
Graf Adelbert, welcher glaubte, er würde es in
die Länge gegen den König und das Reich doch wohl
nicht aushalten können, war dazu bereit, nachdem
ihm Hatto die Versicherung gegeben hatte, er wolle
ihn unbeschädigt wieder in seine Burg zurückbringen.
Wer sollte denn auch dem Worte eines Erzbischofs
nicht trauen? Er ging also mit. Kaum waren sie
ein Stückchen von der Burg weg: so klagte Hatto
über gewaltiges Bauchgrimmen, und gab zur Ursache davon an, daß er noch nicht, wie er doch sonst
täglich zu thun pflege, gefrühstückt habe. „Wenn
„das die Ursache ist, so soll das Bauchgrimmen bald
„aufhören, Hochwürdiger Herr, sagte Graf Adelbert,

„bert, kommt, laßt uns in die Burg zurückkehren und „nehmt erst ein gutes Frühstück zu euch.„ Beyde kehrten in die Burg zurück, und nachdem Hatto das vorgegebene Bauchweh durch ein gutes Frühstück curirt hatte, traten sie aufs neue ihre Reise ins Lager des Königs an. Aber statt Verzeihung zu erhalten, wurde nun Graf Adelbert in Fesseln geworfen und enthauptet.

(Die Fortsetzung folgt.)

Nachricht für den Landmann, von einer sehr wirksamen Vieharzney. Sehr lieb muß es dem Landmann seyn, wenn er bey Krankheit seines Viehes, bald zu einem sichern und wirksamen Medicament seine Zuflucht nehmen kann. Ein solches Medicament wird ihm hierdurch bekannt gemacht: Dieses enthält den feinsten Extrakt aus den wirksamsten Mitteln aufgelößt; wirkt also sicherer und geschwinder, als ein grobes erdiges unauflößliches Pulver, welches öfters die Herumläufer für Universalmittel ausgeben, um dadurch den braven Landmann zu hintergehen. Dieses Medicament wird für kein Universalmittel ausgegeben, sondern als ein sehr wirksames und sicheres Mittel bey der Druße, Verschlagen der Pferde, bey Aufschwellen, Verstopfung, kaltem Feuer der Kühe und Ochsen, bey Bräune der Schweine und bey Erhitzung. Herbst und Frühjahrszeit wird es wegen Veränderung des Futters 8 Tage als Präservativ gebraucht. Dieses Medic. ist unter dem Namen: Vieharzney in Gläsern zu 4 und 8 gr. nebst Gebrauchsvorschrift bey mir zu haben. C. J. Lucas Hofapotheker in Arnstadt.

Der Bote aus Thüringen.

Zehntes Stück.

1796.

Fortsetzung der Geschichte der Deutschen.

Als Graf Adalbert den Erzbischof der Treulosigkeit und der Wortbrüchigkeit beschuldigte, sagte Hatto: Wie, ich hätte euch nicht Wort gehalten? Habe ich, als ich, um zu frühstücken, mit euch in die Burg umkehrte, euch nicht unversehrt wieder in dieselbe zurückgebracht?

W. Die Arglist des Hatto war doch abscheulich!

B. Auch unsere Vorfahren dachten damals so. Die Dichter machten Spottlieder auf den Erzbischof, und noch lange Zeit nach seinem Tode schändete man sein Andenken durch Absingung dieser Lieder.

Da nun unter der Regierung des Königs Ludewig des Kindes, nicht einmal in Deutschland selbst Ruhe und Ordnung erhalten werden konnte: so ist es eben nicht so sehr zu verwundern, daß die auswärtigen Feinde, die Ungarn, nicht von ihren

ihren Einfällen und Verheerungen in unserm Vaterlande abgehalten werden konnten. Wahr ist es: einzelne Deutsche Nationen, wie z. B. die Thüringer und die Bayern wehrten sich mehrmals, wenn diese Räuber einbrachen, sehr tapfer; beyde Völker verlohren in den muthigen Gefechten gegen sie ihre Herzoge, eine Menge Grafen und viele tapfere Krieger, aber sie konnten die gräulichen Verwüstungen doch nicht verhindern. König Ludwig glaubte sich endlich genöthigt zu sehen, zu einem Mittel zu greifen, welches zwar sehr gut ist, solche Feinde, wie die Ungarn waren, noch mehr zu Einfällen anzureizen, aber wirklich nicht dazu taugt, sie davon zurück zu halten: er versprach und gab ihnen wirklich einen jährlichen Tribut. Zum Glücke für unser Vaterland starb dieser König schon im Jahr 911, und mit ihm starb Karls des Großen Nachkommenschaft in Deutschland aus.

Ludwigs des Kindes Nachfolger in der Deutschen Königswürde war ein Fränkischer Graf, welcher als Deutscher König unter dem Namen Konrad der erste vorkommt. Er war ein eben so tapferer als kluger Herr, und würde gewiß alles angewendet haben, Deutschland gegen die Einfälle der Ungarn zu sichern, wenn er nicht so viel innere Unruhen zu bekämpfen gehabt und länger regiert hätte. Aber er starb schon nach einer sechsjährigen Regierung im Jahr 919. Konrad hatte während seiner, obgleich nur kurzen, Regierung manchen Feind zu bekämpfen gehabt; aber der Sieg über keinen machte ihm mehr Ehre, als der, den er auf seinem Krankenlager über sich selbst erfocht. Der mächtige Herzog der Sachsen und Thüringer, Heinrich, war sein bitterster Feind gewesen, und manchen Kampf hatte Konrad mit ihm zu kämpfen gehabt, ohne ihn besiegen zu können. Konrads Herz mußte also gewiß mit dem tiefsten Unwillen gegen Herzog Heinrichen erfüllt seyn. Aber demungeachtet empfahl er denselben den Deutschen Nationen zu seinem Nachfolger; weil er ihn für den hielt, welcher der Deutschen Krone am würdigsten sey, am besten die innere Ruhe in unserm Vaterlande wieder herstellen und erhalten und die fürchterlichen Ungarn demüthigen könne. Durch diesen Edelmuth wirkte der sterbende Konrad noch nach seinem Tode erstaunlich viel Gutes; denn alles das Gute, welches unter seines Nachfolgers Regierung unser Vaterland genoß, der nachherige Wohlstand desselben, wozu dieser den Grund legte, sind mit Recht als Folgen jener Großmuth Konrads anzusehen.

Mit dem Könige Heinrich fängt eine Reihe
Deut-

Deutscher Könige an, welche man die Sächsischen Könige nennt, durch die das Deutsche Reich sehr mächtig wurde. Man nennt sie deswegen Sächsische Könige, weil sie aus einer Sächsischen vornehmen Familie herstammten, und also im Lande der Sachsen, d. i. im heutigen Niedersächsischen Kreise und einem Theile Westphalens ihre Familiengüter und Pfalzen hatten. Auch in Thüringen hatten die sogenannten Sächsischen Könige sehr ansehnliche Güter und mehrere Pfalzen. Pfalzen oder Palläste hatten sie in Thüringen drey, nämlich Merseburg, Walhausen und Altstädt.*)

Heinrich, der erste König Deutschlands aus der Nation der tapfern Sachsen, war ein Sohn des schon oben genannten Otto des Erlauchten, Herzogs der Sachsen und wahrscheinlich auch der Thüringer. Von seinem Vater hatte Heinrich nicht nur sehr viele Güter in Sachsen**) und Thüringen geerbt, sondern auch von ihm eine, nach der damaligen Art sehr gute Erziehung erhalten. Lesen und Schreiben hatte man ihm, ob er gleich eines Fürsten Sohn war, freylich

---

*) Altstett oder Altstädt liegt im heutigen Weimarischen; Merseburg und Walhausen gehören jetzt dem Kurfürsten von Sachsen.

**) Hier ist nicht das heutige Sachsen, sondern das alte, nämlich das heutige Niedersachsen zu verstehen.

lich nicht gelehrt; aber doch war gewiß durch seine Erziehung schon der Grund zu den mancherley guten Eigenschaften gelegt worden, durch welche er sich so rühmlich während seiner Regierung auszeichnete, und dadurch in mehr als einer Rücksicht der Wohlthäter unsers Vaterlandes, besonders Sachsens und Thüringens wurde. Gleich seinem Vater besaß er die Herzogliche Würde über die Sachsen und Thüringer, und war also, ehe er noch König wurde, schon einer der mächtigsten Fürsten in Deutschland. Als man ihm nach Konrads Tode die Nachricht brachte, daß dieser ihn zu seinem Nachfolger empfohlen habe, war er eben mit dem Vogelfange, einer seiner Lieblingsvergnügungen, beschäftigt. Um dieses Umstandes willen hat man ihm den Beynahmen der Vogelsteller oder der Finkler gegeben. Heinrich, der erste Deutsche König dieses Namens, wurde auf einer Wahlversammlung zu Fritzlar*) einmüthig von den Franken und Sachsen zum Reichsoberhaupt gewählt. Die übrigen Deutschen Nationen waren Anfangs nicht mit dieser Wahl zufrieden; aber Heinrich brachte es doch gar bald durch seine Klugheit und Standhaftigkeit dahin, daß er auch von ihnen als König anerkannt wurde. Nichts war bey diesen
Umstän-

*) Eine Stadt im heutigen Kurrheinischen Kreise, welche dem Kurfürsten von Maynz gehört.

Umständen merkwürdiger und rühmlicher für ihn, als sein vortreffliches Betragen, als die Bayern nicht ihn, sondern ihren Herzog Arnulf zum Könige haben wollten. Schon war Heinrich mit einem Heere Sachsen und Franken in Bayern eingedrungen; schon standen sein Heer und die Bayern einander gegen über, um durch eine Schlacht zu entscheiden, ob er oder Arnulf, der Herzog der Bayern, König seyn sollte. Da dachte Heinrich der 1ste an die Menge Menschenbluts, welche die Schlacht kosten würde, und versuchte noch einmal den Weg der Güte. Er lud Arnulfen zu einer Unterredung ein, stellte ihm vor, wie nöthig Deutschland innere Ruhe, und feste Verbindung der einzelnen Nationen unter ein Oberhaupt habe, und daß er selbst nicht die Königskrone gesucht, sondern daß sie ihm ja von den Sachsen und Franken übertragen worden sey. Diese freundschaftliche Unterredung bewirkte, daß Arnulf und die Bayern Heinrichen als König anerkannten.

Nachdem Heinrich schon einige Jahre Oberhaupt des Deutschen Reiches gewesen war, fingen die Ungarn ihre verwüstenden Einfälle in Deutschland wieder an, und wurden darin von mehrern Slavischen oder Wendischen Völkerschaften unterstützt. Noch war König Heinrich nicht sogleich im Stande, diesen wilden Feind zu demüthigen. Doch
glück-

glückte es ihm, daß er einen der vornehmsten Anführer der Ungarn in seine Gewalt bekam, der in einem Gefecht zwischen den Ungarn und den Deutschen von den letztern gefangen genommen worden war. Diesen Umstand benutzte Heinrich dazu, die Ungarn gegen Auswechselung des gefangenen Anführers, an dem diesen sehr viel gelegen war, zu einem neunjährigen Waffenstillstand zu bewegen, binnen welcher Zeit die Deutschen freylich auch noch jährliche Geschenke an die Ungarn bezahlen mußten. Diese 9 Jahre des Friedens mit den Ungarn wendete nun König Heinrich dazu an, solche Anstalten zu treffen, daß er nach Verlauf derselben die Ungarn nicht mehr fürchten durfte, sondern mit den Deutschen genug gerüstet war, um denselben hinlänglichen Widerstand thun zu können. Diese Anstalten waren zum Theil so beschaffen, daß dadurch eine neue große Veränderung in Deutschland bewirkt wurde, nämlich ein großer Theil von Deutschland bekam durch König Heinrichs Anstalten Städte. Die Sache ging so zu:

Als ein kluger und vernünftiger Mann dachte König Heinrich nach: wie in aller Welt es doch zuginge, daß die tapfern Deutschen nichts gegen die räuberischen Ungarn ausrichten könnten und es zugeben müßten, daß ihr Land von diesen wilden

den Leuten so verwüstet würde. Wer nun recht über seine Unfälle nachdenkt, findet gemeiniglich auch die Ursachen derselben und die Mittel, wodurch er sich aus seinen Widerwärtigkeiten glücklich heraus helfen kann.

Herr Prediger Streithorst zu Halberstadt ist itzo damit beschäfftigt, das Leben David Klausens, eines sehr guten und merkwürdigen Mannes, zu beschreiben, in einem Buche, welches den Titel führen wird: David Klaus, ein Sittenbuch für gute Leute in allen Ständen. Auf ein Exemplar auf holländisches Papier wird mit 12 Gr. und auf ein Ex. auf Schreibpapier wird mit 8 Gr. pränumerirt. Der Gewinn, der aus dem Verkaufe dieses Buchs gelöst wird, ist dem Halberstädtischen Waysenhause bestimmt. Dieß ist noch ein Grund mehr, warum man diesem Buche recht viele Käufer wünschen muß. Für die Thüringischen Gegenden nimmt die Buchhandlung zu Schnepfenthal Pränumeration an.

Auf Conrad Kiefers Leben haben sich folgende Pränumeranten gemeldet:

Hr. R. T. T. Müller, Oberpf. in Cölleda	1 Ex.
- Pf. Jungbauer in Großmähring bey Ingolstadt	6
Das Meuselsche Leseinstitut in Coburg.	20
- Buchhändler Barth in Leipzig	3
- Kaufmann Outzen in Tondern	13
- Rector Löber zu Schmalkalden	1
- Org. u. Schulm. Linau in Colmar	1
- Hecker in Rötha	5

Der Bote aus Thüringen.

Eilftes Stück.

1796.

Fortsetzung der Geschichte der Deutschen.

Heinrich entdeckte durch sein Nachdenken gar bald die Ursachen des Unglücks unsers Vaterlandes, und fand dann auch die Mittel, wodurch demselben geholfen werden könnte. Unter andern bemerkte er zwey Umstände, welche den Ungarn ihre Siege über die Deutschen und ihre Verwüstungen in unserm Vaterlande so sehr erleichterten. Der Eine war: daß die bisherige Deutsche Art Krieg zu führen in einem Kriege gegen die Ungarn nichts viel taugte; der Zwente: daß es den Deutschen an einer hinlänglichen Anzahl bevestigter Plätze fehlte, welche Heinrich für das beste Mittel hielt, den Plünderungen der Ungarn Einhalt zu thun. Beyden Mängeln suchte Heinrich I. nun eifrigst abzuhelfen. Da die Ungarn nicht anders, als zu Pferde, Krieg führten: so übte er seine Thüringer und Sachsen, weil deren Länder besonders den Verheerungen jenes Feindes so sehr ausgesetzt waren, vorzüglich zu Pferde zu fechten; ließ zu gewissen Zeiten seine Krieger sich versammeln, und hielt mit ihnen allerley Kriegsspiele und Waffenübungen, woraus in spätern Zeiten die so genannten Turniere oder Ritterspiele entstanden sind, wovon ich auch gelegentlich dem Herrn Gevatter etwas erzählen werde. Während den vorigen unruhigen Zeiten hatten sich viele Leute aufs Rauben und Plündern gelegt. Diesen verzieh Heinrich ihre bisherigen Vergehungen, suchte sie aber zu einem dem Vaterlande nützlichen Geschäfte zu gewöhnen, theilte Aecker unter sie aus, wofür sie sich verbindlich machen mußten, das Vaterland gegen auswärtige Feinde zu vertheidigen, übte sie vorzüglich in den Waffen und versprach ihnen reiche Beute, um ihnen mehr Muth zu machen und sie desto eher davon zurückzuhalten, ihr eigenes Vaterland zu plündern. Diese ehemaligen Räuber, durch ihn aber zum Kriegsdienste abgerichteten Leute legte Heinrich I. in die Gränzplätze, unter andern in die von ihm erbauete Stadt Merseburg.

Der zweyte Hauptumstand, der bey den Verwüstungen und Einfällen der Ungarn so vortheilhaft, den Deutschen aber, besonders den Sachsen und Thüringern, so äußerst nachtheilig war, war der

Man-

Mangel an festen Plätzen. Die Ungarn hatten zwar Muth und Geschicklichkeit genug, im offenen Felde zu fechten, aber zur Belagerung und Einnahme vertheidigter Bestungen hatten sie wenig Geschick. Hätten nun die Deutschen Provinzen damals eine hinlängliche Anzahl fester, wohl vertheidigter Plätze gehabt: so würden die Herren Ungarn es wohl haben müssen bleiben lassen, so schreckliche Wirthschaft in unserm Vaterlande zu treiben. Dann hätten unsere Vorfahren ihre besten Habseligkeiten allenfalls in diese festen Plätze bringen und dort aufbewahren, sie selbst aber gegen den wüthenden Feind aufmarschiren oder die Bestungen gegen seine Angriffe vertheidigen können. Aber solcher Plätze waren leider! nur wenig oder gar keine da. Denn unsere alten Vorfahren waren abgesagte Feinde von mit Mauern eingeschlossenen Plätzen oder Städten, welche sie für Gefängnisse und ihrer Begierde zur Freyheit zuwider hielten. Wenn daher der fürchterliche Ungar anrückte und so glücklich war, die ihm entgegengestellten Deutschen zu schlagen: dann ging's über die Häuser, das Vieh, das Hausgeräthe, über die reichen Klöster und Kirchen her; da wurde verbrannt, geraubt, geplündert und alles gräulich verheert. Wurden die Ungarn aber auch geschlagen, so ging's deßhalb nicht besser; denn nun

F 2 kann-

kannte ihre Wuth und wilder Zorn keine Gränzen. Ihrem Plündern konnte sich niemand widersetzen, denn die Häuser standen meist leer. Die Bewohner waren entweder beym Heere, oder die Zurückgebliebenen hatten sich nebst Weibern und Kindern in Höhlen und Klüfte, in Moräste und andere nicht leicht zugängliche Oerter geflüchtet, hätten alle ihre Habseligkeiten im Stiche gelassen, um nur das Leben zu retten. Waren ja Leute in ihren Wohnungen zurückgeblieben, so wurden sie von den grimmigen Feinden niedergemacht und auf allerley Art, wie schon oben erzählt worden ist, gequält und gemißhandelt. Hier und da findet man in Deutschland solche Höhlen, welche man Zwerglöcher nennt. Diese sollen in jenen für unser Vaterland so unglücklichen Zeiten gemacht worden seyn und unsern Vorfahren zu Zufluchtsörtern gedient haben. Dem Mangel an solchen festen Plätzen, welche theils zur Vertheidigung gegen die Ungarn, theils zur Aufbewahrung der geflüchteten Menschen und ihrer Habseligkeiten dienen, und den weitern Fortschritten der Feinde Gränzen setzen sollten, suchte nun Heinrich I. in den 9 Jahren des Friedens mit den Ungarn ebenfalls abzuhelfen. Er ließ besonders im alten Sachsen und in Thüringen viele schon vorhandene Oerter, Dörfer, Pfalzen und Höfe mit Gräben, Mau-

ern und Verschanzungen umgeben, und auch neue
dergleichen feste Plätze anlegen. Um sie mit Vertheidigern zu versehen, befahl er, daß immer der
neunte freye und adeliche Mann sich in diese Plätze begeben, dort wohnen, für die Aufführung der
nöthigen Gebäude Sorge tragen, sie gegen den
Feind schützen und vertheidigen solle. Um den
Bewohnern dieser vesten Plätze Unterhalt zu verschaffen, mußten die auf dem Lande Zurückgebliebenen den dritten Theil ihres Erndtertrags in jene vesten Plätze liefern; aus dem Abgelieferten
wurden Magazine angelegt, und so nicht nur für
den gegenwärtigen Unterhalt, sondern auch für den
künftigen Vorrath gesorgt. Die auf dem Lande
Zurückgebliebenen durften nun nöthigen Falls in
den vesten Plätzen Zuflucht suchen und dort ihre
Habseligkeiten in Sicherheit bringen. Um den
Freyen und Adelichen zum Aufenthalte in denselben Lust zu machen, verordnete Heinrich I.
daß alle öffentlichen Vergnügungen, alle großen
Gastmähler, alle Volksversammlungen, alle Märkte in diesen Plätzen gehalten werden sollten. Er
verlieh denselben allerley Freyheiten und Vorzüge,
brachte es dahin, daß die Einwohner dort allerley
Waffenübungen, Scheibenschießen und andere
kriegerischen Spiele und Lustbarkeiten hielten. Die
Sieger, das ist, die, welche bey solchen Spielen

E 3 ihre

ihre Sachen am besten gemacht hatten, wurden besonders ausgezeichnet: man trank auf ihre Gesundheit, beschenkte sie mit gewissen Ehrenzeichen, gab ihnen ein gewisses Stück Land zu benutzen und dergleichen. Dadurch wurden diese Leute immer mehr in den Waffen geübt und zur Vertheidigung gegen die Angriffe der Feinde geschickt gemacht.

W. Gewiß sind aus diesen festen Oertern die Städte entstanden?

B. Ganz recht, Herr Gevatter. Damals hießen sie freylich noch nicht Städte, sondern Burgen. Denn Burg nannte man in jener Zeit einen jeden mit Wall, Graben und Mauern umgebenen Ort. Die Einwohner bekamen von dem Worte Burg den Namen Burgmänner oder Bürger, erhielten nach und nach ihre eigene Obrigkeiten oder Magisträte und verschiedene Vorrechte, und so wurde denn aus den Burgen das, was wir heut zu Tage Städte nennen. Zu den Städten, welche theils von Heinrich I. angelegt, theils überhaupt um jene Zeit und durch Nachahmung des Beyspiels dieses vortrefflichen Königs entstanden sind, rechnet man unter andern: Goslar, Quedlinburg, Merseburg, Naumburg, Gotha, Eisleben, Sangerhausen, Nordhausen, Mühlhausen, Altenburg, Eulenburg, Frankfurt am ein Mayn, Herworden, Meissen, von welcher letztern Stadt ich nachher noch etwas sagen werde. Die damals vom Könige Heinrich eingeführten Kriegsspiele, welche nicht nur in jener Zeit, sondern auch lange Zeit nachher noch dazu dienten, die Bürger zur Vertheidigung des Vaterlandes in den Waffen zu üben, haben sich nach und nach in bloße Vergnügungen der Städter verwandelt, wovon die heutigen Vogelschießen und Scheibenschießen in den Städten noch die Ueberbleibsel sind. Möchten doch auch noch in jeder Stadt Ueberbleibsel von den Vorrathshäusern oder Magazinen da seyn, wozu damals, durch die oben erwähnte Verordnung Heinrichs, in den durch ihn angelegten Städten der Grund gelegt wurde! Man muß es unsern alten Vorfahren nachrühmen, daß auch da, als schon längst die erwähnte Einrichtung, welche Heinrich I. zur Anlegung der Magazine machte, aufgehört hatte, sie doch nicht aufhörten, ihre Vorrathshäuser auf andere Weise zu füllen, um bey theuern Jahren und bey Mißwachs, ihre Magazine eröffnen und sich und andere Nothleidende von dem Eingesammelten nähren zu können. Heut zu Tage giebt es leider! nur noch in wenigen Gegenden solche Magazine. Dafür müssen aber auch viele unserer Städter, auch wohl viele Landbewohner zuweilen Noth und Mangel leiden, ja

wohl

wohl gar manchmal Jemand bey sehr theuern Zeiten hier und da Hungers sterben. Doch ich komme wieder auf den braven König Heinrich zurück.

Während der Zeit König Heinrich I. allerley solche Einrichtungen traf, wodurch unser Vaterland in bessern Vertheidigungszustand gesetzt wurde, fanden sich auch allerley Gelegenheiten, wobey die Deutschen gegen auswärtige Feinde versuchen konnten, ob die neuen Waffenübungen und neue Art Krieg zu führen, die Heinrich einzuführen suchte, gut wäre.

(Die Fortsetzung folgt.)

Bey Herrn Christian Andreas Salzmann zu Erfurt sind wieder, wie gewöhnlich, alle Arten von Gartensämereyen um billige Preise zu haben. Ein gedrucktes Verzeichniß davon kann man bey ihm unentgeltlich bekommen.

Auf Conrad Kiefers Leben haben sich folgende Pränumeranten gemeldet:

Herr von der Reck in Overdyk	10
- Schullehr. Neubert in Unterwestfeld	1
Das K Churf. Intelligenzc. in Hannover	20
Hr. Schullehrer Rian in Rendsburg	10
- Postv. Tängel in Hamburg	1
- Pred. S rey in Reinfeld	7
- Kreiscommissair Wilsling in Prag	16
- Pred. Lü ers zu Hohengeiß	6
- Schullehr. Wilberg zu Hamm	18
- Joh. Bogsch, Lehrer der Grammatisten am Gymnasium zu Presburg	45

Der Bote aus Thüringen.

Zwölftes Stück.

1796.

Fortsetzung der Geschichte der Deutschen.

Schon einmal sagte ich, daß die Ungarn mit mehrern Slavischen Völkerschaften in Verbindung standen und daher bey ihren Einfällen in Deutschland von ihnen unterstützt wurden. Heinrich I. beschloß daher, die an Sachsen und Thüringen gränzenden Slaven zu bekriegen und durch ihre Unterwerfung sie von der Verbindung mit den Ungarn abzuziehen. Es glückte ihm auch, daß er die zwischen der Elbe, Havel und Oder wohnenden Slaven oder Wenden besiegte, und, in der heutigen Mark Brandenburg, Brannibor, den Hauptort der einen Slavischen Völkerschaft, mitten im kältesten Winter eroberte. Aus dem eroberten Platze Brannibor machte er eine Vestung nach Deutscher Art, welche den Namen Brandenburg bekam. Es wurde Deutsche Besatzung hinein gelegt und auch ein Graf zur Beschützung und Vertheidigung in jene Gegenden gesetzt, woraus in spätern Zeiten der heutige Markgraf und Kurfürst von Brandenburg entstanden ist. Gar oft empörten sich freylich noch immer die Slaven jener Gegenden, ehe sie zur völligen Unterwerfung unter das Deutsche Reich gebracht werden konnten, wie wir in der Folge sehen werden. Aber jeder Sieg über sie brachte sie immer der Unterwerfung näher. Besser gelang den Deutschen die Ueberwindung derjenigen Slaven, welche in der heutigen Markgrafschaft Meißen und in der Lausitz wohnten. Sie hatten diese Gegenden schon sehr fleißig angebauet und sollen auch schon mehrere Städte gehabt haben, z. B. Lipzk woraus das heutige Leipzig entstanden ist. Diese Slaven waren besonders immer treue Freunde der Ungarn bey ihren Einfällen in Thüringen gewesen. Sie wurden gänzlich von Heinrich 1. besiegt, und da von Zeit zu Zeit viele Deutsche in diese Gegenden geschickt wurden, die sich dort anbaueten, freylich aber auch den eigentlichen alten Einwohnern ihr Land wegnahmen, und diese zu Leibeigenen machten: so bekamen bald die Deutschen über die Slaven dort ein so großes Uebergewicht, daß Deutsche Sprache, Sitten Gebräuche und Einrichtungen nebst der christlichen Religion dort bald herrschend wurden. Die heutigen Wen-

den

den in der Lausitz, welche noch jetzt viele Sitten ihrer alten Vorfahren beybehalten haben und sich gar merklich durch ihre Kleidung, Sprache und manche andere Dinge, von den übrigen Einwohnern jener Gegenden unterscheiden, sind, wie ich schon einmal bey einer andern Gelegenheit gesagt habe, die Ueberbleibsel jener ehemaligen Slavischen von den Deutschen besiegten Bewohner. Auch in diesen Gegenden legte Heinrich I. eine Vestung an, theils zur Vertheidigung gegen die Ungarn, theils um die besiegten Slaven jener Gegenden im Gehorsam zu erhalten. Diese Vestung wurde an der Elbe auf einem Berge angelegt, und es ist daraus die heutige Stadt Meißen entstanden, wohin Heinrich I. ebenfalls einen Grafen setzte, woraus der Name der Markgrafschaft Meißen seinen Ursprung erhalten hat. So wie Heinrich die Slaven der genannten Gegenden besiegt hatte: so traf er sogleich Anstalten die christliche Religion in jenen Ländern einzuführen. Da auch die Normänner wieder anfingen, Deutschland durch ihre Einfälle zu beunruhigen: so zog Heinrich auch gegen diese zu Felde, drängte sie tiefer in ihr Gebiet zurück, und zwang sie, die heutige Dänische Provinz Schleßwig an das Deutsche Reich abzutreten. Zur Vertheidigung jener Gegend setzte er einen Grafen, welcher den Namen Markgraf von Schleßwig bekam.

Unter solchen Begebenheiten kam das Ende des den Deutschen von den Ungarn bewilligten Waffenstillstandes immer näher. Auf einem Reichstage stellte nun König Heinrich das Schimpfliche eines Tributs an die Ungarn, den versammelten Deutschen Fürsten recht lebhaft vor, und wie Deutschland nun hinlänglich gerüstet sey, diesem Feinde den nöthigen Widerstand zu thun. Aller Muth und und Vertrauen auf ihre Kräfte wurde durch seine kräftige Rede aufs neue belebt, und aus aller Munde ertönte das Geschrey: Kein Tribut mehr den Ungarn. Als nicht lange hernach die Ungrischen Gesandten kamen, den jährlichen Tribut abzuholen, wurde ihnen nicht nur derselbe verweigert und deutlich erklärt, daß man auch künftighin keinen mehr bezahlen wolle; sondern man soll ihnen auch zum Spott einen alten räudigen, an Ohren und Schwanz verstümmelten Hund gegeben und dabey den Ungrischen Anführern haben sagen lassen: wenn ihnen etwa dieser Tribut nicht gut genug wäre, so möchten sie nur selbst kommen und sich einen bessern hohlen. Voll der äussersten Wuth und Rache kamen bald nachher im Jahre 933 die Ungarn in ungeheuern Haufen daher gezogen — Wie erstaunten sie, als sie im heutigen Meißnischen, wohin sie ihren Zug nahmen, keine Anhänger mehr an den Slaven, überall aber in Sachfen und Thüringen feste Plätze fanden, wohin man alles, was man konnte, gerettet hatte; als sie überall auf Deutsche Truppen stießen, die ihnen den muthigsten Widerstand thaten. Doch verbreiteten sie, wo sie hinkamen, noch einmal um sich her die gräulichste Verwüstung, so viel sie nur immer konnten. Aber die Anstalten, welche Heinrich I. gegen sie gemacht hatte, thaten so große Wirkung, daß der größte Theil des, wie man sagt, 300000 Mann starken Ungrischen Heeres umkam. Was nicht durch die Waffen der Deutschen fiel, muste in den Deutschen Wäldern elendiglich verhungern und erfrieren. Die Hauptniederlage erlitten die Ungarn im heutigen Merseburgischen. Noch bis in die neuesten Zeiten ist in dem nicht weit von Merseburg liegenden Dorfe Keuschberg*) das Andenken dieses für unser Vaterland so wichtigen Sieges dadurch erhalten worden, daß am Kirchweihfeste der Prediger öffentlich in der Kirche nach der Predigt eine Nachricht von dieser Schlacht und Siege und dem ganzen Kriege mit den Ungarn ablas. Seit diesem für sie so unglücklichem Ausgange ihres Einfalls in Deutschland verlohren die Ungarn wäh-

rend

*) Bey dem Dorfe Keuschberg soll Heinrich im Jahre 933 die Ungarn geschlagen und dort eine Kirche haben erbauen lassen.

rend Heinrich's Regierung die Lust, unser Vaterland mehr zu beunruhigen. Heinrich I. aber wandte die noch übrigen Jahre seines Lebens dazu an, Deutschland immer mehr in Flor zu bringen. Er sorgte dafür, daß der Anbau des Landes, der durch die Einfälle der Ungarn so viel gelitten hatte, nun mit so größerm Eifer betrieben wurde; die durch die Ungarn verbrannten und zerstörten Kirchen und Klöster ließ er wieder aufbauen, väterlich nahm er sich derjenigen an, welche, bey der Vertheidigung des Vaterlandes gegen die Ungarn, ihre Väter und Versorger verlobren hatten. Der Lohn der treuen Erfüllung dieser feiner Regentenpflichten war: daß er allgemein von seinen Unterthanen, von Vornehmen und Niedrigen geliebt und geehrt wurde.

So sehr unsere Vorfahren Ursache hatten, Heinrich I. als ihren Wohlthäter zu ehren, so sehr, und in gewisser Rücksicht noch mehr, haben auch wir Ursache dazu, ihn als Deutschlands Wohlthäter zu ehren. Denn wir können ja jetzt alle die guten Wirkungen und Folgen erst recht einsehen, welche das gehabt hat, daß Heinrich den Grund dazu legte, daß mehrere Städte in unserm Vaterlande entstanden und unsere Vorfahren anfingen, am Stadtleben Geschmack zu bekom=

kommen. Denn seit dieser Zeit kamen in Deutschland Handwerke, Künste und Gewerbe allerley Art empor, wovon viele Hunderttausende von Menschen sich jetzt unter uns nähren; nun nahm der Handel zu; nun wurden die Deutschen in vieler Rücksicht klüger und verständiger; nun wurden nach und nach allerley große und wichtige Erfindungen gemacht, welche in und außer Deutschland mehr Nahrung, mehrere Bequemlichkeiten und Annehmlichkeiten den Leuten verschafften, wovon der Herr Gevatter gelegentlich mehr hören soll.

(Die Fortsetzung folgt.)

Jesus und Sokrates. Oder: Die Anweisung zu einem glücklichen Leben in dieser, und der Hofnung eines seligen in jener Welt. Ein Buch für den gesunden Menschenverstand: Es dürfte vielleicht großsprecherisch scheinen, wenn der Verf. selbst etwas zu Gunsten seines Werkes sagen wollte; so viel darf ich denn aber wohl, ohne diesem übeln Verdachte mich auszusetzen, versichern, daß das Werk seiner Bestimmung ganz gemäß eingerichtet seyn wird. Es wird alles, was den Menschen ruhig und glückselig machen kann, vollständig enthalten, seine Sprache wird allgemein verständlich, sein Vortrag faßlich seyn. Diese drey Punkte, däucht mich, hab' ich noch in keinem derer zu diesem Behufe geschriebnen Werke, vereint gefunden, was
doch

doch um so nothwendiger ist, da nur den Allerleichtsinnigsten diese Materie nicht interessiren kann. Wäre das erste nicht; so hätte ich mich schämen müssen, geschrieben zu haben, wäre das Letzte, so war Schreiben unnöthig. Es soll dieses 24 Bogen starke Werk nicht mehr als 8 Gr. sächs. kosten. — Da denn aber aus eben diesem Grunde dieses Unternehmen von meiner Seite mit Kosten verknüpft ist, so glaub' ich, der ichnicht so vermögend bin, um einen kleinen Verlust nicht schon als solchen zu fühlen, wenigstens von der Seite mich sichern zu müssen. Deshalb schlag ich den Weg der Pränumeration ein. Bis zum ersten März jetzigen Jahres steht der Pränumerationstermin offen, nach welchem der Preis um die Hälfte erhöht wird. Alle diejenigen, welche sich gütig für dieses Werk verwenden und Pränumeranten sammeln wollen, erhalten von 7 Exemplare das 8te, von 12 das 13 und 14te frey. Die Namen der Pränumeranten werden dem Buche vorgedruckt. Briefe und Gelder erbitte ich mir Postfrey einzusenden. Auch können sie an Hr. Buchhändler Böttiger in Leipzig, der nach Vollendung des Drucks den Debit desselben an alle Buchhandlungen besorgen wird, eingesendet werden. Leipzig, am 5. Jan. 1796.

Johan Gottfried Gruber,
Doktor der Philosophie.

Der Bote aus Thüringen.

Dreyzehntes Stück.

1796.

Fortsetzung der Geschichte der Deutschen.

Nachdem der vortreffliche König Heinrich 18 Jahre hindurch daran gearbeitet hatte, dem Deutschen Reiche von innen und außen Ruhe und Sicherheit zu verschaffen, und die Deutsche Nation auf einen hohen Grad von Macht und Ansehen zu erheben, starb er 936 im sechzigsten Jahre seines Alters zu Memleben.*) Sein Leichnam wurde nach seiner Pfalz Quedlinburg gebracht und in der Kirche des heiligen Servatius begraben, wo man noch jetzt sein Grabmal zeigt. Mit seiner Einwilligung hatte seine Gemahlin Mathilde oder Mechtilde noch bey seinem Leben zu Quedlinburg den Grund zu einem Fräuleinstift gelegt, das

*) Ein Dorf an der Unstrut in Thüringen, das jetzt dem Kurfürsten von Sachsen gehört. Ehemals war nahe dabey ein Mönchskloster und in diesem starb König Heinrich I.

das die Nachfolger Heinrichs I reichlich beschenkten und woraus das noch jetzt vorhandene fürstliche Stift Quedlinburg entstand. In dieser Stadt zeigt man auch noch jetzt, nicht weit vom Schlosse, einen Platz, der Finkenheerd genannt, wo König Heinrich I sich eben mit dem Vogelfange beschäfftigt haben soll, als man ihn benachrichtigte, er sey zum Deutschen Könige bestimmt worden.

Unter Heinrichs I. Söhnen wurde Otto I zum Deutschen Könige gewählt. Sein Vater selbst hatte ihn auf einem Reichstage zu Erfurt, das auch durch Heinrichen bevestigt und zur Stadt gemacht worden war, zu seinem Nachfolger vorgeschlagen. Die Hochachtung und Liebe zu Heinrichen hatte die Reichsversammlung bewogen, seinen Sohn wirklich zum künftigen König Deutschlands zu bestimmen. Nach Heinrichs I. Tode versammelten sich auch sogleich die Deutschen Fürsten zu Aachen, im ehemaligen Palast Karls des Großen, bestätigten jene Wahl und Otto I wurde dort gekrönt. Da dies die erste Krönung eines Deutschen Königs ist, von der man genauere Nachricht hat; da auch dabey so manches vorfiel, worin man Aehnlichkeit mit den Feyerlichkeiten bemerkt, welche jetzt noch bey der Krönung des Oberhauptes des Deutschen Reiches gewöhnlich sind: so will ich dem Herrn Gevatter doch etwas davon erzählen. In einer Halle der dortigen

Stifts

Stiftskirche war ein schöner Thron errichtet worden; an demselben schwuren die Deutschen Herzoge, Grafen und andere vornehme Herren dem neuen Könige Otto den Eid der Treue und Beystand gegen alle seine Feinde. Unterdessen hatte sich der Erzbischof von Maynz, der mit den Erzbischöfen von Trier und Köln und den übrigen Bischöfen und vornehmen Geistlichen Deutschlands und einer grosen Menge Volks in der Kirche war, der Kirchthüre genähert. Hier empfing er den König, führte ihn in die Mitte der Kirche und stellte ihn dem versammelten Volke mit diesen Worten vor: Sehet hier euern von Gott, von euerm Könige Heinrich und von Deutschlands Fürsten erwählten und ernannten König Otto. Gefällt euch diese Wahl, so hebt zum Zeichen dessen eure rechte Hand in die Höhe. Das ganze Volk hob die Hände empor und es ertönte der allgemeine Zuruf: Heil und Glück dem Könige Otto! Hierauf führte der Erzbischof von Maynz den König zum Hochaltar, auf welchem die Reichskleinodien oder Reichsinsignien lagen: das Schwert Karls des Grosen, der Königsmantel, der Stab *) das Zepter und die Krone. Jedes dieser Dinge übergab der Erzbischof dem Könige mit einer besondern

*) Der Stab oder Hirtenstab zeigte an, daß der König das Recht habe, die Bischöfe in ihrer Gewalt in kirchlichen Dingen zu bestätigen.

Anrede, wobey besonders auch die Worte merkwürdig waren mit welchen er ihm Stab, Zepter und Krone übergab. „Diese, sagte er, sollen dich er-
„innern, daß du als ein Vater deine Unterthanen
„regieren, vor allen gegen die Diener Gottes (d.
„i. die Geistlichen,) gegen die Wittwen und Waisen
„barmherzig seyn sollt, damit du gegenwärtig und
„in Zukunft die Krone ewiger Belohnung erlangen
„mögest." Nach Ueberreichung der Reichsinsignien wurde Otto vom Erzbischofe von Maynz mit dem sogenannten heiligen Salböle gesalbt und ihm eine goldene Krone aufgesetzt, worauf man ihn zu einem erhabenen, zwischen zwey schönen Marmorsäulen erbaueten Thron führte, damit er dort alles Volk übersehen und von jedermann gesehen werden konnte. Ein feyerlicher Lobgesang und ein Hochamt, wobey Otto das heilige Abendmahl empfing, endigte die Feyerlichkeit in der Kirche. Nun ging es aus der Kirche in den Pallast zurück, wo der König mit den Fürsten und vornehmen Geistlichen an einer kostbaren Tafel speiste. Der Herzog der Lothringer hatte weil Aachen in seinem Gebiete lag, bey dieser Krönungsfeyerlichkeit für das Ganze sorgen müssen, der Herzog der Franken für die Speisen, der Herzog der Schwaben für das Getränk; der Herzog der Bayern aber hatte die Sorge für das übernommen, was zur Unterhaltung des Hofstaats des Königs nöthig war.

war. Jeder dieser Herren hatte also bey der Krönung sein bestimmtes Geschäffte, woraus die so genannten Reichs-Erzämter, z. B. das Erzkämmeramt, das Erztruchsesamt, das Erzschenkenamt, das Erzmarschallsamt entstanden sind, wovon noch heut zu Tage die Kurfürsten nicht nur die Titel führen, sondern auch vermöge derselben durch ihre Gesandten bey der Kaiserkrönung gewisse Geschäffte verrichten lassen müssen, wovon vielleicht ein andermal mehr.

Ob es nun gleich bey König Ottos Krönung gar feyerlich und prächtig zugegangen war, und man ihm von allen Ecken und Enden her zugerufen hatte: Heil und Glück unserm Könige Otto: so standen doch gar bald von allen Seiten her unter den Deutschen Fürsten Feinde und Gegner gegen ihn auf, und er hatte sein Lebelang manchen schweren Kampf zu kämpfen. Selbst einer seiner eigenen Söhne und zwey seiner Brüder empörten sich gegen ihn, und sein leiblicher Bruder stellte ihm sogar nach dem Leben. Da man doch sowohl vom Könige Otto, als auch von seinen Feinden manches Rühmliche erzählt: so ist es nun wohl sehr wahrscheinlich, daß, wie es gewöhnlich bey Zwistigkeiten der Fall ist beyder Theile, jener so gut als diese, allerley Gelegenheit zu solchen innern Streitigkeiten und Kriegen gegeben haben. Ein Grund davon lag auch in den Gesinnungen der Sachsen und Franken gegen einander.

Letztere hatten sich sonst immer etwas besser gedünkt, als andere Völker Deutschlands, weil sie bisher die Nation Deutschlands gewesen wären, aus der das Reichs-oberhaupt gewählt worden. Nun war aber durch König Heinrich I. die Königliche Würde an die Sächsische Nation gekommen. Dieß erweckte den Neid und die Eifersucht der Franken gegen die Sachsen, und diese hingegen begegneten den Franken nun zuweilen stolz und übermüthig. Bey solchen Gesinnungen konnte es wohl freylich nicht an allerley Gelegenheiten zu vielen Streitigkeiten und Kriegen fehlen. König Otto, dieses Namens der Erste, besiegte indessen theils durch seine Macht, theils durch List, theils durch Strenge, theils durch sanftere Mittel diejenigen Deutschen Fürsten, welche von Zeit zu Zeit die Waffen gegen ihn ergriffen, und am Ende seiner Regierung war seine Macht so hoch gestiegen, als nur je die eines Königs von Deutschland. Daß übrigens von diesen inneren Unruhen unser Vaterland selbst eben keinen Vortheil gehabt hat, daß vielmehr die eine Parthey es in dem Gebiete der andern nicht an Verheerungen und Verwüstungen fehlen ließ, wird der Herr Gevatter glauben, ohne daß ich nöthig habe, mich lange dabey aufzuhalten. Eine curiose Strafe brauchte König Otto I., als der Herzog der Franken nebst mehreren vornehmen Fränkischen Herren sich gegen ihn

auf-

aufgelehnt hatten. Der Herzog kam mit einer Geldstrafe davon, aber seine adelichen Anhänger wurden zum Hundetragen verurtheilt. Dieß war eine sehr gewöhnliche Strafe in den damaligen Zeiten in Deutschland für die, welche sich gegen das Reichsoberhaupt empört, oder ungerechte Befehdungen angefangen hatten. Sie bestand darin, daß der dazu Verurtheilte eine Strecke Weges einen Hund auf seinem Rücken tragen mußte.

Die äußern Feinde unsers Vaterlandes, die Slaven und Ungarn waren listig genug, diese innern Unruhen unter den Deutschen gar sehr zu benutzen. Den Slaven war die Oberherrschaft der Deutschen über sie eine unerträgliche Last, und während die Deutschen Fürsten sich unter einander selbst bekriegten, suchte sich der größte Theil der von Heinrich I. besiegten Slaven wieder frey zu machen. Aber Otto I. machte sie alle bis an die Oder, ja selbst diesseits dieses Flusses in Polen hinein, der Deutschen Nation wieder zinsbar. Er setzte auch die Anstalten, die Slaven zu Christen zu machen, die sein Vater angefangen hatte, sehr ernstlich fort, und legte daher mehrere neue Bisthümer an, nämlich in Meissen, in Merseburg, in Zeitz, das in der Folge nach Naumburg an der Saale verlegt wurde; ferner in Brandenburg, in Havelberg, in Altenburg *), welches späterhin nach Lübeck verlegt wurde. Wir

*) Im heutigen Hollsteinischen.

Wir kündigen dem Publikum ein Erbauungsbuch, oder Christliche Betrachtungen auf alle Tage im Jahre von dem Herrn Generalsuperintendent Ewald in Detmold an, das mit Anfang des künftigen Jahres in zwey Bänden in groß oktav, etwa 3 oder 4 Alphabet stark, auf Einmal herauskommen wird. Es ist blos für Bibelchristen, aber von allen Confessionen bestimmt; soll Kopf und Herz zugleich beschäfftigen die Betrachtungen sollen die möglichste Mannichfaltigkeit haben, aus der Natur und aus Menschenempfindung, wie aus der Bibel geschöpft seyn, und man soll in dem Ganzen des Buchs keine wichtige Bibellehre und keine Christenpflicht vermissen; alle sollen aber dahin leiten, daß der Leser, frömmer gestimmt, von dem Buche an sein Tagewerk gehe. Ein dreyfaches Register wird die Brauchbarkeit des Buchs vermehren; denn eins davon giebt Winke, wie man das Buch an gewissen wichtigen Tagen nützen soll, und das andere schlägt man auf, wenn man über einen bestimmten Gegenstand etwas lesen will. — Es wird Subskription auf das Buch, bey allen Buchhandlungen, Postämtern und Intelligenzkomtoirs angenommen; den Subscribenten wird das Alphabet zu 18 ggr. überlassen, und wenn die Namen der Subscribenten gegen Johanni dieses Jahrs leserlich eingesandt werden; so werden sie dem Buche vorgedruckt. Wer sich mit Sammlung von Subscribenten bemüht, erhält das 11te Exemplar frey. Der nachherige Ladenpreiß des Alphabets ist 1 Rthlr. Ausführlichere Ankündigungen sind in allen Buchhandlungen und auf den wichtigsten Post- und Zeitungs-Comtoirs zu bekommen. Hannover, im Januar 1796.

Gebrüder Hahn, Buchhändler in Hannover.

Der Bote aus Thüringen.

Vierzehntes Stück.

1796.

Fortsetzung der Geschichte der Deutschen.

Zu Magdeburg legte Otto I. ein Erzbisthum an, und gab über die neu errichteten Bisthümer zu Meißen, Merseburg, Zeiz, Brandenburg und Havelberg dem Magdeburgischen Erzbischofe die Oberaufsicht. Auch für die Verbreitung des Christenthums unter den Polen sorgte Otto I. und stiftete in dieser Rücksicht ein Bisthum zu Posen*. Allen diesen Stiften schenkte er sehr ansehnliche Ländereyen, und es wurde von daher aus eifrig daran gearbeitet, den Götzendienst unter den Slaven abzuschaffen und das Christenthum einzuführen. Ich habe schon in einer andern Zeit dem Herrn Gevatter etwas von der Religion der Slaven in Deutschland erzählt und dabey auch erwähnt, daß sie unter andern einen Götzen Namens Radegast verehrt hätten. Von diesem kann ich ihm jetzt eine Abbildung zeigen. Da sehe er her!

*) Eine Stadt im heutigen Südpreussen.

April 1796. D

Der Götze Radegast wurde damals vorzüglich von den Slaven verehrt, welche im heutigen Brandenburgischen, Mecklenburgischen und in Pommern wohnten. Man hatte demselben an mehrern Orten schöne Tempel erbauet, und in einem Hayne oder Walde bey der Stadt Gadebusch im Mecklenburgischen wurden zu gewissen Zeiten demselben zu Ehren große Feyerlichkeiten angestellt. Aus allen Gegenden der Slavischen Besitzungen in Deutschland kamen dorthin, so wie in die diesem Götzen geheiligten Tempel, große Haufen von Menschen, um dem Radegast ihre Ehrfurcht zu bezeigen. In den Gegenden, wo dieser Götze ehmals verehrt wurde, findet man noch bis auf den heutigen Tag Oerter und Flüsse, welche den Namen Radegast führen, und man glaubt, daß sie jenem Götzen zu Ehren in alten Zeiten so genannt worden sind.

W. Aber wenn ich das Bildchen so recht aufmerksam angucke, so kommt mir es etwas unwahrscheinlich vor, daß man damals schon im Slavenlande ein so künstliches Ding hätte machen können, als des Radegasts Bildsäule doch gewesen seyn müßte.

B. Mir kommt dieß aber doch so gar unwahrscheinlich nicht vor. Denn er muß nur wissen, Herr Gevatter! daß es unter den Slaven,

D 2 und

und zwar besonders unter denen, welche an den Küsten der Ostsee wohnten, damals schon gar geschickte Leute gegeben hat. Denn längs den Küsten der Ostsee hatten die Slaven ja mehrere sehr ansehnliche Städte, von welchen aus sie zu Wasser und zu Lande einen sehr einträglichen Handel mit Getreide, Vieh, Honig, Butter, Käse, Salz, Fischen und andern Dingen trieben, welche theils ihr Land hervorbrachte, theils aus andern, oft sehr fernen Ländern, ihnen zugeführet wurden, wie z. B. Pelzwerk. Eine dieser Städte, Stettin in Pommern, ist noch bis auf den heutigen Tag eine wichtige Handelsstadt; an der Stelle mancher andern aber sind jetzt Dörfer, wie z. B. Mecklenburg, und unansehnliche Städte; und von manchen und zwar gerade von denen, welche ehemals die berühmtesten und ansehnlichsten waren, ist keine Spur mehr vorhanden. Zu diesen letztern gehören vorzüglich Rhetra, das, wie man glaubt, im heutigen Mecklenburgischen, und Winetha oder Jumne, das auf der Insel Usedom in Pommern lag. In der ersten Stadt, welche auch die Stadt des Radegast hieß und mitten in einem Walde lag, hatte dieser Götze einen sehr prächtigen und künstlichen Tempel. Die Stadt Winetha aber war unter allen alten Slavischen Städten die berühmteste. Sie

soll

soll zur damaligen Zeit eine der schönsten und berühmtesten Städte in Europa gewesen seyn, von der die ältern Schriftsteller nicht genug Rühmens zu machen wissen. Kaufleute aus allerley Nationen hielten sich dort auf, und mit den entferntesten Ländern trieb man von dort aus Handel. Mehrmals wurde sie von Normännischen Königen erobert und ausgeplündert, aber immer erholten sich die Einwohner derselben wieder, bis endlich dieselbe in der ersten Hälfte des zwölften Jahrhunderts, wahrscheinlich durch ein Erdbeben, zusammenstürzte und von der See verschlungen wurde. Man will noch von ihr von Zeit zu Zeit die Trümmern im Wasser gesehen haben, und das, was etwa vor 200 Jahren ein gewisser Johann Lübeck von Treptow davon gesehen haben will, soll so groß, wie die heutige Stadt Lübeck, gewesen seyn; ja noch im Jahre 1771 sollen zwey Holländische Schiffe auf diesen Trümmern gestrandet seyn. — Sollte es nun auch unter den Slaven selbst nicht eben viel Leute gegeben haben, welche sich auf die Verfertigung solcher künstlichen Arbeiten, wie schöne Bildsäulen und dergleichen sind, gelegt hätten; so konnten ja doch von denen sich in ihren Handelsstädten aufhaltenden Fremden dergleichen Sachen verfertiget werden. Uebrigens hat man in spätern Zeiten mehrere künstlich gearbeitete

beitete Sachen, welche von den Slaven herrühren sollen in den Gegenden Deutschlands, wo sie sonst wohnten, gefunden, z. B. künstlich gearbeitete goldene Hörner und andere Metallarbeiten.

Die Ungarn hielten die innern Unruhen, welche zu des Königs Otto I. Zeit in Deutschland herrschten, auch für eine schickliche Gelegenheit, Deutschland wieder zu beunruhigen. Aber sie bekamen ihren Lohn dafür. Nachdem sie Bayern, Schwaben und sogar Lothringen wieder durchstreift und überall dort große Verheerungen gemacht hatten: so stellten ihnen die Deutschen auf dem Lechfelde, nicht weit von Augsburg*), ein ansehnliches Heer entgegen. König Otto I. selbst führte einen Theil desselben an und machte Anstalten zu einer fürchterlichen Schlacht. Feyerlich schwuren die Deutschen einander zu: entweder zu siegen oder zu sterben. Otto I. versprach sogar dem heiligen Laurentius, an dessen Gedächtnißtage die Schlacht beschlossen wurde, eine Kirche in seiner Pfalz zu Merseburg zu erbauen und dort ein Stift zu errichten, woferne das Deutsche Heer siegen würde. Voll Muth rückten die Deutschen gegen die Ungärn an. Diese glaubten, wegen ihrer überlegenen Anzahl des Sieges so gewiß zu seyn, daß sie prahlend gesagt haben

---

*) Eine Reichsstadt im Schwäbischen Kreise.

bey sollen: wenn nicht der Himmel etwa über ihnen zusammenfiele, oder die Erde sie verschlänge, so würden sie nicht überwunden werden. Der Himmel fiel nun zwar nicht zusammen, auch that sich die Erde nicht auf; aber dennoch wurden die stolzen Ungarn total geschlagen und fast ganz aufgerieben. Eine große Menge mußte auf dem Schlachtfelde ins Gras beissen, und die, welche die Flucht ergriffen, wurden auch meist niedergemacht oder gefangen genommen. Unter den Gefangenen befanden sich auch die drey vornehmsten Ungrischen Oberanführer oder Fürsten. Da die Deutschen diese Herren für nichts weiter, als für Räuber, ansahen, so knüpften die Bayern sie zu Regensburg auf. Das mag nun noch hingehen. Aber der Graf Eberhard von Ebersberg vergaß so ganz, daß unsere ärgsten Feinde doch immer noch Menschen sind, daß der Unmensch einen Haufen gefangener Ungarn in eine große Grube werfen und sie so lebendig begraben ließ. Doch auch vom Deutschen Heere blieb mancher brave und tapfere Mann, mancher geistliche und weltliche Herr. Der damalige Bischof von Regensburg, Namens Michel, focht auch in dieser Schlacht tapfer mit, und war dem Tode schon ganz nahe, rettete sich aber endlich noch. Schon lag er, schwer verwundet und ohne Besinnung auf

dem

dem Schlachtfelde neben einem ebenfalls schwer
verwundeten Ungar, der auch von sich selbst nichts
mehr wußte. Dieser kam indessen nach einiger Zeit wieder zur Besinnung und sah den Herrn
Bischof neben sich liegen. Fast mit dem Tode
ringend, gerieth er dennoch in die größte Wuth
bey diesem Anblicke, strengte seine letzten Kräfte
an, um sich über den Bischof hinzuwälzen und
seine Wuth an ihm auszulassen. In dem Augenblicke kam aber Bischof Michel auch wieder
zu sich und wurde des Ungars Absicht gewahr; die
Liebe zum Leben gab ihm wieder etwas Kraft,
schnell raffte er sich auf, und es gelang ihm, des
Ungars Meister zu werden und ihm das Lebens-
licht vollends auszublasen. Nun kroch er so gut,
als sichs thun ließ, vom Schlachtfelde weg und
ward gerettet.

Diese Niederlage der Ungarn auf dem Lechfelde geschah im Jahre 955. Seit derselben
wagten es die Ungarn nicht mehr, in Deutschland
einzufallen; bald bekamen sie auch einen König,
der sie gesitteter machte; ja dieses den Deutschen
geraume Zeit hindurch so fürchterliche und wilde
Volk stand so gar in der Folge eine Zeitlang in
Abhängigkeit von der Deutschen Königen. Das
heutige Oestreich war durch die häufigen Einfälle der Ungarn in Deutschland in ihre Hände
fürs Volks gekommen und kam aus, nach jener Niederlage der Ungarn, wieder an das Deutsche Reich.

Der Bote aus Thüringen.

Funfzehntes Stück.

1 7 9 6.

Fortsetzung der Geschichte der Deutschen.

Dieser neue, wichtige Sieg der Deutschen über die Ungarn verschaffte dem Könige Otto I. und den Deutschen durch ganz Europa ausnehmenden Ruhm. Kein anderes Europäische Reich kam, damals und mehrere Jahrhunderte hindurch, dem Deutschen Reiche an Macht und Gewalt gleich. Dieses Ansehen war dadurch noch beträchtlich gewachsen, daß König Otto I. einen sehr großen Theil von Italien und die Römische Kaiserwürde an das Deutsche Reich gebracht hatte. Eigentlich hatten dazu eine schöne, junge Wittwe und ein braver Geistlicher Gelegenheit gegeben. Die Sache verhielt sich, so: —

Zu Otto I. Zeit regirte in Italien ein König, Namens Lothar, aber nur kurze Zeit. Bey seinem Tode hinterließ dieser eine junge, schöne, stille und sehr kluge Gemahlin, Adelheiden,

April 1796.   P   wel-

welche Lothars Nachfolger, König Berengar, an seinen Sohn Adelbert verheurathen wollte, um, weil Adelheide reich war und vielen Anhang hatte, sich desto fester in dem Besitze Italiens zu setzen. Aber Adelheid hatte zu dieser Heurath keine Lust: denn Berengar war der Feind ihres verstorbenen Gemahls gewesen, und stand sogar im Verdachte, denselben vergiftet zu haben. Adelheid kannte Berengars und seiner Gemahlin Willa Rachsucht zu gut, als daß sie nicht das Schlimmste wegen dieser Weigerung hätte befürchten sollen. Sie wollte sich daher nach Deutschland zum Könige Otto, der die Obervormundschaft und Erziehung ihres Bruders übernommen hatte, begeben. Ihr Vorhaben wurde aber verrathen; auf Berengars Befehl wurde Adelheid auf der Reise angehalten, und der Antrag zur Heurath mit Adelberten wiederholt. Da gütliches Zureden nicht helfen wollte, so wollte man ihre Einwilligung mit Gewalt erzwingen. Die arme Adelheid wurde nun auf eine grausame Art gemißhandelt. Die böse Willa schlug auf sie los, schleppte sie bey den Haaren in der Stube herum, trat sie mit Füßen. Solche Mittelchen sind freylich noch weniger, als liebreiche Vorstellungen, im Stande Liebe gegen jemanden zu erwecken. Da nun alles dies nicht aufschlagen wollte; so wurde Adelheid

heid endlich in ein Gefängniß in einem Italiänischen Schlosse gesperrt, das nahe am Garderſee, an der heutigen Oeſtreichiſchen Gränze, lag. Hier ſollte Adelheid ſo lange ſitzen, bis ſie zu andern Geſinnungen kommen würde. Einem menſchenfreundlichen, braven Geiſtlichen, Martin hieß er, ging das Schickſal der unglücklichen Adelheid äuſſerſt zu Herzen. Er faßte den berzhaften Entſchluß, ſie, es koſte auch, was es wolle, zu retten. Mit unſäglicher Mühe ſoll er ſich unter der Mauer des Schloſſes bis in ihr Gefängniß durchgegraben haben; er befreyete ſie auch wirklich aus demſelben und brachte ſie auf einem Kahne an das andere Ufer des Sees, wo in einem nahe gelegenen Walde ein mitleidiger Fiſcher ſie einige Tage verbarg und ernährte. Dieſe Zeit benutzte der redliche Martin dazu, der Adelheid bey einem gewiſſen Azzo auf dem veſten Schloſſe Canoſſa einen einſtweiligen Zufluchtsort auszuwirken Nachdem Adelheid dorthin in Sicherheit gebracht und dem Schutze des Azzo anvertrauet worden war, reiſte Martin, mit Empfehlungsſchreiben von Adelheids Anhängern verſehen, zu dem Könige Otto nach Deutſchland, um dieſen um Hülfe für die bedrängte junge Wittwe anzuflehen, welche dem Könige Otto ſchon von mehrern ſehr vortheilhaften Seiten bekannt war. Es wurde dem

Könige Otto sehr deutlich zu verstehen gegeben, daß die schöne Adelheid sich gut zu einer Gemahlin für ihn schicken würde, und daß er ja mit ihr zugleich in den Besitz von Italien kommen könnte. So etwas ließ sich ein unternehmender Mann, wie Otto war, nicht zweymal sagen. Er mochte überlegen, daß Jugend, Schönheit und ausgezeichneter Verstand nur selten in einer Person so glücklich vereinigt wären, wie sie es, nach der ihm gemachten Schilderung, in Adelheiden waren. Was hätte er, der eben damals auch gerade Wittwer war, für Bedenken haben können, diesen erfreulichen Antrag anzunehmen; überdieß Oberherr von dem schönen fruchtbaren Italien zu werden, wär doch so übel auch nicht. Kurz er entschloß sich, Adelheiden zu heurathen, und da die Deutschen Fürsten sich willig zeigten, ihn auf einem Kriegszuge nach Italien zu begleiten: so trat er im Jahr 951 mit einem Heere den Marsch dahin an. Es dauerte auch nicht gar lange, so war die schöne Adelheid aus ihrem Arrest befreyt, die Heurath zwischen ihr und Otto zu Pavia*) vollzogen, und bald waren auch die Italiäner dahin gebracht, Ottos Oberherrschaft über einen großen Theil Italiens anzuerkennen. Ja im Jahre 962 wurde Otto sogar zu Rom vom

Papst

---

*) Eine Stadt im Herzogthume Mayland.

Papste Johann XII. zum Römischen Kaiser gekrönt.

Auf diese Weise war nun auch die Oberherrschaft über Italien und die Römische Kaiserwürde an das Deutsche Reich gekommen. Die Deutschen Könige haben auch mehrere Jahrhunderte hindurch beyde zu behaupten gesucht. Die eigentliche Oberherrschaft über Italien haben sie freylich seit dem 13ten Jahrhunderts verlohren; mehrere Italiänische Städte und Provinzen haben sich nach und nach derselben zu entziehen gewußt; doch sind über einige Theile Italiens dem Deutschen Reiche noch einige Rechte übrig geblieben. Was aber die Römische Kaiserwürde betrifft, so ist dieselbe seit Ottos I. Zeit immer beym Deutschen Reiche geblieben. Bis ins sechzehnte Jahrhundert reisten auch die erwählten Deutschen Könige nach Italien, und ließen sich zu Rom vom Papste die Römische Kaiserkrone aufsetzen. Auf dieser Reise nach Rom mußten die Deutschen Fürsten sie mit einer bestimmten Anzahl von Mannschaft, sowohl Rittern als Fußgängern, begleiten, oder für jeden Mann monathlich eine bestimmte Summe Geldes geben. Dieses Geld bekam deßhalb den Namen: Römermonathe*). Seit Kaiser Karls V. Regierung hat man aber diese Rei-

se

*) Mit dem Namen Römermonathe werden

se nicht mehr für nöthig gehalten, und die Deutschen Könige haben, ohne zu Rom besonders gekrönt zu werden, doch bis auf den heutigen Tag Römische Kaiser geheissen und werden von andern Europäischen Regenten; dem Range nach, für die ersten und vornehmsten Regenten Europas gehalten.

Die Oberherrschaft der Deutschen Könige über Italien hat freylich Deutschland manchen braven Mann und viel Geld gekostet. Denn den Herren Italiänern wollte die Deutsche Herrschaft gar nicht gefallen. Daher musten schon bey und nach mehr nach Ottos I. Lebzeiten gar sehr öfters Deutsche Kriegsheere nach Italien marschiren, um die Italiäner im Zaume zu halten und die dortigen Unruhen zu unterdrücken. Auch waren es nicht allein die in Italien gewonnenen oder verlohrnen Schlachten und Gefechte, welche so viel Deutsches Blut kosteten; sondern die in Italien so sehr von der in Deutschland verschiedene Witterung und Lebensart, an welche sich die Deutschen nicht leicht gewöhnen konnten, und daher allerley ansteckende

Krank-

noch jetzt die ausserordentlichen Steuern belegt welche die Reichsstände zur Besorgung allgemeiner Reichsangelegenheiten, Z. B. zu Reichskriegen und dergleichen an die Reichskasse entrichten müssen.

Krankheiten unter den Deutschen Kriegsheeren entstanden; ja auch Giftmischerey, Meuchelmord und dergleichen Künste, anders bey Seite zu schaffen, worauf sich in jenen Zeiten die Italiäner so vorzüglich gut verstanden, rafften bis zum Ende der großen Gewalt der Deutschen in Italien, eine ungeheuer große Menge Deutschen von vornehmer und niedriger Herkunft, hin. Auch versäumten die Deutschen Könige, seit ihrer Herrschaft in Italien, über den Angelegenheiten dieses Landes gar oft, für die wahre Wohlfahrt Deutschlands zu sorgen. Zu leugnen ist es übrigens nicht, daß diese Vereinigung Deutschlands und Italiens unter ein Oberhaupt auch manche Vortheile für die Deutschen gehabt hat. In Italien waren immer noch viele Spuren übrig von dem blühenden Zustande, in welchem es sich zur Zeit der Macht der alten Römer befunden hatte. Durch die so nahe Verbindung, in welche nun Deutschland mit Italien gekommen war, konnten die Deutschen in Künsten, Handwerken und mancherley nützlichen Gewerben und Einrichtungen gar manches von den Italiänern lernen. Vornehme Deutsche schickten manche ihrer Knechte oder Leibeigenen, bey denen sie vorzügliche Fähigkeiten bemerkten, nach Italien, oder nahmen sie auf den Kriegs- und Krönungszügen dahin mit, ließen

sie

sie in den Dingen, worin die Italiäner mehr Einsichten hatten, unterrichten, wodurch geschickte Künstler, Baumeister, Metallarbeiter und allerley Handwerker immer gemeiner in Deutschland wurden. Manche Dinge, welche entweder das fruchtbare Italien selbst hervorbrachte, oder aus andern Ländern erhielt, wurden jetzt den Deutschen bekannter und deren Anbau und Gebrauch in Deutschland auch eingeführt. Italiäner brachten ihre Waaren nach Deutschland, und Deutsche führten die ihrigen nach Italien, und so entstand nach und nach ein großer Handelsverkehr zwischen beyden Ländern, wodurch immer mehr Menschen in unserm Vaterlande in Arbeit gesetzt wurden, die Deutschen in allerley Gewerben und Handwerken immer weiter kamen, und in ihren Einsichten immer größere Fortschritte machten.

(Die Fortsetzung folgt.)

Herr Candidat Augusti zu Gotha kündigt an: Theologische Blätter, oder Nachrichten, Anfragen und Bemerkungen theologischen Inhalts. Sie werden enthalten: Aufsätze, Anfragen, Anzeigen und Antikritiken. Alle Woche sollen vor der Hand 2 Stücke zu einem halben Bogen in 8. erscheinen. Mit dem Monat Julius nimmt die Herausgabe ihren Anfang. Der Subscriptionspreis für 104 Stücke ist 2 Thlr. Sächsisch, wofür sie postfrey geliefert werden.

Der Bote aus Thüringen.

Sechzehntes Stück.

1796.

Fortsetzung der Geschichte der Deutschen.

Ich komme nun wieder auf Otto I. den ich in der Folge, so wie auch die folgenden Könige des Deutschen Reiches, Kaiser nennen will, zurück. Schon Kaiser Otto I. hatte viel Verdruß von der erlangten Oberherrschaft über Italien Besonders machte ihm der Papst viel zu schaffen. Eben der Papst Johann XII., der ihn zum Römischen Kaiser gekrönt und dadurch sich nebst den Römern dem Kaiser unterworfen hatte, war einer der ersten, der sich seiner Herrschaft wieder entziehen wollte, so gütig auch Otto ihn, so wie die Italiäner überhaupt, behandelte. Seine Heiligkeit Johann XII. stand überhaupt in einem gar übeln Rufe. Ehebruch, Meineid, Mord, Herabwürdigung seiner geistlichen Geschäfte, (denn einst pflegte er einen Geistlichen, statt in der Kirche, im Pferdestalle, zu ordiniren) Fluchen,

Schwören und dergleichen Laster und Vergehungen wurden ihm geradezu Schuld gegeben, und man hatte ihn deßhalb auch beym Kaiser Otto I. verklagt. Da bey genauer Untersuchung diese Klage gegründet befunden wurde: so wurde er auch durch eine von Otto zusammenberufene Kirchenversammlung, d. i. durch eine Versammlung der Bischöfe, wie er es verdient hatte, abgesetzt und bald darauf ein neuer Papst gewählt. Es wurde auch damals ausdrücklich festgesetzt, daß künftighin kein Papst, ohne Einwilligung des Kaisers zu seiner Wahl, gültig seyn sollte. Diese Begebenheit, Herr Gevatter, ist darum wichtig, weil sie beweist, daß, so sehr das Ansehen des Papstes auch damals schon gestiegen war, er doch noch immer den Kaiser, als sein Oberhaupt, anerkennen mußte.

Nach einer acht und dreißigjährigen Regierung starb Kaiser Otto I. im Sterbeorte seines würdigen Vaters, zu Memleben, im Jahre 974. Während seiner Regierung war ihm unter allen Orten seines Reichs vorzüglich Magdeburg sehr lieb gewesen. Er hatte viel zur Vergrößerung und Verschönerung dieser Stadt beygetragen, hatte dort Jahrmärkte zu halten erlaubt und auch zur Erbauung der dasigen Domkirche den Grund gelegt. In dieselbe wurde, seinem

Wil-

Willen gemäß, sein Leichnam begraben.*) Gleich
seinem Vater, Heinrich I., war Kaiser Otto I.
überhaupt ein Freund der Städte gewesen, und
hatte sehr dafür gesorgt, die im alten Sachsenlande vorhandenen immer mehr in Aufnahme zu
bringen. Darin ahmten ihm auch die übrigen
Könige aus der Nachkommenschaft Königs Heinrichs I, oder die folgenden sogenannten Sächsischen Könige in Deutschland nach. Da aber
durch diese, welche noch bis 1024 regierten,
weiter eben keine Hauptveränderungen in unserm
Vaterlande hervorgebracht worden sind: so halte
ich es auch nicht für nöthig, mich bey denselben
eben so aufzuhalten, wie ich es bey den für
Deutschland so sehr merkwürdigen und, in mehr
als einer Hinsicht, so besonders wohlthätigen Königen Heinrich I. und Otto I. gethan habe.
Indessen will ich dem Herrn Gevatter doch sonst
noch eins und das andere Merkwürdige erzählen, was binnen der Regierungszeit der Sächsischen Könige in unserm Vaterlande vorfiel.

*) Die Kirche selbst, welche Otto I. in Magde-
burg erbauen ließ, ist zwar im dreyzehnten
Jahrhunderte abgebrannt, aber an deren Stelle
bald nachher die noch jetzt dort vorhandene,
sehr prächtige Domkirche erbauet worden. In
derselben wird Ottos I. Grabmal gezeigt, so
wie auch auf dem dortigen Markte seine Bildsäule zu Pferde zu sehen ist.

Eine der größten Merkwürdigkeiten dieser Zeit war die Entdeckung der Bergwerke auf dem Harze. Es ist ungewiß, ob die ersten davon, erst unter Kaiser Ottos I Regierung oder schon während der Regierungszeit seines Vaters, entdeckt worden sind. Es kann indessen sehr wohl seyn, daß man schon bey Heinrich des Voglers Lebzeiten wirklich Erze auf dem Harze gefunden und Bergwerke dort in Gang gebracht hat. Aber wahrscheinlich fand man in diesen zuerst angelegten meist nur sogenannte unedle Metalle, als Kupfer, Bley; edle Metalle hingegen, worunter man Silber und Gold versteht, mochte man wenig oder gar nicht gefunden haben. Nur unter Kaiser Otto I. Regierung entdeckte man die noch bis auf den heutigen Tag so einträglichen Silberbergwerke, vorzüglich aber auch bey der Stadt Goslar,*) auf dem Harze. Gewöhnlich erzählt man folgendes Geschichtchen ihrer Entdeckung: Ein Herr, Namens Ramm, ritt einst auf dem Harze mit einigen seiner Freun-

de

*) Jetzt eine Reichsstadt im südlichen Theile des Niedersächsischen Kreises. Auf der kleinen Karte von Deutschland steht sie, so wie auch auf dieser die Lage des Harzes angegeben ist, welcher zum Theil im Obersächsischen, zum Theil im Niedersächsischen Kreise liegt und mehrern Herren gehört.

ße auf die Jagd. Auf derselben band er, um die Rehe, Hirschen und Hasen im dicken Gebüsche desto besser verfolgen zu können, sein Pferd an einen Baum. Dieses machte sich unterdessen einen kleinen Zeitvertreib, stampfte und stieß mit seinen Hufen auf dem Erdboden herum, und wühlte auf diese Weise ein Stück Erz hervor. Herr Ramm kehrte zurück, sah das Stück Erz und man fand bey näherer Untersuchung, daß es das schönste reichhaltigste Silbererz war. Sobald dieß bekannt wurde, grub man denn weiter nach, und entdeckte nun in dieser Gegend sehr reiche Silbergruben. Der Berg, worauf die erste Entdeckung geschahe, wurde nach Herrn Ramm, oder wie andere glauben, nach seinem Pferde, welches Rammel hieß, Rammelsberg genannt. Es wäre dieß freylich nicht die erste Entdeckung, welche auf eine solche zufällige Weise geschehen wäre. Aber sollte auch das ganze Geschichtchen ein bloßes Mährchen seyn: so bleibt es doch an sich immer gewiß, daß die Entdeckung und der erste Anbau der reichen Bergwerke auf dem Harze, und namentlich auf dem Rammelsberge bey Goslar, wirklich um diese Zeit geschehen ist. Diese Entdeckung war nun für unsere Vorfahren von sehr wichtigen Folgen, welche sich auch gar bald zu zeigen anfingen und mit dem Fortgange der Zeit sich immer mehr zeigten. Durch dieselbe wurden ganz neue Arten, sich seinen Unterhalt zu erwerben, in unserm Vaterlande eingeführt. Der Bergbau erfordert ungemein vielerley Arbeiten, mancherley Instrumente, Maschinen und Werkzeuge. Unsere Vorfahren und vorzüglich die Sachsen, in deren Gebiete jene wichtige Entdeckung geschehen war, wurden also jetzt immer mehr zum Nachdenken angereizt, zur Erfindung allerley Werkzeuge und Maschinen angetrieben. Wie vielerley Anstalten sind nicht nöthig, die Metalltheile selbst von den übrigen Theilen mit denen sie vermischt sind, abzusondern, sie gehörig zu reinigen und durch Schmelzen zur weitern Verarbeitung geschickt zu machen. Welch eine Menge von Menschen wurde nicht dadurch in Arbeit und in eine neue Art von Thätigkeit gesetzt, wobey sie auch auf mancherley Art Gelegenheit hatten, ihre Verstandeskräfte zu üben, um allerley neue Entdeckungen und Erfindungen zu machen? Außer dem vielen Silber, das man seitdem auf dem Harze fand, fand man in jenen Gegenden auch etwas Gold, und viele andere zum gemeinen Gebrauch noch viel nöthigere Metalle und Dinge. Der Bergwerke entstanden dort immer mehrere, so daß jetzt ein großer Theil der Harzbewohner sich von denselben nährt. Eine Menge von Leuten fing seit dieser Zeit nach

und

und nach an, mit der Verarbeitung der Metalle sich zu beschäftigen. Da entstanden Glockengießer, Gold und Silberschmiede Kupferschmiede, und andere solche Künstler und Handwerker, welche in Metall arbeiten. Die Könige und andere ansehnliche Herren in Deutschland munterten geschickte und fähige Leute auf ihren Gütern auf, sich aufs Metallgießen und Metallschmieden zu legen. Besonders that dieß Kaiser Otto I.; aber Niemand erwarb sich damals durch solche Aufmunterung fähiger Leute einen größern Ruhm, als Bernward, ein Bischof von Hildesheim. Dieser war überhaupt ein in mehrerer Hinsicht vortrefflicher Mann, der sich sowohl durch mancherley Anstalten um sein Bisthum, als auch um ganz Deutschland dadurch ein wichtiges Verdienst erwarb, daß er in seinem Stifte junge Leute, an welchen er besondere Geschicklichkeiten zu dieser oder jener Kunst oder Handwerke bemerkte, hervorsuchte, sie nach seinem Wohnsitze Hildesheim zog, sie zu Begleitern auf seinen Reisen in die Kaiserlichen Pfalzen oder andere Gegenden, unter andern nach Italien mitnahm, wo sie mancherley Neues an fänglichen Arbeiten sehen und lernen konnten. Täglich besuchte er in seinem Wohnsitze Hildesheim die Werkstätten der Handwerksleute und Künstler, gab ihnen, da er selbst

sehr

sehr gute Einsichten in der Baukunst, im Tischlern, Metallschmieden und der Gießerey hatte, ja dergleichen Arbeiten selbst machte, guten Rath, und munterte sie zu fernerm Fleiß in ihren nützlichen Geschäften und Arbeiten auf. Eben dieser Bischof Bernward machte auch selbst eine nützliche Erfindung, deren Früchte wir noch bis auf den heutigen Tag genießen. Er erfand nämlich die Dachziegeln, welche man vor ihm in Deutschland nicht gekannt hatte. Durch die Entdeckung der reichen Bergwerke auf dem Harze wurde Silber und Gold in unserm Vaterlande immer gemeiner, und mithin auch das Geld, dessen seitdem weit mehr darin gemünzt wurde, da man vorher meist ausländisches Geld in Deutschland gehabt hatte. Zuerst sahe man die Folgen dieser größern Menge des Silbers, des Goldes und des Geldes und der dadurch bewirkten neuern Arten von Thätigkeit und Betriebsamkeit an den Kirchen und Klöstern, die nun weit schöner und prächtiger gebauet wurden.

(Die Fortsetzung folgt.)

ative # Der Bote aus Thüringen.

Siebzehntes Stück.

1796.

Fortsetzung der Geschichte der Deutschen.

Vordem war man zufrieden gewesen, wenn man die Kirchen von Holz hatte bauen können, nun wurden sehr viele von Stein aufgeführt. Nun versah man sie mit Glocken; nun fing man an goldene und silberne Kelche, Schüsseln, Rauchfässer, Leuchter, schöne Altäre für die Kirchen zu verfertigen und anzuschaffen; nun wurden dieselben mit allerley goldenen und silbernen Figuren ausgeschmückt. Ein Bischof, ein Kloster suchte es dem andern darin zuvorzuthun. Der Kirchen und Klöster selbst wurden jetzt immer mehrere angelegt, wodurch unter unsern Vorfahren die Einsichten in der Baukunst und den dabey sonst noch nöthigen Gewerben und Arbeiten gewiß ebenfalls sehr zunehmen mußten. Die Städte, welche nach König Heinrichs I. Anordnung anfänglich nur zur Landesvertheidigung und zu Sicherheitsplätzen dienten, wurden nun immer mehr die Wohnungen der Künstler und Handwerker. Die Kaiser suchten immer mehr geschickte Leute in dieselben zu ziehen, gaben den Städten allerley Freyheiten und legten immer mehr Marktplätze darin an. Dadurch, so wie durch die vermehrte Geldmenge, kam der Handel zwischen einzelnen Provinzen und Gegenden unsers Vaterlandes, ja selbst der Handel mit andern Ländern, immer mehr empor. Besonders aber wuchs der Handel im heutigen Niedersachsen, und in den Städten am Rheine.

Aus der Zunahme nützlicher Thätigkeit und der Verbreitung allerley Arten von nützlichen Gewerben in Deutschland wird der Herr Gevatter nun wohl einsehen, daß unsere Vorfahren damals doch schon um ein Beträchtliches klüger und verständiger müssen geworden seyn, als sie in frühern Zeiten waren. In manchen andern Dingen aber merkte man dies eben nicht so sehr. Ihre Denkungsart und Sitten waren in gar vielen Stükken noch sehr roh, ihre Begriffe von Gott und der ihm wohlgefälligen Verehrung, (ob nun gleich das Christenthum allgemein unter den Deutschen Bewohnern unsers Vaterlandes verbreitet war) noch sehr unrichtig und mangelhaft, ja die Köpfe der Vornehmen sowohl, als der Niedrigen,

waren

waren vielmehr voll des ungereimtesten Aberglaubens. Mord und Todtschlag war damals noch so etwas gewöhnliches in Deutschland, daß allein unter den Gemeinen, welche unter der Oberaufsicht des Bischofs von Worms standen, in dem einen Jahre gegen 35 Leute ermordet worden waren. Die bis dahin gewöhnlichen Geldstrafen, welche auf Mordthaten und andere Verbrechen gesetzt waren wollten nun, besonders da die Menge des Geldes sich beträchtlich vermehrt hatte, nicht mehr hinreichend seyn. Man sahe sich daher genöthigt, die Mörder, ausser der Geldstrafe, auch noch mit glühendem Eisen auf den Backen zu brandmarken, und die Diebe hier und da sogar mit dem Tode zu bestrafen. Von den sogenannten Gottesurtheilen*) hatte man immer mehrere Arten erfunden. Der Zweykampf wurde jedessen immer noch für die vorzüglichste Art gehalten; und besonders hielten ihn die Vornehmen für die beste Manier, ihre eigene oder anderer Unschuld zu beweisen. Man hat davon aus diesen Zeiten zwey merkwürdige Beyspiele die ich ihm doch erzählen will. Sie sind folgende:

Kaiser Otto I. hatte eine Tochter, Namens Luitgarde oder Ludgarde,**) welche an einen

R 2   Her-

*) Siehe Thür. Boten Jahrg. 1795. S. 348. 349.
**) Diese Ludgarde war nach der damaligen Sitte

Herzog von Franken verheurathet gewesen war. Als aber dieser in der blutigen Schlacht gegen die Ungarn auf dem Lechfelde das Leben verlohren hatte, verliebte sich ein gewisser Graf Kuno in Luitgarden. Doch diese wies ihn mit seiner Liebe verächtlich zurück. Darüber wurde Kuno sehr aufgebracht und redete der Luitgarde allerley gar sehr nachtheilige und schlechte Dinge nach. Kaiser Otto I. nahm dieß natürlich sehr übel, und da er selbst von der Unschuld seiner Tochter sich zu überzeugen gesucht hatte: so wünschte er, daß auch andere jene üble Nachrede Kunos für Verläumdung halten, und Luitgardens Unschuld öffentlich an den Tag kommen möchte. Dieß sollte nun durch einen Zweykampf geschehen. Da Luitgarde selbst, als Frauenzimmer, sich doch nicht mit ihrem Verläumder herumschlagen konnte: so erbot sich ein gewisser Graf Burchard, ihre Unschuld durch einen Zweykampf gegen den Kuno zu beweisen; und siehe da! dem Kuno wurde vom Grafen Burchard, die rechte Hand abgehauen. Jeder

te, (denn Weben und Spinnen war unter vornehmen und niedrigen Frauenzimmern damals noch ein sehr gewöhnliches Geschäft, Männer aber geben sich nur wenig damit ab) eine fleißige Spinnerin. Nach ihrem Tode wurde sie zu Mainz in dem Stifte S. Alb n begraben, wo auch ihre silberne Kunkel oder Spille aufbewahrt wird.

Hermann war nun, nach der damaligen Art zu denken, überzeugt, daß Kaiser Ottos Tochter unschuldig und Herr Kuno wirklich ein Verläumder sey. Heut zu Tage würde freylich ein solcher Beweis wenig gelten.

Ein anderer solcher merkwürdiger gerichtlicher Zweykampf geschah zur Zeit des Kaisers Otto II, eines Sohnes Otto I. Ein gewisser Graf Gero wurde nämlich beym Kaiser wegen eines Vergehens von einem andern Grafen, Namens Waldo, verklagt. Der Kaiser fand für gut, den Angeklagten gefangen nehmen zu lassen; und vor einer Versammlung der Fürsten zu Magdeburg sollte die Wahrheit der Anklage durch einen Zweykampf zwischen dem Kläger und dem Verklagten dargethan werden. Das Gefecht wurde auf einer Insel auf der Elbe gehalten, und es dauerte nicht lange, so bekam Graf Waldo zwey tüchtige Wunden an den Kopf. Statt vom Gefechte abzulassen, setzte Waldo vielmehr dasselbe um desto heftiger fort, und hieb so derb auf den Kopf des armen Gero los, daß dieser endlich ganz kraftlos zu Boden fiel. Waldo fragte ihn, ob er nun genug hätte, oder ob er noch einen Gang mit ihm wagen wolle. Aber dem Grafen Gero war alle Lust zum weitern Fechten vergangen. Man hielt letztern also für schuldig, und auf des Kaisers und

R 3   der

der Richter ausdrücklichen Ausspruch wurde er enthauptet, mit welchem Urtheil aber manche Deutsche Fürsten gar nicht zufrieden waren. Graf Waldo hatte indessen auch seinen Geist aufgeben müssen, aber freylich durch seine eigene Schuld. Vom Gefecht äusserst erhitzt, hatte er seine Waffen bey Seite gelegt, hatte bald nach dem Gefechte einen kalten Trank gethan und war sogleich todt zur Erde niedergesunken.

Andere in jenen Zeiten sehr gewöhnliche Arten von Gottesurtheilen waren: der Kesselfang oder die Probe des siedenden Kessels, die Feuerprobe, die Kreuzprobe und die kalte Wasserprobe. Die erstere oder die Probe mit siedendem Wasser habe ich schon bey einer andern Gelegenheit erwähnt, und will nur hier noch das hinzusetzen, daß man statt des Wassers auch zuweilen Oel siedend machte und den Angeklagten die Hand hineinstecken ließ. Bey der Feuerprobe mußte der Angeklagte entweder ein Stück glühendes Eisen in die Hand nehmen und damit eine Strecke weit laufen, oder auch mit blosen Füssen über dasselbe, oder über glühende Kohlen, zuweilen auch zwischen zwey nahe neben einander angezündete Feuer hingehen. Blieb er dabey unverfehrt, so sahe man dies als ein Zeichen der Unschuld des Angeklagten

.... an. Die Kreuzprobe bestand darin,
daß der Kläger sowohl, als der Beklagte, vor ein
Gewölbe traten, beyde Arme seitswärts ausstreckten
oder auch kreuzweise über dem Kopfe hielten. Wer
nun von beyden zuerst die Arme sinken ließ,
wurde für den Schuldigen gehalten. Bey der
Wasserprobe wurde der, welcher sich derselben unterwarf, an einen Strick gebunden und
sprang so ins Waffer; blieb er auf der Oberfläche des Waffers schwimmen, so hielt man ihn
für schuldig, sank er aber unter, so glaubte man,
daß er unschuldig sey. Zu manchen Zeiten hielt
man auch den Schwimmenden für unschuldig und
den Untersinkenden für schuldig.

Er wird leicht begreiffen, Herr Gevatter! daß
alle diese Proben eigentlich nichts beweisen konnten, und daß es dabey an mancherley Betrügereyen gewiß nicht gefehlt haben wird. Aber freylich bin ich nicht im Stande, die eigentliche Art
der Betrügerey bey jeder zu zeigen, auch würde
uns dieß zu lange aufhalten. Daß es übrigens
möglich ist, ohne alles Wunder, auch noch heut
zu Tage z. B. auf glühenden Kohlen und glühendem Eisen zu gehen, hat unter andern eine
Marktschreyerin bewiesen, welche vor mehrern
Jahren zu Braunschweig über 10 bis 12 Stücke
glühenden Eisens mit bloßen Füßen die Stube
auf

auf und ab lief, ohne sich zu beschädigen. Aber wohl zu merken, sie gestand selbst, daß sie ihre Füße vorher mit einer Art von Salbe bestrichen habe. Auch giebt es ja Leute, deren Körper so beschaffen ist, daß sie, ohne sich weiter durch Bewegung zu helfen, auf dem Wasser liegen bleiben; und wer die Kunst des Schwimmens versteht, kann, wie er will, auf dem Wasser herumschwimmen, oder sich unter demselben eine Zeit lang aufhalten.

(Die Fortsetzung folgt.)

Der würdige Verfasser der Geschichte des Dörfleins Traubenheim, Herr Pfarrer Schieß zu Ippesheim, hat wieder 2 sehr nützliche Bücher geliefert. 1.) Gregorius Schlaghart und Lorenz Richard, oder die Dorfschulen von Langenhausen und Traubenheim. Ein Erbauungsbuch für Landschullehrer. 2.) Lorenz Richards Unterhaltungen mit seiner Schuljugend über den Kinderfreund des Herrn von Rochow.

Der Bote aus Thüringen.

Achtzehntes Stück.

1796.

Fortsetzung der Geschichte der Deutschen.

An mancherley andern Arten von Aberglauben und Unwissenheit fehlte es auch nicht. Dem Neumonde legte man einen besondern Einfluß bey. Viele wagten es nicht, sich vor dem Neumonde zu verheurathen, oder mit dem Baue eines neuen Hauses anzufangen. Am Neujahrstage pflegte man sich bewaffnet auf das Dach seines Hauses, oder an einem Scheidewege auf eine Ochsenhaut zu setzen, um von dort aus allerley Zeichen zu erfahren, welche Schicksale man im künftigen Jahre zu erwarten habe. Von den Sonnen- und Mondfinsternissen hatte der größte Theil damals so unrichtige Begriffe, daß man beym Anblicke derselben zitterte und bebte. Ja man glaubte sogar, durch Geschrey und andere Mittel sey man im Stande, dem verfinsterten Monde sein Licht wieder zu geben. Als einst ein Deut-

sches Heer unter Ottos I. Anführung in Italien
stand und eines Tages eine Sonnenfinsterniß war,
gerieth das ganze Heer, das mehrmals so tapfer
gefochten hatte, in ein solches Schrecken, daß jeder, der nur konnte, sich in leere Fässer oder unter das Gepäcke, oder unter die Karren und Wagen, und wo er sonst noch einen Zufluchtsort zu
finden glaubte, verkroch und mit der größten
Angst den Ausgang erwartete, bis endlich ein
verständiger Bischof sich der Unwissenheit der armen Leute erbarmte und ihnen erklärte, daß es
mit der Verfinsterung der Sonne ganz natürlich
zugehe. Erst dann aber, als sie die Sonne wieder zu sehen bekamen, konnten sie sich erst ganz
wieder von ihrer Angst und Schrecken erhohlen.
Die Furcht der Leute bey dieser Sonnenfinsterniß war vorzüglich dadurch so sehr vermehrt worden, weil sie dieselbe für einen Vorboten des
Untergangs der Welt hielten; denn man glaubte damals, daß mit Verlauf des ersten Jahrtau-
sendes die Welt untergehen werde. Man wollte
den so nahen Untergang der Welt, ich weiß nicht,
aus welchen Stellen der Bibel, beweisen. Da
nun, wie wir sehen, die Welt noch bis auf den
heutigen Tag steht, obgleich seit jener Zeit bald
wieder tausend Jahre vergangen seyn werden: so
ist es wohl offenbar, daß die Leute, welche in der

Bibel damals solche Propheierungen suchten und andere damit ängstigten, besser gethan haben würden, wenn sie sich um solche Dinge gar nicht bekümmert, sondern sich lieber an die schönen Stellen der Bibel gehalten hätten, welche sie zu einem weisen, vorsichtigen und Gott wohlgefälligen Wandel auffodern.

Die Sächsischen Könige haben sich bey der Geistlichkeit dadurch großen Ruhm erworben, daß sie, und vor allen andern der berühmte Kaiser Otto I. große Wohlthäter der Geistlichen und Klöster gewesen sind, und denselben sehr viele Güter geschenkt haben. Daher auch seit dieser Zeit die Bischöfe und Mönche an Reichthum, Macht und Ansehen immer mehr zunahmen. Die Bischöfe waren in ihren Bisthümern und die Aebte auf ihren Klostergütern regierende Herren geworden und hatten auf die Angelegenheiten des Reichs einen sehr wichtigen Einfluß bekommen.

Unter der Regierung der Sächsischen Könige war auch das Christenthum in Schlesien eingeführt worden. Schlesien stand damals unter der Herrschaft der Polnischen Regenten, und diese waren wieder zuweilen den Deutschen zinsbar. Einer derselben Namens Misiko oder Mißislav hatte auf Vermittelung des Kaisers Otto I. die Böhmische Prinzessin Dobrawa geheurathet. Diese hatte aber unter keiner andern Bedingung in die Heurath einwilligen wollen, als daß Mißko und seine heidnischen Unterthanen Christen würden. Der verliebte Mißko war freylich dazu leicht zu bewegen gewesen; aber bey seinen Unterthanen war diese Veränderung nicht so leicht zu Stande gebracht worden. Wie erzählt wird, soll Mißko sogar zu gewaltsamen Mitteln seine Zuflucht genommen haben. Er bestimmte einen Tag, den Sonntag Lätare, an welchem Jedermann bey schwerer Strafe seine Götzen zerbrechen, sie ins Wasser werfen und sich dann taufen lassen sollte. Die Taufe mag aus Furcht vor der Strafe ja wohl vor sich gegangen seyn; aber im Herzen mögen doch wohl, denke ich, weder die Polen noch die Schlesier sogleich Christen geworden seyn. Wenigstens mußte man noch einige Zeit nachher zu einem ebenfalls sehr gewaltsamen Mittel seine Zuflucht nehmen, um nur die Schlesier und Polen zu einem Gebrauche zu gewöhnen, dessen Beobachtung man damals für einen Theil der christlichen Religion selbst hielt, ich meine das Fasten, vermöge dessen man sich zu gewissen Zeiten des Fleischessens enthalten sollte. Man pflegte denen, welche, des Verbots ungeachtet in der Fastenzeit dennoch Fleisch aßen, die Zähne auszubrechen. Am Fleischessen werden die Leute ja

wohl

wohl dadurch verhindert worden seyn; aber ob
sie auch dadurch zur Ueberzeugung gekommen sind,
daß das Fleischessen in der Fastenzeit etwas Gott
Mißfälliges und Unrechtes sey, bezweifle ich doch
wirklich sehr. Es wurde auch im Jahr 966 bey
der Einführung des Christenthums in Schlesien,
und zwar zu Schmogra,*) ein Bisthum gestiftet, das etwa gegen hundert Jahre nach seiner
Stiftung nach Breslau, der jetzigen Hauptstadt
Schlesiens, verlegt wurde. Noch jetzt findet man
in diesem Lande einen Gebrauch, der sich von
den Zeiten der Einführung des Christenthums in
diesem Lande herschreiben soll. Am Sonnabend
vor dem Sonntage Lätare pflegen nämlich die
Kinder in vielen Schlesischen Dörfern und Städten, besonders in denen an der Gränze des ehemaligen Polens, einen Strohmann auf einer
Stange herumzutragen, und ihn mit großem Geschrey ins Wasser zu werfen. Dieser Gebrauch
wird dort das Tod oder Thodaustreiben
genannt, und soll vermuthlich anzeigen, daß ehemals die Vorfahren ihre Götzen eben so verach-
tet und das Christenthum angenommen hätten.
Auch im ehemaligen Polen und, soviel ich weiß,
auch in dem Theile von Böhmen, der an Schlesien gränzt, ist dieser Gebrauch üblich.

G 3 Der

*) Jetzt ein Dorf im Namslauischen in Nie-
derschlesien.

Der letzte unter den sogenannten Sächsischen Königen war Kaiser Heinrich II., ein Urenkel König Heinrichs I., des Vogelstellers. Er und seine Gemahlin Kunigunde standen zu ihrer maligen Zeit in dem Rufe einer besondern Frömmigkeit. Beyde haben daher auch einige Zeit nach ihrem Tode die Ehre gehabt, vom Pabste unter die Zahl der Heiligen aufgenommen zu werden. Vermuthlich hat zu dieser Erhebung sehr viel beygetragen, daß der Kaiser ein großer Freund der Geistlichkeit war und Kirchen und Klöster gar reichlich beschenkte. Auch ist eben dieser Heinrich II., mit dem Beynahmen der Heilige, der Stifter des Bisthums Bamberg.*) Man legte ihm zwar bey der Stiftung desselben mancherley Hindernisse in den Weg, weil durch dieses neu errichtete Bisthum andere Bischöfe manches von ihren Einkünften verlohren; aber die Sache lag ihm so sehr am Herzen, daß er auf einer Versammlung der Bischöfe diese Herren knieend bat, ihm doch in seinem Vorhaben nicht weiter hinderlich zu seyn. Da überdieß der heilige Vater in Rom sich seiner hierbey annahm, so kam das Bisthum glücklich zu Stande und Kaiser Heinrich II. gab demselben sehr ansehnliche Einkünfte.

Heinrich II., der Heilige, starb im Jahre 1024

ohne

---

*) Im heutigen Fränkischen Kreise.

ohne männliche Erben. Nun mußte ein anderes Reichsoberhaupt gewählt werden. Nachdem die Deutschen Fürsten durch Briefe und Gesandten eins und das andere über die neue Wahl verabredet hatten, zogen die Deutschen Nationen unter Anführung ihrer Herzoge und Grafen sich, auf einer großen Ebene zwischen Mayn und Worms, zusammen, um dort den neuen König Deutschlands zu wählen. Mehrere wurden in Vorschlag gebracht; aber unter allen zwey Vornehme Franken zur Uebernahme der Königswürde am würdigsten befunden. Beyde hießen Konrad, waren Verwandte, und wurden zum Unterschied der ältere und der jüngere genannt. Beyde waren zwar tapfer, aber Konrad der Aeltere war beliebter. Indessen fürchteten sich viele, diesem sogleich die Stimme zu geben, weil man, da Konrad der Jüngere mächtiger und Herzog der Franken war, innere Unruhen besorgte. Aber Konrad der Aeltere suchte diesen dadurch vorzubeugen, daß er sich, ehe noch die Wahl völlig ausgemacht war, mit seinem Vetter beredete und beyde darüber eins wurden, daß der, welcher von ihnen beyden gewählt werden würde, den andern als König anerkennen wolle. Das war sehr vernünftig gehandelt. Kaum hatten die versammelten Fürsten diesen Vergleich vernommen: so

war

wurde Konrad der Aeltere zum König gewählt, und Konrad der Jüngere gab ihm sogleich, dem Vergleiche gemäß, seine Stimme, und das ganze versammelte Volk war mit dieser Wahl sehr zufrieden. Weil Konrad, als Deutscher König dieses Namens der Zweyte, aus der Nation der Franken war; so pflegt man ihn und die zunächst auf ihn folgenden 3 Deutschen Könige, welche von ihm abstammten, zum Unterschied von den vorigen sogenannten Sächsischen Königen oder Kaisern, die Fränkischen Könige und Kaiser zu nennen. Diese Fränkischen Könige regierten gerade hundert Jahre hindurch über Deutschland und während ihrer Regierung kam mit und ohne ihr Zuthun ebenfalls manche merkwürdige Veränderung in unserm Vaterlande zu Stande.

(Die Fortsetzung folgt.)

Der Bote aus Thüringen.

Neunzehntes Stück.

1796.

Fortsetzung der Geschichte der Deutschen.

Der erste unter den Fränkischen Königen Conrad II. machte sich dadurch um das Deutsche Reich sehr verdient, daß er aus allen Kräften dahin arbeitete, den so häufigen Belehdungen Einhalt zu thun; daher er die Provinzen Deutschlands durchreiste, und darin Recht und Gerechtigkeit, Ruhe und Friede zu erhalten suchte. Auch ging es während seiner Regierung in Deutschland noch erträglich ruhig zu. Doch stiftete sein eigener Stiefsohn, Herzog Ernst von Schwaben, aus Habsucht einige Zeit allerley Unruhen, und war sogar so pflichtvergessen, daß er nicht nur sich selbst gegen seinen Vater empörte, sondern auch mehrere Grafen und andere Herren gegen ihn aufzuwiegeln suchte; aber diese wollten größtentheils nicht gegen ihren König fechten. Ernst mußte sich also ergeben, und wurde auf das Schloß Giebichenstein*) gefangen gesetzt, aber nach einiger Zeit wieder losgelassen. An die Dänen wurde vom Deutschen Reiche durch einen Vergleich, welchen Konrad mit dem Dänischen Könige schloß, die Stadt Schleswig und was die Deutschen sonst jenseits der Eider besessen hatten, abgetreten, und so die Eider wieder, so wie es zu Karls des Großen Zeiten gewesen war, und noch jetzt ist, zur Gränze Deutschlands gegen die Dänen bestimmt, die einen Theil der alten Normänner ausmachten. Dagegen aber brachte Kaiser Otto II. auf einer andern Seite ein anderes ganzes Königreich unter die Oberherrschaft der Deutschen Könige, nämlich das sogenannte Burgundische Reich. Der Burgundische König Rudolf hatte schon mit dem Kaiser Heinrich II., seinem Verwandten, den Vergleich getroffen, daß nach seinem Tode Burgund unter Deutsche Oberherrschaft kommen sollte. Da nun König Rudolf im Jahre 1032 wirklich starb: so unterwarf der Kaiser Konrad II. diesem Vergleiche gemäß, dasselbe dem Deutschen

*) Ein ehemaliges vestes Schloß an der Saale bey Halle, in dem heutigen Amte Giebichenstein, im Herzogthume Magdeburg. Von dem alten vesten Schlosse sind noch jetzt einige Ruinen da.

schen Reiche. Zu diesem Burgundischen Reiche gehörte nicht nur ein großes Stück von dem heutigen Schweitzerlande, sondern auch ein großer Theil des mittäglichen und östlichen Frankreichs und in Italien das Herzogthum Savoyen *)

Gleich dem Kaiser Konrad II. war auch sein Sohn Heinrich III., nachdem er nach seines Vaters Tode im Jahre 1039 an die Regierung kam, sehr darauf bedacht, innere Ruhe in Deutschland und in den der Deutschen Oberherrschaft unterworfenen Ländern, zu erhalten. Da es ihm, wegen der noch sehr rohen Denkungsart der damaligen Zeit, nicht möglich war, die Befehdungen oder kleinen Kriege zwischen Edelleuten, Bischöfen und so weiter ganz abzuschaffen: so trachtete er doch aus allen Kräften, sie wenigstens etwas einzuschränken und etwas unschädlicher zu machen. In dieser Absicht begünstigte er die Einführung des sogenannten **Gottesfriedens**

T 2 in

*) Auf der Karte von Frankreich S. Bot. aus Thüringen Jahrg. 1792 ist ziemlich alles zu sehen, was von Frankreich, der Schweitz und Italien zum alten Burgundischen Reiche gehörte und unter Konrad II. an Deutschland kam, aber nach und nach wieder davon verlohren gegangen ist. Von Frankreich gehörten dazu Dep 80. 81. 82. 63. 15. 16. 17. 18. 19. 20. 21.

in Deutschland, den schon sein Vater Conrad II.
in dem ans Deutsche Reich gebrachten Burgun=
dischen Reiche einzuführen gesucht hatte. Ver=
möge dieses Gottesfriedens kam man überein,
alle Befehdungen und innere Feindseligkeiten von
Mittwoch Abends bis auf den Montag früh zu
unterlassen. Zugleich wurde festgesetzt, daß man
bey den Befehdungen besonders die Kirchen, die
Geistlichen, die Weiber, Kaufleute, Wallfahrer
und die Bauern bey ihren Feldarbeiten verscho=
nen solle. Kaiser Heinrich III. bestrafte auch
alle die Herren sehr streng, welche aus ihren
festen Schlössern die Reisenden auf den Straßen
beunruhigten. Seine Macht und Ansehen, als
Reichsoberhaupt, wußte er in und außer Deutsch=
land sehr wohl zu behaupten. Unter andern ließ
er es auch den Päpsten fühlen, daß er als Ober=
herr über Italien und als Schutzherr der Römi=
schen Kirche ihr Gebieter sey. Denn als zu sei=
ner Zeit drey geistliche Herren auf einmal sich die
päpstliche Würde zu verschaffen gewußt hatten;
jeder derselben zu Rom sein Wesen trieb und
nicht nur einer den andern, sondern überhaupt
auch durch ihre Streitigkeiten Rom und Italien sehr
beunruhigten: so zog er mit einem Heere nach
Italien, machte daß die eine päpstliche Heiligkeit
ihre Würde freywillig niederlegte, die zwey an=

dern

ihren Heiligkeiten aber abgesetzt wurden. Er verschaffte darauf die päpstliche Würde einem Deutschen, dem Bischofe von Bamberg, der als Papst den Namen Clemens II. annahm. Das Gesetz, welches schon Kaiser Otto I., als er die Oberherrschaft über Italien nebst der Kaiserwürde ans Deutsche Reich brachte, eingeführt hatte) daß keine Papstwahl ohne des Kaisers Einwilligung gültig seyn sollte, wurde durch Heinrich III. aufs neue bestätigt; und während seiner Regierung, obgleich nicht gar lange dauerte, fand er doch Gelegenheit, noch drey andern Deutschen Bischöfen hinter einander zur päpstlichen Würde zu verhelfen. Ungeachtet dieses Ansehens, welches der Kaiser über die Päpste behauptete, war es aber doch schon mit des Papstes Gewalt dahin gekommen, daß, als Papst Clemens II. seinen Gönner, den Kaiser Heinrich III. zu Rom krönte, nicht nur das kaiserliche Gefolge, sondern sogar der Kaiser selbst mit seiner Gemahlin des heiligen Vaters Füße gar demüthig küßten, und der Kaiser dem Papste den Eid der Treue und Ergebenheit schwören mußte. Man glaubt sogar, daß es schon damals gewöhnlich gewesen sey, daß, wenn der Kaiser, der Gewohnheit gemäß, nach der Krönung zu Rom, mit dem Papste ausritt, der Kaiser dem Papste, beym Auf= und Absteigen

vom

vom Pferde, die Steigbügel gehalten habe. Mag immer das alles nur eine bloße Ceremonie, vielleicht nur Höflichkeitsbezeugung gewesen seyn, so kann man doch daraus sehen, wie sehr das Ansehen der Päpste bis dahin schon gewachsen war, und es möchte wohl besser gewesen seyn, wenn die großen Herren in jenen Zeiten, wegen des möglichen Misbrauches, nicht so gar freygebig mit dergleichen Ceremonien und Höflichkeitsbezeugungen gegen den Papst gewesen wären. Auch unterwarf Kaiser Heinrich III aller sonstigen Behauptung seiner Rechte und seines Ansehens gegen Geistliche und Weltliche ungeachtet, sich pünktlich allem dem, was die Geistlichen damals für Forderungen der christlichen Religion und für Pflichten eines guten Christen ausgaben. Dazu rechnete man unter andern, daß man sich zu manchen Zeiten, zum Beweise seiner Demuth und seiner Reue über begangene Sünden, geiseln, das ist, mit einem dazu besonders eingerichteten Instrumente von Eisendrathe, das die Gestalt einer vielfachen Peitsche hat und Geissel heist, auf den entblößten Rücken peitschen müsse. Eines Tages kam daher auch der Kaiser zu Köln in die Kirche, beichtete dort dem Erzbischofe seine begangenen Sünden und ließ es zu, daß dieser Geistlich- längs rüchtig durchgeißelte, setzte auch seine Krone nicht

eher

eher wieder auf, als bis er, auf des Erzbischofs
Befehl, 33 Pfund Silber mit eigener Hand unter die Armen vertheilt hatte. Heut zu Tage
sehen nachdenkende Leute freylich wohl ein, daß
eigentlich durch diese und ähnliche Gebräuche,
begangene Sünden nicht wieder gut gemacht
werden können, und daß nur wirkliche Besserung
seiner Gesinnungen und seines Verhaltens Beweise wahrer Reue sind.

Gegen das Ende seiner Regierung wäre Heinrich III. bald in Streit mit dem Könige von
Frankreich verwickelt worden, als er mit dem
selben auf einer Reise in den Rheingegenden
eine Unterredung hatte, und dieser ihm einige
harte Vorwürfe deswegen machte. Schon war
es so weit, daß der Kaiser, dem dergleichen un-
freundliche Reden gar nicht gelegen waren, den
französischen König, nach damaliger Sitte zu
einem Zweykampfe herausforderte; aber dieser
schien das Herz nicht auf dem rechten Flecke zu
haben und schlich sich ganz heimlich davon. Heinrich III. mochte noch allerley große Projecte im
Kopfe haben, aber ein früher Tod hinderte ihn
an der Ausführung derselben. Denn er starb schon
im neun und dreißigsten Jahre seines Alters zu
Bothfeld, einem seiner Jagdschlösser auf dem Harze, im Jahre 1056. Die heutige Reichsstadt

Goslar, wo er sich am liebsten aufhielt, verdankt ihm, ihre Vergröserung und Verschönerung. Er hat daselbst zwey Stifter, das zu St. Simon und Judas und das Stift zum Petersberge errichtet. Sein Tod mochte übrigens von vielen sehr gern gesehen werden. Denn viele geistliche und weltliche Herren in Deutschland waren über ihn sehr mißvergnügt, weil er die königliche Gewalt und Macht in Deutschland zu vergrösern gesucht hatte; auf der andern Seite aber den Grosen doch nicht weniger daran lag, die ihrige zu vermehren. Seine ungemeine Klugheit und Tapferkeit hatte sie indessen zurückgehalten, etwas gegen ihn zu unternehmen.

(Die Fortsetzung folgt.)

Der Bote aus Thüringen.

Zwanzigstes Stück.

1796.

Fortsetzung der Geschichte der Deutschen.

Unter den zwey letzten Fränkischen Kaisern, und besonders unter Heinrichs III. Sohne, dem Kaiser Heinrich IV., der seinem Vater in der Regierung folgte, wurden das Mißvergnügen der Großen des Reichs über die kayserliche Gewalt und die daher entstehenden innern Unruhen und Zerrüttungen in unserm lieben Vaterlande sehr groß. Geistliche und weltliche Fürsten, Vornehme und Niedrige in Deutschland, der heilige Vater in Rom und was Heinrichen am meisten schmerzen mußte, sogar seine eigenen Söhne verbanden sich gegen ihn, und machten ihn zu einem der unglücklichsten Fürsten, die je regiert haben. Das Traurigste für ihn war dabey, daß er sich selbst nur gar zu sehr bewußt seyn mußte, wie viel Schuld an seinem Unglücke seine eigenen Ausschweifungen, Vergehungen und Unbesonnenheiten hatten, wozu durch eine höchst verkehrte Erziehung der Grund gelegt worden war. Doch die Lebens und Regierungsgeschichte dieses Kaisers enthält so vieles Anziehende, Merkwürdige und Lehrreiche, daß ich glaube, es wird nicht unnütz seyn, wenn ich mich dabey etwas weitläuftiger aufhalte. Freylich wird der Herr Gevatter wahrscheinlich weder Kaiser, noch König, noch sonst irgend ein regierender Herr werden; aber es kann doch auch der Niedrigste im Volke aus der Lebens- und Regierungsgeschichte großer Herren, wenn er sonst darüber nachdenken will, manches lernen. Auch in dem Leben der Könige und Fürsten zeigt sich die weise Einrichtung Gottes, daß sie die Folgen ihrer Handlungen zu empfinden haben, daß die Erziehung in der Jugend den größten Einfluß auf die Zufriedenheit des Menschen in spätern Jahren habe, daß zu den meisten unserer Fehler und Laster der Grund durch eine verkehrte Erziehung gelegt werde, und daß es daher für die Eltern sehr wichtig sey, ihre Kinder möglichst gut zu erziehen*), und was dergleichen wichtige Dinge mehr

---

*) Wer etwa gern wissen möchte, wie man seine Kinder gut erziehen könne, kann sich in Konrad Kiefers Erziehungsgeschichte Raths erholen, welche in diesem Jahre 1796 in Schnepfenthal gedruckt worden ist.

mehr sind. Laß der Herr Gevatter uns also sehen, wie es mit dem Kaiser Heinrich IV. ging.

Als sein Vater starb, war Heinrich IV. noch nicht fünf Jahr alt. Indessen war er schon bey Lebzeiten seines Vaters von den Deutschen Nationen zu ihrem Könige bestimmt und erwählt worden. Während seiner Minderjährigkeit wollte seine Mutter, die verwitwete Kaiserin Agnes, die Regierungsgeschäfte und die Erziehung des jungen Königs besorgen. Aber man ward gar bald mit den Anordnungen der Kaiserin unzufrieden, und mehrere Herren suchten ihr die Regierung und Erziehung ihres Sohnes zu entreissen, weil sie gern selbst mehr Einfluß auf die Regierungsgeschäfte und auf die Bildung des jungen Königs haben wollten. An der Spitze dieser Herren befand sich ein herrschsüchtiger Geistlicher, der Erzbischof Hanno von Köln, eben der, welcher einst den Kaiser Heinrich III. in der Kölner Kirche tüchtig gegeisselt hatte. Um den jungen Heinrich nach Belieben erziehen und für ihn regieren zu können, mußte er ihn erst in seiner Gewalt haben. Dazu wurden also Anstalten gemacht. Als sich der junge König einst im Jahr 1062 in Kaiserswerth*) aufhielt und dort eines

Tages

*) Eine Stadt im heutigen Kurrheinischen Kreise, die jetzt dem Kurfürsten von Pfalzbayern gehört.

Tages ein großes Gastmahl gegeben wurde, sprach der Erzbischof Hanno viel von einem schönen, neu erbaueten Schiffe, das er auf dem Rheine habe und erbot sich, dasselbe Heinrichen zu zeigen. Dieser ging nach Tische mit ihm an den Rhein und kaum war er mit ihm in das wunderschöne Schiff hineingestiegen: so stießen es die schon dazu bestellten Schiffsleute schleunigst vom Ufer ab und ruderten nach der andern Seite des Flusses zu. Wie Heinrich dieß gewahr wurde, erschrak er, sprang geradezu in den Rhein und würde ertrunken seyn, wenn ihm nicht der Graf Ekbert von Braunschweig, einer der Mitverschwornen, schnell nachgesprungen, ihn ergriffen und so glücklich gerettet hätte, worauf man immer mit ihm auf Köln zusegelte und ihn dort in Verwahrung behielt. Der Erzbischof Hanno übernahm darauf die Erziehung des jungen Heinrichs, verstand aber gar nicht, sich das Zutrauen und die Liebe seines vornehmen Pflegesohns zu verschaffen. Wenn man aber die Liebe und das Zutrauen der Kinder, die man erziehen will, nicht hat: so wird auch aus der Erziehung nicht viel kluges. Inzwischen fand sich gar bald ein anderer Herr, der Erzbischof Adelbert von Bremen, welcher einige günstige Umstände benutzte, und es dahin brachte, daß er die Aufsicht über den

jun-

jungen Heinrich bekam. Adelbert verstand zwar besser mit Heinrichen umzugehen und sich in seine Gunst zu setzen. Aber im Grunde war deshalb dieser in Ansehung seiner Erziehung in keine bessere Hände gerathen. Denn was der Erzbischof von Köln zu strenge und zu hart gewesen war, war der Erzbischof von Bremen zu gelinde und zu nachsichtig. Diesem lag nur daran, sich für immer recht viel Einfluß auf den jungen König zu verschaffen; im Namen des Königs zu regieren und den König zu brauchen, die, welche er nicht recht wohl leiden konnte, zu unterdrücken und andern sein Ansehen fühlen zu lassen. Ob übrigens die Mittel, wodurch er sich des jungen Heinrichs Liebe und Zutrauen zu verschaffen suchte, erlaubt oder unerlaubt waren, darnach fragte Adelbert weiter nicht. Er ließ daher seinem lieben Pflegesohne allen Willen, überließ ihn den Händen schlechter Gesellschafter, welche des Königs Herz verdarben und desselben natürlichen Hang zu allerley Ausschweifungen begünstigten. Er brachte ihm frühzeitig einen Widerwillen gegen die Vornehmen der Sächsischen Nation bey; und machte ihm überhaupt die Herzoge und Grafen als Leute verhaßt, welche unaufhörlich darauf ausgingen, das königliche Ansehen zu schmälern, und sich selbst immer mehr Macht und Gewalt zu ver-

verschaffen. Der Grundsatz, welchen Adelbert seinem königlichen Schüler zur Richtschnur seiner Handlungen empfahl, war: "Thue, was deinem "Herzen gelüstet; nur sorge dafür, daß du als "ein Rechtgläubiger stirbst." Wer freylich gewöhnt wird, einen solchen abscheulichen Grundsatz zur Regel seines Verhaltens zu machen, wird sich sehr vieles erlauben, wozu ein anderer ehrlicher Mann sich unmöglich entschließen könnte. Sollten daher auch manche, der schlechten Handlungen, welche vom Kaiser Heinrich IV. erzählt werden, und die ich zum Theil gar nicht nachere zählen mag, von seinen Feinden entweder ganz erdichtet oder doch sehr vergrößert worden seyn: so wären sie doch gewiß alle einem Menschen zuzutrauen, der angeleitet worden wäre, nach einem solchen gotteslästerlichen Grundsatze zu handeln. Der Erzbischof Adelbert hatte es gar bald dahin gebracht, daß er alles in allem bey dem Könige war, im Namen des Königs machte, was er wollte und sich allerley Ungerechtigkeiten gegen andere erlaubte. Darüber wurden endlich die Großen des Reichs so unzufrieden, daß sie, einst mit gewaffneter Hand den jungen König zwangen, den Erzbischof nebst den übrigen Lieblingen von sich zu entfernen. Ja kaum konnte es Heinrich verhindern, daß nicht in der Hitze des Zorns der hochwürdige

Herr

Herr Adelbert von seinen Feinden derb durchgeprügelt wurde. Als Heinrich IV. älter wurde und nun selbst zu regieren anfing, befolgte er in der Regierung meist die Grundsätze, welche ihm der Erzbischof Adelbert von Bremen beygebracht hatte. Sein ihm gegen die Reichsfürsten eingeflößter Widerwille wuchs immer mehr; diese wurden denn natürlich auch immer unzufriedener mit ihm, und Heinrichen selbst traf nun alle der Haß, den man vorher seinem Lehrer und Freunde, so lange dieser noch selbst die Regierungsangelegenheiten besorgte hatte, merken lassen.

Zu den Begebenheiten, welche von wichtigen Folgen für Heinrichs IV. folgende Schicksale wären, gehört auch folgende: Der Herzog Otto von Bayern, seiner Herkunft nach ein Sachse und ein mächtiger Herr, wurde im Jahr 1070, man sagt gar, auf Anstiften Heinrichs IV., von einem gewissen Egeno beschuldigt, Otto habe ihn zu bewegen gesucht, den König ums Leben zu bringen. Dieser Egeno stand übrigens im Rufe eines Straßenräubers; einige Jahre nachher nahm man ihn auch wegen Räuberey gefangen und stach ihm die Augen aus, so daß er sich seitdem bis an sein Ende sein Brodt erbetteln mußte. Egeno suchte die Anklage gegen den Herzog Otto durch einen Degen zu beweisen, der ihm sollte

gegeben

gegeben worden seyn, um damit die Mordthat an dem Könige zu vollziehen; zugleich erklärte er auch, daß er bereit sey, seine Anklage durch einen Zweykampf mit dem Herzoge zu beweisen. Herzog Otto läugnete die Beschuldigung vor einer Versammlung der Fürsten zu Maynz und versprach, nach Verlauf von 6 Wochen seine Unschuld durch einen Zweykampf mit seinem Ankläger zu beweisen, obgleich selbst andere Fürsten es für unnöthig hielten, daß Otto, als ein in gutem Rufe stehender Mann und von so vornehmen Stande, mit einem so schlechten Menschen kämpfen wolle. Otto besann sich endlich aber doch noch eines andern, und wollte aus Furcht vor geheimer Nachstellung des Königs, weil dieser ihm keine ausdrückliche Sicherheit zusagen wollte, nicht mit seinem Ankläger kämpfen.

(Die Fortsetzung folgt.)

Einem geehrten Publico dienet hiermit zur Nachricht: daß die öconomische Gesellschaft zu Nirleben, nächstens ein Buch heraus geben wird, welches sich betitelt: Der Bauernfreund. Es enthält wirthschaftlich- Vorträge, Abhandlungen und nützliche Gespräche in sich. — Zu Ende Monath Junius d. J. wird dieses Buch heraus kommen. Das Exemplar kostet 4 gr. — Wer also darauf zu pränumeriren Lust hat, der beliebe sich an den Buchdrucker Herrn Cöler in Nordhausen, oder an Untergesetzten zu wenden, welche Pränumerationen annehmen. Nirleben, d. 2ten May 1796. Johann Ernst Semper.

Der Bote aus Thüringen.

Ein und zwanzigstes Stück.

1796.

Fortsetzung der Geschichte der Deutschen

Da Herzog Otto wegen seiner Macht und Ansehens von vielen beneidet wurde: so brachte es Heinrich IV leicht dahin, daß er seiner herzoglichen Würde entsetzt und den Bayern ein anderer Herzog gegeben wurde. Seine Feinde plünderten und verwüsteten hierauf sogar seine Güter, und als er sich mit seinen Leuten, unterstützt von seinem Freunde Magnus, dem Sohne des Herzogs der Sachsen, gegen den König und seine Feinde zur Wehr setzte, wurde er nebst seinem Freunde gefangen genommen. Um seine Freyheit wieder zu erhalten, mußte Otto einen großen Theil seiner Erbgüter hergeben; sein Freund, der Sächsische Prinz Magnus aber sollte nur dann erst wieder losgelassen werden, wenn er auf die Herzogswürde in Sachsen, die ihm als Erbprinzen zufallen mußte, Verzicht thun wollte.

May 1796.

Dazu mochte Magnus sich nicht verstehen, und der König ließ ihn daher auch dann noch nicht los, als der abgesetzte Herzog Otto sich erbot, sich statt seines Freundes wieder in die Gefangenschaft zu stellen. Die wiederhohlte Verweigerung, den gefangenen Prinzen Magnus wieder in Freyheit zu setzen, erbitterte die Herzen der Sachsen immer mehr gegen Heinrichen, welche schon ausserdem so manche Beschwerden gegen ihn hatten, und fest glaubten, er ginge damit um, sie gänzlich um ihre alten Freyheiten zu bringen.

Vorzüglich hatte Heinrich IV. den Sachsen durch Folgendes große Ursach zu sehr bittern Klagen über ihn gegeben und sie immer mehr in der Meynung bestärkt, daß seine Absicht sey, sie völlig zu unterdrücken. Damals pflegte, wie ich schon bey einer andern Gelegenheit gesagt habe, das Reichsoberhaupt in Deutschland umherzuziehen und sich bald in dieser, bald in einer andern Provinz, aufzuhalten. Da war es denn gewöhnlich, daß die Einwohner der Provinz, worin der König sich aufhielt, während seines Aufenthalts für den Unterhalt des Königs und seines Hofstaats sorgen mußten. Auf Anstiften des Erzbischofs von Bremen hatte sich Heinrich IV. meist immer in Sachsen aufgehalten, wodurch den Sachsen gar viele Kosten und Lasten verursacht wor-

worden waren. Um ferner die ihm abgeneigten Sachsen desto besser im Zaume halten zu können, hatte Heinrich IV. in Sachsen sehr viele veste Schlösser bauen lassen. Eben dies hatte er auch in Thüringen gethan, dessen Einwohner sehr gute Freunde von den Sachsen waren und gleichen Haß gegen Heinrichen hegten. Da gab es denn im Thüringer- und Sachsenlande nicht leicht einen beträchtlichen Berg, wo er nicht ein solches vestes Schloß hatte hinbauen lassen. Ja die Thüringer und Sachsen mußten zur Erbauung derselben sogar die Baumaterialien herbey schaffen, einen Theil der Baukosten bezahlen und das aufbauen helfen; was sie als einen sichern Beweis ansahen, daß man sie um ihre Freyheiten bringen und unterdrücken wolle. Sie mußten den Besatzungen Lebensmittel liefern, es sich sogar gefallen lassen, daß die Besatzungen im Lande herumstreiften, das was sie nöthig hatten, mit Gewalt nahmen, sengten und brannten, und noch obendrein den Männern die Frauen und den Eltern die Töchter verführten. Auf die Klagen, welche man darüber bey Heinrichen führte, wurde nicht gehört, ja wohl gar den Thüringern geantwortet, es sey dies die gerechte Strafe, weil sie dem Erzbischofe von Mainz nicht den Zehnten bezahlen wollten. Die Erzbischöfe von

Mainz

Mainz hatten nämlich schon seit geraumer Zeit her verlangt, daß die Thüringer ihnen den Zehnten von ihren Früchten und Vieh bewilligen sollten. Sie gründeten die Rechtmäßigkeit ihrer Forderungen darauf, daß ehemals der heilige Bonifacius, der die Thüringer zum Christenthum bekehrt habe, Erzbischof von Mainz gewesen sey, und seitdem der Mainzische Erzbischof die Oberaufsicht über die geistlichen Angelegenheiten der Thüringer führe. Die Thüringer mochten aber nichts von Ablieferung des Zehnten nach Mainz wissen. Aller bisherigen gebrauchten List und Ränke ungeachtet, hatte der Mainzische Erzbischof immer nichts mit seiner Forderung ausrichten können. Nun traf sich's, daß Heinrich IV. gern von seiner Gemahlin geschieden gewesen wäre, welches, nach der damaligen Meynung, ohne ausdrückliche Erlaubniß des heiligen Vaters in Rom nicht geschehen konnte. Heinrich IV. bat daher den Mainzer Erzbischof, ein gutes Wort für ihn beym Papste einzulegen, welches auch der Erzbischof zu thun versprach, wenn ihm Heinrich dagegen zur Erfüllung seiner Forderung bey den Thüringern behülflich seyn wolle. Beyde wurden in Ansehung ihrer gegenseitigen Anliegen eins, und so wollte also Heinrich die Thüringer zur Ablieferung des Zehnten nach Mainz nöthigen.

Die

Die gemeinschaftlichen Klagen, welche die Sachsen und Thüringer gegen Heinrichen zu führen hatten, machten, daß sich beyde immer enger gegen Heinrichs Bedrückungen verbanden. Die meisten geistlichen und weltlichen Herren, unter denen die Markgrafen von Nordsachsen, Meissen und Thüringen, der Erzbischof von Magdeburg, die Bischöfe von Hildesheim, Merseburg, Minden, Paderborn, die vorzüglichsten, so wie der abgesetzte Herzog von Bayern, Otto und der Bischof von Halberstadt die Stifter des Bündnisses gegen Heinrichen waren, schworen einander aufs feyerlichste zu, Blut und Leben und alles zu wagen, um die Freyheit der Sachsen und Thüringer gegen des Königs Bedrückungen und Unmassungen zu erhalten. Ein Heer von mehr als 60000 Mann sammelte sich bey Haldensleben*) und war bereit, im Nothfalle sich Heinrichen entgegen zu stellen. Doch wollte man erst noch einmal den Weg der Güte versuchen. Man schickte Abgeordnete an Heinrichen, welcher sich gerade zu Goslar aufhielt. Diese verlangten unter andern im Namen der Verbundenen: Heinrich solle seine schlechten Rathgeber und bösen Lieblinge fortschaffen, immer den Gesetzen und altem Herkommen gemäß regieren, die Reichsfürsten bey dem

*) Im heutigen Herzogthume Magdeburg.

Regierungsangelegenheiten sein zu Rathe zu ziehen, die Bergschlösser wieder niederreissen lassen, nicht immer in Sachsen sich aufhalten, die Maitressen fortjagen und seine rechtmäßige Gemahlin gehörig lieben und ehren, überhaupt ein besseres und regelmäßigeres Leben führen, da er ja nun aus den Jahren der Jugend, als den Jahren des Leichtsinns und der Flatterhaftigkeit heraus sey. Dabey erklärten die Abgeordneten, daß zwar ihre Nationen und die Fürsten ihm den Eid der Treue geschworen hätten, aber nur unter der Bedingung und Voraussetzung, daß er gerecht regieren werde. Wollte er selbst aber sein Versprechen nicht halten: so wären auch sie an ihr Versprechen nicht länger gebunden, würden vielmehr ihn, als einen Feind der Kirche und ihrer Freyheit, bekriegen und den letzten Blutstropfen für ihre Freyheit und ihren Glauben aufopfern. Da Heinrich IV. auf eine solche Erklärung nicht den Entschluß faßte, welcher der Gerechtigkeit sowohl, als der Klugheit, gemäß gewesen wäre: so fingen die Sachsen und Thüringer an Gewalt zu brauchen. Heinrich kam dadurch in eine so üble Lage, daß er sich genöthigt sahe nachzugeben. Er mußte die Zerstörung seiner vesten Bergschlösser zulassen, auf die man schon gleich nach dem Ausbruche der Feindseligkeiten

los

aufgezogen war. Zu den Schlössern, welche die Zerstörung traf, gehörten unter andern die vesten Schlösser Helmburg*), Asseburg**) und Spatenburg***). Am meisten aber schmerzte Heinrichen die Zerstörung seiner schönen Burg Harzburg****), welche er nicht nur aufs beste bevestigt, sondern auch mit einer Kirche und andern Gebäuden gar schön ausgeschmückt hatte. Er mußte die Zerstörung dieses vesten Schlosses vermöge eines Vergleiches bewilligen, den er mit den Sachsen und Thüringern, um dem Kriege ein Ende zu machen, geschlossen hatte. Vermöge dieses Vergleiches sollten freylich eigentlich nur die Festungswerke zerstört und die schönen Gebäude unversehrt gelassen werden. Aber ein Haufen wilden Sächsischen Pöbels ging weiter, zerstörte alles, die Kirche und die andern Gebäude von Grund auf, und verschonte sogar die Gräber der königlichen Familie nicht. Darüber wurde nun Heinrich IV. äußerst aufgebracht, und beschloß zu seinem eigenen Unglücke die blutigste Rache an den Sachsen zu neh-

*) Im heutigen Braunschweigischen Amte Helmburg.
**) In der heutigen Grafschaft Mansfeld.
***) Im heutigen Schwarzburgischen Amte Sondershausen.
****) Im heutigen Fürstenthum Wolfenbüttel, beym Flecken Neustadt.

nehmen, ungeachtet die Sächsischen Fürsten be=
theuerten, daß die Verwüstungen auf der Harz=
burg wider ihren Willen geschehen wären und
Heinrichen die vollkommenste Genugthuung ver=
sprachen. Er verklagte die Sachsen als Kirchen=
schänder beym Papste, fand unter den Fürsten der
übrigen Völker Deutschlands einen starken An=
hang, indem er ihnen versprach, die Länder der
Sachsen und Thüringer mit ihnen zu theilen,
wenn sie ihm zur Besiegung derselben behülflich
wären. Durch allerley Kunstgriffe suchte er das
Bündniß der Sächsischen und Thüringischen geist=
lichen und weltlichen Herren gegen ihn zu schwä=
chen. Viele Sachsen und Thüringer verlohren
aus Aberglauben den Muth, indem sich hin und
wieder Gerüchte verbreiteten, daß die Kreuze auf
den Altären geschwitzt, daß der Abendmahlswein
sichtbar vor den Augen der Communicanten sich
in Wein verwandelt habe und was dergleichen
Dinge mehr waren.

(Die Fortsetzung folgt.)

Der Bote aus Thüringen.

Zwey und zwanzigstes Stück.

1796.

Fortsetzung der Geschichte der Deutschen.

Die Sachsen und Thüringer wollten sich nun mit Heinrichen in Güte vergleichen; aber dieser wollte nichts mehr von einem gütlichen Vergleiche hören. Die Verwerfung aller gemäßigten Friedensvorschläge gab endlich den Sachsen und Thüringern aufs neue Muth. Es rückte ein starkes Heer derselben gegen Heinrichen aus. Aber Heinrichs bey weitem stärkere Armee schlug im Jahre 1075 die Sachsen und Thüringer nach einem hartnäckigen Widerstande bey Langensalza. Heinrichs Leute richteten darauf große Verwüstungen besonders in Thüringen an, und die Thüringer und Sachsen sahen sich endlich doch noch in dem nämlichen Jahre genöthigt, sich Heinrichen zu unterwerfen. Die Erzbischöfe von Mainz und Salzburg*) waren

*) Ein Erzbisthum im heutigen Bayerschen Kreise.

Juni 1796.

waren nebst dem Herzoge von Lothringen die Unterhändler, und versprachen den gegen Heinrich IV. verbundenen Fürsten, wenn sie sich persönlich an Heinrichen ergeben würden, Sicherheit für ihr Leben, für ihre Ehre, Güter und Freyheit. Bey dem Dorfe Spira*) auf einem Felde an dem Flüßchen Helbe überlieferten sich freywillig mehrere Sächsische und Thüringische Fürsten, im Angesicht der ganzen Armee, mit schwerem Herzen dem Könige in die Hände. Anstatt ihnen aber, der Zusage der Friedensvermittler gemäß, die Freyheit zu geben, ließ Heinrich sie gefangen nehmen, und übergab sie seinen Getreuen in verschiedenen Provinzen in und ausserhalb Deutschland zur Verwahrung. Kein Bitten, keine Vorstellungen, kein Erinnern an das ihnen gethane Versprechen konnte Heinrichen bewegen, die gefangenen Fürsten wieder los zu geben. Dieses treulose Verfahren erbitterte nicht nur die Sachsen und Thüringer aufs neue gegen Heinrichen, der sie noch ausserdem durch neue Bedrückungen zur Empörung reizte, sondern auch mehrere Fürsten der übrigen Deutschen Nationen verliessen einer nach dem andern des Königs Parthey. Die mächtigen Herzoge von Bayern, Schwaben und Kärnthen hatten, schon vor dem Friedensschlusse, mit
den

*) Im Schwarzburgisch-Sondershausischen.

den Sachsen und Thüringern, Heinrichen verlassen, indem sie vorgaben, er gehe zu hart mit den Sachsen um. Das anhaltende Verweigern, die gefangenen Sächsischen Fürsten in Freyheit zu setzen, entzog ihm in der Folge immer mehrere seiner Anhänger. Ja endlich trat sogar der Papst gegen ihn auf, und machte mit den misvergnügten Deutschen Fürsten gemeinschaftliche Sache gegen ihn, wodurch dieser vollends das noch übrige wenige Zutrauen der Deutschen Fürsten verlohr.

Damals war Papst Gregor VII. Er war ehemals ein Mönch gewesen und hatte Hildebrand geheissen; als heiliger Vater aber hatte er den Namen Gregor VII. angenommen. An Schlauheit, Ehrgeitz und Herrschsucht hat er alle andere Päpste übertroffen. Zur Zeit, als er die päpstliche Würde antrat, war das päpstliche Ansehen und Gewalt schon ungemein hoch gestiegen. Aber er hatte gar das Plänchen, den Papst, wo möglich, zum Gebieter aller Könige, Fürsten und Völker, nicht nur in geistlichen, sondern auch in weltlichen Dingen, zu machen. Er behauptete geradezu, die Päpste hätten, als Nachfolger des Apostels Petrus, von dem man damals glaubte, er sey der erste Bischof zu Rom gewesen, die Macht, Könige nach Belieben ein und abzusetzen, und weltliche Reiche und Herrschaften

schaften nach ihrem Gutdünken zu vergeben. Diese Behauptung suchte er sogar aus der Bibel zu beweisen.

W. Er spaßt wohl, Herr Gevatter!

B. Nichts weniger als das. Denn wie manches ist nicht schon aus der Bibel bewiesen worden, wovon man im Grunde, wenn man ein wenig über das, was man ließ, nachdenken will, in der Bibel nicht mehr Beweis findet, als von jener Behauptung.

W. Aber den Beweis des heiligen Vaters für seine Behauptung möchte ich doch wirklich gern wissen.

B. Damit kann ich dienen. Hat nicht unser Herr Jesus Christus, sagte der Papst Gregor VII., den Aposteln die Macht gegeben, auf der Erde und im Himmel zu binden und zu lösen, d. i. Sünden zu behalten und zu vergeben. Was ist denn aber wohl wichtiger, ein Land zu vergeben, oder jemanden von Sünden loszusprechen? Natürlich doch das letztere. Also müssen die Apostel welche die Macht haben, das Schwerere und Wichtigere zu thun, doch wohl auch die Gewalt erhalten haben, das Leichtere und weniger Wichtigere zu thun. Also auch der Papst, welcher ja der Nachfolger des Petrus, des größten Apostels, ist, indem Jesus Christus diesem verheissen hat,

auf

auf ihn seine Kirche zu gründen. Nun läßt sich der Beweis nicht hören?

W. Höre läßt er sich freylich wohl. Aber wenn diese Art zu beweisen gelten und richtig seyn sollte: so wollte ich aus der biblischen Stelle: die Erde ist des Herrn, mit wenig Worten sehr einleuchtend beweisen, daß mir, seinem lieben Gevatter, ganz Deutschland, ja ganz Europa, ja sogar die ganze Erde gehöre.

B. So ungereimt auch mit Recht dem Herrn Gevatter der Beweis des Papstes vorkommt: so glaubten doch wirklich damals viele Leute, der Papst habe vollkommen Recht, wie wir bald sehen werden. Schon ehe noch Gregor VII. selbst Papst geworden war, hatte er aus allen Kräften immer dahin arbeiten helfen, die Macht des Papstes zu erhöhen. Noch eifriger konnte er nun daran arbeiten, als er im Jahr 1073 selbst Papst geworden war. Dieß hatten viele befürchtet. Daher war man auch, und besonders in Deutschland, sehr erschrocken, als die Nachricht von seiner Wahl ankam. Weil seine Erwählung, ohne Heinrichs IV. Einwilligung, ohne welche sie eigentlich nicht gültig seyn konnte, geschehen war: so wollte anfänglich Heinrich den Gregor VII. nicht für einen rechtmäßigen Papst anerkennen. Aber dieser wußte durch kluge Nachgiebigkeit

Heinrichs Unwillen zu besänftigen. Im Herzen aber mochte er wohl seitdem eben nicht die freundschaftlichsten Gesinnungen gegen Heinrichen hegen. Als er Papst geworden war, war das gegenseitige Misvergnügen zwischen Heinrichen und den Sachsen und Thüringern schon sehr groß, und die Unruhen kamen bald zum Ausbruche. Gregor VII. erbot sich zur Schlichtung des Streites beyder Partheyen, und erhob auch bald selbst große Klagen gegen Heinrichen. Bisher hatten die Deutschen Könige, gleich andern Königen in andern Ländern, in Deutschland und als Oberherren von Italien, auch in diesem Lande, die Bischöfe theils selbst ernannt, theils doch ihre Wahl, wenn sie gültig seyn sollte, bestätigen müssen, und weil zu den Bisthümern viele Güter gehörten, ihnen durch Ueberreichung eines Ringes und des sogenannten Hirten- oder Bischofstabes das Recht der Verwaltung der zu ihren Bisthümern gehörigen Güter ertheilt, welches man die Investitur oder die Belehnung mit Ring und Stabe nannte. Bisweilen war es auch wohl geschehen, daß die Könige bey der Wahl der Bischöfe nicht auf wirkliche Verdienste und Geschicklichkeiten gesehen, sondern diese wichtigen Würden an ihre Lieblinge, oder an die vergeben hatten, welche ihnen oder ihren Räthen das meiste Geld

Geld gaben. Dieß letztere wollte nun Gregor VII. nicht leiden, weil er es mit Recht für Unrecht ansah. Aber er blieb dabey nicht stehen, sondern machte auch überhaupt die Ernennung der Bischöfe und das Belehnungs- oder Investiturrecht den weltlichen Fürsten streitig, weil nach seiner Meynung dem Papste allein alle Oberherrschaft über die Geistlichkeit zugehöre. Er befahl daher sowohl den Bischöfen, sich nicht mehr von den weltlichen Fürsten ernennen und belehnen zu lassen, als auch den weltlichen Fürsten, sich um die Ernennung und Belehnung der Bischöfe weiter nicht mehr zu bekümmern. Was die Regenten ausser Deutschland hierbey thaten, geht uns weiter nichts an, sondern nur, wie sich bey diesem Befehle Heinrich IV verhielt. Dieser achtete auf des Papstes Befehl nicht, ungeachtet dieser schon mehrere seiner Räthe in Bann gethan hatte; sondern fuhr vielmehr fort, nach wie vor, die Bischöfe zu ernennen und mit Ring und Stab zu belehnen. Da forderte Gregor VII. den Kaiser Heinrich IV. zur Verantwortung nach Rom, und drohete, im Fall er nicht vor ihm erscheinen und sich wegen Uebertretung seiner Befehle rechtfertigen würde, ihn selbst mit dem Kirchenbanne, d. i. mit der gänzlichen Ausschließung aus der christlichen Kirche*) zu belegen.

*) Ein Mensch, der in Kirchenbann gethan war, war

legen. Heinrich machte sich so wenig aus des Papstes Drohung, daß er sogar eine Versammlung der Deutschen Bischöfe nach Worms zusammenberief, auf derselben seine Heiligkeit förmlich absetzen ließ, und die Nachricht davon nach Rom schickte. Dieß fiel nun gerade in die Zeit, in welcher das Mißvergnügen der Sachsen und Thüringer, weil Heinrich IV. ihre bey Spira so treulos gefangen genommenen Fürsten nicht wieder losgeben wollte, aufs neue sehr überhand genommen, und sogar mehrere andere mächtige Fürsten Deutschlands sich gegen Heinrichen und zu Gunsten der Sächsischen Fürsten erklärt hatten.

(Die Fortsetzung folgt.)

wurde von allen Christen verabscheuet, durfte an keiner gottesdienstlichen Versammlung Theil nehmen, und wurde so lange für einen von Gott Verworfenen, mit dem Niemand umgehen mochte noch durfte, angesehen, bis der Kirchenbann wieder aufgehoben war.

Nachricht.

In einigen Exemplaren des vorigen Ein und zwanzigsten Stückes ist ein lächerlicher Druckfehler stehen geblieben. Wer nun ein solches Exemplar bekommen hat, muß in demselben auf der Seite 168 in der vorletzten Zeile statt: in Wein verwandelt lesen: in Blut verwandelt habe.

Der Bote aus Thüringen.

Drey und Zwanzigstes Stück.

1796.

Fortsetzung der Geschichte der Deutschen.

Die äußerst mißlichen Umstände, in welchen Heinrich IV. sich befand, waren dem Papste Gregor VII. sehr wohl bekannt. Die Nachricht, daß er durch den Kaiser und die Deutschen Bischöfe seiner Würde entsetzt sey, schlug daher seinen Stolz und seine Kühnheit keinesweges nieder; vielmehr wurde er um desto erbitterter gegen den Kaiser, und that einen Schritt, der die ganze Christenheit in Erstaunen setzte, und den Kaiser zu einem der unglücklichsten Menschen seiner Zeit machte. So bald er die Nachricht von seiner Absetzung erhielt, sprach er vor einer zahlreichen Versammlung zu Rom den Bannfluch über den Kaiser und seine Rathgeber und Anhänger aus, und die Deutschen vom Gehorsam und der Treue gegen ihn los. Diese Kühnheit könnte uns jetzt, da der Papst so viel von seiner alten Gewalt verlohren

lohren hat, fast unglaublich scheinen. Aber dem ungeachtet ist und bleibt es wahr. Folgendes waren die eigenen Worte desselben: "Im Namen "des allmächtigen Gottes, sprach er, verbiete ich "dem Könige Heinrich, der sich mit unerhörtem "Hochmuth gegen die Kirche empört hat, die "Regierung des Deutschen und Italiänischen "Reiches, und spreche alle Christen von dem Eide "los, den sie ihm geleistet haben oder noch leisten "werden; ich verbiete, daß ihm Jemand als einem "Könige diene, und anstatt des heiligen Apostels "Petrus belege ich ihn mit dem Bannfluche." Ja der Papst bedrohete auch alle diejenigen mit dem Banne, welche noch fernerhin mit dem Kaiser Heinrich Gemeinschaft haben und ihm Treue und Gehorsam leisten würden. Den Sachsen und Thüringern und andern Gegnern Heinrichs war dieser über ihren größten Feind ausgesprochene Bannfluch eben recht. Gar manche von denen, die etwa noch bisher ein wenig Zuneigung und Zutrauen zu dem Kaiser gehabt hatten, verloren beyde nun vollends, und wer es bisher noch nicht gewagt hatte, sich öffentlich für seinen Feind zu erklären, that es nun ohne Scheu. Die hier und da in Verwahrung gehaltenen Sächsischen Fürsten wurden freygegeben, und ein förmlicher Aufstand der Sachsen und anderer Deutschen Fürsten erfolgte.

Kein

Kein Versprechen Heinrichs, den bisherigen Beschwerden abzuhelfen, konnte die gegen ihn aufgebrachten Deutschen Fürsten ganz besänftigen, und nur mit vieler Mühe gelang es ihm endlich, daß man ihm doch erlaubte, als Privatmann zu Speyer zu leben, sein ferneres Schicksal dem Ausspruche des Papstes zu überlassen, den man auf einen binnen einem Jahre zu haltenden Reichstag einladen wollte; während dieser Zeit sollte aber der Kaiser sich vom Kirchenbanne frey zu machen suchen, woferne er nicht auf immer der Regierung des Reichs verlustig gehen wollte. Heinrich hielt es für sehr bedenklich, die Ankunft des Papstes in Deutschland zu erwarten; überdieß mußte ihm alles daran gelegen seyn, nur ja recht bald vom Kirchenbanne wieder freygesprochen zu werden. Daher entschloß er sich, gegen sein Versprechen, von Speyer nach Italien zu geben, wohin auch andere reisten, die mit ihm zugleich mit dem Banne belegt waren und nun sehnlichst wünschten, von demselben wieder befreyt zu seyn. Mit einem geringen Gefolge und begleitet von seiner Gemahlin reiste er von Speyer ab. Weil die Deutschen Fürsten des Kaisers Reise nach Italien befürchtet hatten, so hatten sie ihm fast überall den Weg nach Italien durch Truppen zu versperren gesucht. Mit großer Lebensgefahr und unzählichen Mühseligkeiten mußte er, mitten im rauhen Winter, über hohe, mit Schnee und Eis bedeckte Berge nach Italien zu kommen suchen. Seine Gemahlin und ihre Begleiterinnen waren so gar genöthigt, sich in Ochsenhäute einnähen zu lassen, um auf diese Weise über die gefährlichen Berge hinüber zu kommen, und die Pferde mußten theils mit Maschinen hinuntergelassen, theils mit zusammengebundenen Füßen hinuntergeschleppt werden. Kaum aber war Heinrich in Italien angelangt, und seine Ankunft dort bekannt geworden: so eilten von allen Seiten Leute herbey, die ihn gar freundlich aufnahmen, und ihm Beystand und Hülfe gegen seine Feinde versprachen. Die Italiäner glaubten, Heinrich käme den Papst Gregor VII., den sie gar nicht liebten, abzusezen. In kurzer Zeit hatte sich ein ansehnliches Heer Krieger bey Heinrichen versammelt, das bereit war, für ihn zu fechten

Der Papst hatte unterdessen auch Nachricht von Heinrichs Ankunft bekommen, und es wurde ihm dabey gar nicht wohl zu Muthe. Schon war er von Rom abgereist, um auf den Reichstag nach Augsburg zu gehen. In der Eil begab er sich also auf den Rath und in Begleitung seiner guten Freundin, einer gewissen reichen und mächtigen Italiänischen Markgräfin, Namens Mathilde,

nach

nach dem festen Schlosse Canossa. Hier wollte er
denn abwarten, was der Kaiser etwa unternehmen möchte, ob er demüthig ihn um Verzeihung bitten, oder Gewalt gegen ihn brauchen
werde. Des letztern wegen hätte er nur ganz
ruhig seyn können. Der Kaiser war jetzt nichts
weniger Willens, als Gewalt zu brauchen. Vielmehr ließ er gar demüthig den Papst um Lossprechung vom Banne ansiehen. Nun bekam Seine
Heiligkeit auf einmal den alten Muth und die
vorige Kühnheit wieder. Mehr als einmal schlug
Gregor dem Kaiser das Gesuch um Befreyung
vom Banne rund ab. Aber auf vieles Zureden
seiner geliebten Freundin Mathilde bewilligte er
endlich, daß der Kaiser zu ihm nach Canossa kommen und sich die Lossprechung vom Banne selbst
hohlen sollte. Heinrich IV. machte sich also auf
den Weg. Wie er bey Canossa ankam, mußte
er aber vor dem Thore der ersten Mauer nicht
nur seine Begleiter, sondern auch alle Zeichen seiner königlichen Würde, zurücklassen, mußte sein
königliches Kleid ausziehen und statt dessen sich in
ein härenes Bußkleid hüllen. Doch dieß war noch
nicht Demüthigung genug. In diesem Anzuge und
mit bloßen Füßen mußte er, der an Würde und Range der erste Monarch Europas war drey Tage hinter
einander, bey rauher Witterung, zwischen den beyden

Z 3   Schlösmauern stehen, ehe er vorgelassen wurde. Nicht die demüthigsten Bitten Heinrichs und anderer Personen, selbst nicht das Flehen und die Thränen seiner Herzensfreundin Mathilde konnten den stolzen herrschsüchtigen Gregor zum Mitleiden bewegen. Erst am vierten Tage gab er dem Kaiser Gehör. Dieser mußte nun feyerlich dem Papste vollkommenen Gehorsam versprechen; er mußte versprechen, alle seine vorigen Rathgeber nie mehr zu Rathe zu ziehen, sich aller Regierungsgeschäfte und der königlichen Ehrenzeichen und Rechte so lange zu enthalten, bis erst durch den Papst entschieden worden wäre, ob er König bleiben könne oder nicht. Zugleich erklärte der Papst, daß im Falle Heinrich alle diese Zusagen nicht halten würde, so sollte er auf immer der Königswürde verlustig, die Lossprechung vom Kirchenbann, die er nun erhalten solle, völlig ungültig seyn, die Deutschen Fürsten aber einen andern König sich wählen dürfen. Erst nachdem Heinrich alles dieß versprochen und in alles eingewilliget hatte, wurde der über ihn ausgesprochene Bannfluch aufgehoben. Hierauf hielt der Papst eine feyerliche Messe, wobey er den Kaiser aufs neue ganz gewaltig in Angst versetzte. Der Kaiser hatte dem Papste ehemals allerley Verbrechen vorgeworfen. Da wollte nun dieser seine völlige Unschuld nach einer

damamaligen Sitte beweisen. Er nahm nämlich ne geweihte Hostie, brach diese in zwey Theile id sprach: "Sieh! hier ist der Leib des Herrn, Gott sey Zeuge meiner Schuld oder Unschuld, bin ich der vorgeworfenen Verbrechen schuldig, so lasse er mich eines plötzlichen Todes sterben." Nach diesen Worten aß er den einen heil der Hostie: "Nun mein Sohn, redete er rauf Heinrichen an, indem er ihm den andern heil der Hostie reichte, "Die Deutschen Fürsten haben so laute Klagen gegen dich erhoben, haben dich so vieler schwerer Vergehungen beschuldigt, daß du nach ihrer Meynung nicht nur der Regierung, sondern auch der Gemeinschaft mit der christlichen Kirche und alles Umganges mit Christen verlustig seyn müßtest. Sie haben mich ehr dringend gebeten, ihre Klagen zu untersuchen und dann ein Urtheil über dich zu sprechen. Ich wünsche dein Bestes, da du in deiner Noth u mir deine Zuflucht genommen hast. Nimm also, wenn du dich unschuldig weißt, den andern Theil des gesegneten Leibes Christi und er beweise dann deine Unschuld." Der Papst war nur zugut von der Schuld Heinrichs, wenigstens Ansehung einiger über ihn geführten Klagen erzeugt, und sein Betragen hiebey war also hts weiter, als die heuchlerischste Verstellung,

Z 4　　　wo-

wodurch er den schon ohnedieß so sehr gebeugten Kaiser nur noch mehr quälen wollte. Aber Heinrich wagte es nicht, die Hostie zu essen.

W. Das beweist doch wohl offenbar, daß sich Heinrich nicht viel Gutes bewußt seyn mochte?

B. Das mag immerhin seyn; aber obgleich Gregor VII. mit vollkommener äussern Ruhe die Hostie aß und wirklich auch nicht plötzlich starb, so beweist dieß doch immer noch nicht seine Unschuld. Der Papst hatte vielleicht nur ein verhärteteres Gewissen, als der Kaiser Heinrich IV. Denn wie mancher grobe Verbrecher leugnet mit der größten Standhaftigkeit und äussern Ruhe seine Verbrechen ab, wann auch noch so viel gültige Beweise gegen ihn da sind.

Kaiser Heinrich reiste nun wieder von Canossa ab. Laß der Herr Gevatter uns doch sehen, wie er sein Versprechen hielt.

(Die Fortsetzung folgt.)

Der Bote aus Thüringen.

Vier und Zwanzigstes Stück.

1796.

Fortsetzung der Geschichte der Deutschen.

Wenn der Herr Gevatter auf Kaiser Heinrichs bisheriges Verhalten ein wenig Achtung gegeben hat: so wird er schon mit ziemlicher Wahrscheinlichkeit vermuthen können, daß Heinrich schwerlich sehr ernstlich entschlossen gewesen seyn wird, das Versprechen zu halten, welches er dem Papste gethan hatte. Es kam aber noch ein besonderer Umstand dazu, der ihn vollends gar bald dahin brachte, sein Wort zu brechen. Die Italiäner, welche ihn bey seiner Ankunft in ihrem Lande so sehr freundlich aufgenommen hatten, wurden äusserst erbittert auf ihn, als sie hörten, daß er sich so sehr vor dem Papste, ihrem Feinde, gedemüthiget hatte. Sie wollten ihn gar nicht mehr für ihren Oberherrn erkennen. Nur dann erst söhnten sie sich wieder mit ihm aus, als er ihnen zu verstehen gab, er sey gar nicht Willens, dem Papste sein Versprechen zu halten.

Die Deutschen Fürsten aber dachten über Heinrichs Demüthigung ganz anders. Denen war nichts angenehmer, als die Nachricht, wie sehr sich ihr Feind, der Kaiser, vor Gregorn VII. habe erniedrigen, wie demüthig er seine Befreyung vom Kirchenbanne habe suchen müssen. Sie trafen alle Zubereitungen, den Reichstag in Augsburg zu halten, auf welchem es wohl, nach ihrer Meynung, Heinrichen nicht zum Besten gehen sollte. Aber zu ihrem Verdruß konnte der Papst nun nicht dort erscheinen, denn der Kaiser hatte ihm den Weg nach Deutschland versperrt. Auch erklärte Heinrich, daß er selbst unmöglich auf den Reichstag kommen könnte. Diese Weigerung, sich nach Augsburg zu stellen, brachte die Deutschen Fürsten so auf, daß sie auf einer Versammlung zu Forchheim*) den abwesenden Heinrich absetzten, und Statt seiner den Herzog Rudolf von Schwaben zu ihrem neuen Könige wählten.

Nun hatte also Deutschland gar zwey Könige, und es kam jetzt darauf an, welcher von beyden sich in seiner Würde gegen den andern behaupten würde. Auf Rudolfs Seite waren freylich viele

geistli

---

*) Im Bisthume Bamberg im heutigen Fränkischen Kreise.

geistliche und weltliche Herren Deutschlands, dagegen aber hatte Heinrich doch auch unter den Fürsten einigen Anhang, überdieß die Italiäner auf seiner Seite, und in Deutschland waren besonders die Bürger mehrerer angesehenen Städte z. B. Köln, Mayaz, Worms, Speyer, seine sehr guten Freunde, weil er immer den Bürgern sehr günstig gewesen war, und sie gegen die Bedrückungen der geistlichen und weltlichen Herren zu schützen gesucht hatte. So bald Heinrich etwas von seiner Entsetzung und der Wahl eines neuen Königs gehört hatte, machte er sich schleunigst nach Deutschland auf, brachte hier ein Heer zusammen, unter denen sich besonders sehr viele Kaufleute befanden, und marschirte auf seinen Gegenkönig Rudolf los. Dieser, ebenfalls ein tapferer Herr, hatte vorzüglich die Sachsen und Schwaben zu seinen Anhängern, und zog sich nach Sachsen, dem Hauptsitze seiner Anhänger, zurück.

W. Auf wessen Seite schlug sich denn der heilige Vater?

B. Dieser Herr war von jeher ein Politikus, und drehte immer den Mantel sein nach dem Winde. Er erklärte sich geradezu für keinen von beyden. Im Grunde wollte er es erst abwarten, auf wessen Seite sich eigentlich das Glück neigen würde. Daß er es übrigens im Herzen unmög-

lich mit Heinrichen halten konnte, war wohl sehr
natürlich. Die Sachsen, welche ein gerades,
offenherziges Betragen liebten, waren mit der
Handlungsweise des heiligen Vaters gar nicht zufrieden. Sie verlangten, daß er, seiner mit ihnen
eingegangenen Verbindung gemäß, sich geradezu
für Rudolfen erklären sollte, und da er sich dazu
anfänglich gar nicht verstehen mochte: so gaben sie ihm, in mehr als einem Briefe, derbe Pil-
len zu verschlucken.

Heinrichs und Rudolfs Heere hatten endlich
allerley ernsthafte Auftritte mit einander, und des
erstern Truppen erlitten endlich eine harte Niederlage. Dieser Umstand gab denn auch Gregorn VII. Muth genug, aufs neue gegen Kaiser
Heinrichen loszudonnern. Nun erst erklärte er
sich ohne Zurückhaltung für den König Rudolf,
schickte ihm eine Krone, versprach seinen Unternehmungen alles Heil und Segen und seinen Anhängern, wegen ihrer Treue, gewisse Vergebung
aller ihrer Sünden. Dagegen erklärte er Kaiser
Heinrichen, als einen Meineidigen und Ungehor-
samen, aufs neue für abgesetzt, that ihn aufs neue
in den Kirchenbann, sprach wieder alle Christen
von den demselben geleisteten Eiden der Treue und
des Gehorsams los, und wünschte demselben im
Kriege alles Unglück auf den Hals. Dem Kaiser

Er Heinrich war indessen vor allen diesen herrlichen Wünschen, Drohungen und Aussprüchen nicht im Mindesten bange, vielmehr vergalt er Gleiches mit Gleichem, und setzte, auf einer Versammlung der ihm treuen Bischöfe, seine Heiligkeit ebenfalls zum zweyten Male ab. Er ging darauf seinem Gegner Rudolf aufs neue zu Leibe, und im Jahre 1080 lieferte er beym See Gra ba *) demselben wieder eine Schlacht, die er zwar verlohr, aber doch das dabey gewann, daß er von sein tapfern Gegner befreyt wurde. Es wurde nämlich im Treffen Rudolfen nicht nur die rechte Hand abgehauen, sondern auch eine so schwere Wunde im Unterleibe beygebracht, daß er bald daran seinen Geist aufgeben mußte. Rudolfs Leichnam wurde in der Stiftskirche zu Merseburg, unter großen Klagen seiner Anhänger, begraben, und sein Grabmal, wie auch die ihm abgehauene rechte Hand, wird noch bis auf den heutigen Tag zu Merseburg gezeigt. Als Heinrich einige Zeit nach jener Schlacht an seines Feindes Begräbnißort kam, riethen ihm einige von seinem Gefolge, den Leichnam Rudolfs wieder ausgraben

*) Die Lage dieses Sees ist nicht gewiß bekannt; man glaubt, er habe im heutigen Obersächsischen Kreise, zwischen dem Weissenfelsischen Flecken Droßig und der Stadt Gera im Voigtlande gelegen.

zu lassen; aber er antwortete sehr edelmüthig: ich wünsche, daß alle meine Feinde ein so herrliches Grabmal haben möchten. Die Zahl der Anhänger Heinrichs nahm nach Rudolfs Tode immer mehr zu, und da er vor der Hand in Deutschland nicht mehr viel von seinen Feinden besürchtete: so sann er nur darauf, sich an dem Papste nachdrücklich zu rächen. Es gelang ihm auch, Troz der Drohungen und Unglücksprophezeyungen, die Gregor VII. gegen ihn ausgesprochen hatte, diesen alten Herrn so in die Enge zu treiben, daß er nur mit genauer Noth noch seinen Händen entwischen konnte, die ihm gewiß nicht sehr zärtlich begegnet haben würden. Ja endlich entriß gar der Tod Gregorn glücklicher Weise der Erde, wo er durch seine unmäßige Herrschsucht so unendlich viel Böses gestiftet hat, dessen bittere Folgen noch heut zu Tage viele Tausende schwer empfinden müssen, und, Gott nur weiß, wie lange noch, fühlen werden. Vor etwa 200 Jahren hat ihn einer seiner Nachfolger unter die Zahl der Heiligen versetzt, und ein anderer hat in diesem Jahrhunderte zu Gregors Andenken ein Fest angeordnet, das in der ganzen katholischen Christenheit gefeyert werden sollte; aber in manchen Ländern, wie z. B. in Frankreich und Deutschland wurde es von den Regenten zu feyern verboten. Ich werde bey einer andern

dern Gelegenheit noch einmal auf diesen Herrn
zu sprechen kommen, und dem Herrn Gevatter mit
einer Einrichtung bekannt machen, die noch jetzt
unter sehr vielen Christen fortdauert, und Gregorn VII. vorzüglich zum Urheber hat.

Einige Jahre daureten zwar noch nach Rudolfs
Tode die innern Unruhen, welche der Papst gar mächtig zu befördern suchte, in Deutschland fort; aber
Kaiser Heinrich IV. hatte nun doch schon so sehr
die Oberhand wieder erhalten, daß endlich ein
Friede zwischen den streitenden Partheyen gegen das
Jahr 1090 auf einige Zeit zu Stande kam.
Aber leider war er von keiner langen Dauer.
Der schlimmste Feind Heinrichs, der Papst, war
immer noch unbesiegt. Denn obgleich Gregor VII.
todt war, so befolgten doch seine Nachfolger die
nämlichen Grundsätze, und machten Heinrichen nicht
weniger zu schaffen, als jener es gethan hatte.
Weil der Kaiser den päpstlichen Forderungen
nicht nachgeben wollte, belegten auch Gregors VII.
Nachfolger ihn mit dem Kirchenbanne, und reizte sogar seine Söhne zur Empörung gegen ihren
alten Vater. Die Unruhen, welche anfänglich
nur in Italien fortgedauert hatten, kamen auch in
Deutschland bald wieder zum Ausbruche, und Heinrich sahe sich noch in seinen alten Tagen, zu seiner
größten Betrübnis, genöthiget, sogar gegen seinen

jüngsten Sohn Heinrich zu Felde zu ziehen. Man hatte diesem vorgestellt, er könne, wenn sein Vater im Kirchenbanne bliebe, als der Sohn eines Verbannten, unmöglich einst die Regierung des Reichs übernehmen. Und er war pflichtvergessen genug, lieber der kindlichen Liebe, als der künftigen Regierung zu entsagen. Zwar machte er sich anfänglich einige Bedenklichkeiten, als Empörer gegen seinen eigenen Vater aufzutreten; aber der Papst selbst beruhigte ihn über alle Bedenklichkeiten dadurch, daß er sagte, er sey seinem Vater, als einem Verbannten, keine Treue und Gehorsam mehr schuldig.

(Die Fortsetzung folgt.)

Anatomie, oder Beschreibung vom Baue des menschlichen Körpers, für Schulen u. s. w. von Georg Heinrich Thilow, Doctor zu Erfurt. Dieses gewiß brauchbare Buch enthält nicht allein eine deutliche Beschreibung der wichtigsten Theile des menschlichen Körpers, sondern macht auch dem Leser mit dem Nutzen und den Verrichtungen der so mannichfaltigen und künstlichen Werkzeuge unserer Maschine auf eine faßliche Art bekannt. Zugleich nimmt der Verf. Gelegenheit, in den zahlreichen erläuternden Anmerkungen, heilsame Vorschriften zur Erhaltung des edelsten Guts der Welt, der Gesundheit, und zur Abwendung so mancher Gefahren, welchen wir uns terworfen sind und durch Vorsicht meistentheils entgehen können, gehörigen Orts zu ertheilen, den Aberglauben zu steuern, und so der verderblichen Quacksalberey entgegen zu arbeiten.

Der Bote aus Thüringen.

Fünf und zwanzigstes Stück.

1796.

Fortsetzung der Geschichte der Deutschen.

Von Tage zu Tage traten immer mehrere zur [Par]they des pflichtvergeßnen Sohnes über, und [de]r alte Kaiser kam wieder sehr ins Gedränge. [Au]f einem Reichstage zu Mainz, den der treulose [S]ohn dahin ausgeschrieben hatte, sollten alle Miß[he]lligkeiten, wie man vorgab, in Richtigkeit ge[br]acht werden. Aber da sich Heinrich IV. davon [ga]r nicht viel Gutes für sich versprach, so zog er [mi]t einem Heere nach Mainz zu. Der Sohn [such]te sich bey Koblenz eine persönliche Unterredung [mi]t dem Vater zu verschaffen. Bey derselben [war]f sich der gebeugte Vater sogar seinem Sohne [zu] Füßen, und bat denselben dringend, zu seiner [k]indlichen Pflicht zurückzukehren. Aber dieser bat [eb]enfalls auf seinen Knieen den Vater, er möch[te] sich doch bequemen, dem Papste nachzugeben [un]d ihn nach Mainz begleiten, wo aller Streit vollkommen entschieden werden könne. Dabey gab er dem alten Vater so viele Verscherungen seiner aufrichtigen Gesinnung und seiner Bereitwilligkeit, sich mit ihm auszusöhnen, daß dieser, auf des Sohnes Zureden, den größten Theil seines Heeres entließ, und nur einige hundert Mann zu seiner Begleitung bey sich behielt. Doch der treulose Sohn ließ bey Bingen seinen Vater gefangen nehmen und endlich nach Ingelheim in Verwahrung bringen, wo er so hart gehalten wurde, daß man ihm nicht einmal Leute zur Reinigung gab, und ihm den Besuch eines Geistlichen verweigerte, den er zu seinem Troste verlangt hatte. Während der Zeit, daß er gefangen gehalten wurde, wurde in Mainz beschlossen, ihn zur Niederlegung seiner Würde zu nöthigen. Heinrich, der Sohn, begab sich selbst zu seinem unglücklichen Vater, und brachte es durch allerley Drohungen dahin, daß dieser im Jahre 1105 die Reichskleinodien herausgab und der Regierung förmlich entsagte, worauf dieselbe Heinrichen, dem Sohne, der, als König Deutschlands, Heinrich der Fünfte heißt, übergeben wurde. Heinrich IV. fand während der Freude, welcher sich zu Mainz die versammelten Fürsten überließen, Gelegenheit, aus seiner Gefangenschaft zu entwischen und langte glücklich in Köln an, wo sich die Bürger sogleich für

lr ihn erklärten. Auch in Lüttich, wohin er sich
on Köln aus begab, fand er an dem Bischofe, ei-
en treuen Anhänger und noch andere Herrn traten
uf seine Seite. Vielleicht wäre es ihm sogar
och einmal gelungen, sich die Regierung wieder
u verschaffen, wenn nicht im Jahre 1106 der
Tod seinem sehr unruhvollen Leben ein Ende gemacht hätte. Glücklicher Weise wurde dadurch
inem neuen Kriege zwischen Vater und Sohne vor-
gebeuget. Kaiser Heinrichs Tod erfolgte zu Lüt-
ich. Der dortige Bischof ließ den Leichnam seines Freundes in der Domkirche zu Lüttich ordentlich begraben. Aber der Papst und andere Bischöfe ruhten nicht eher, als bis er wieder ausge-
graben und auf eine Insel in der Maas gebracht
worden war. Dort ließ man ihn unbeerdigt stehen.

W. Warum geschah denn aber das?

B. Kaiser Heinrich war immer noch im Kirchenbanne, als er starb. Darum, meynte man,
dürfe sein Leichnam auch nicht neben den Leibern
anderer Christen und noch weniger an einem so heiligen Orte ruhen. Ueberhaupt wurde den Leuten,
welche im Banne starben, kein ordentliches Begräbniß zugestanden.

W. Eine so alberne Ursache hätte ich doch wirklich nicht vermuthet. Ich glaubte, man hätte etwa

wa deßwegen Heinrichs Leichnam nicht in der Kirche dulden wollen, weil durch die Ausdünstungen der todten Körper leicht die Luft in der Kirche verunreinigt und ungesund gemacht werden kann. Denn ich weiß, daß heut zu Tage in manchen Gegenden, wo die Leute recht verständig sind, aus dieser Ursache die Leichname nicht mehr in die Kirchen begraben, und überhaupt die Kirchhöfe entfernt von den Wohnsitzen der Menschen angelegt werden.

B Ich muß ihm völlig Recht geben, wenn er die Ursache albern nennt, weßwegen man Heinrichs Leichname ein ordentliches Begräbniß verweigerte. Indessen wird, leider! noch heut zu Tage hier und da bey ähnlichen Fällen nicht vernünftiger gehandelt. Erinnere er sich nur des Betragens mancher Menschen gegen die, welche sich aus Krankheit, aus völliger Zerrüttung ihrer Leibes- und Seelenkräfte, aus Verzweiflung und dergleichen Ursachen selbst ums Leben bringen. Wie mancher dieser Unglücklichen könnte noch gerettet und beym Leben erhalten werden, wenn ihm schleunige Hülfe geleistet würde! Wie mancher Kummer, wie mancher Schimpf und Schande könnte den Anverwandten solcher Unglücklichen erspart werden, wenn man sich verständiger und christlicher bey dergleichen traurigen Vorfällen betrüge! Wie oft muß

man

man aber noch hören, daß Leute aus Unverstand, Vorurtheil und Aberglauben hier und da sich weigern, einem Ertrenkten oder einem andern Selbstmörder zu Hülfe zu eilen und ihn anzurühren, ob sie gleich durch kluge Behandlung ihn wieder zum Leben zurückbringen könnten! Wie oft hört man noch, daß hier und da Unverständige sich weigern, dem Leichname eines Selbstmörders einen Platz auf dem Kirchhofe zu gönnen, oder ihn wohl gar nicht einmal wollen beerdigen helfen. Das ist gewiß eben so arg, wo nicht noch ärger, als wenn man in jenen alten, finstern Zeiten den Leichnam des verbannten Kaisers nicht in der Kirche dulden wollte. Heinrichs Leichnam wurde wirklich nicht eher ordentlich begraben, als bis einige Jahre nachher Kaiser Heinrich V. den Papst dahin brachte, daß er das gegen seinen verstorbenen Vater ausgesprochene Verbannungsurtheil aufheben mußte. Dann erst wurde er in dem Erbbegräbnisse der Fränkischen Kaiser zu Speyer sehr prächtig begraben.

Obgleich Heinrich V., so lange er mit seinem Vater in Streit gelebt hatte, wenigstens dem Scheine nach ein eifriger Freund des Papstes gewesen war: so hörte doch die Freundschaft auf, so bald er nur durch den Tod seines Vaters sich in der Regierung Deutschlands recht festgesetzt hatte.

hatte. Er hatte eben so wenig, als sein Vater, Lust, das bisherige Recht der Deutschen Könige, die Bischöfe zu ernennen, zu bestätigen und mit Ring und Stab zu belehnen, fahren zu lassen. Aber der Papst hatte auch eben so wenig Lust, ihm die Ausübung dieser Rechte zu lassen. Heinrich V. konnte in seiner Lage, da er nicht, wie ehemals sein Vater, die Deutschen Fürsten gegen sich hatte, dem Papste nun eher Trotz bieten. Die Deutschen Fürsten hatten es nur vorher mit dem Papste gehalten, weil sie Heinrich IV. Feinde waren. Sonst aber war ihnen die immer zunehmende Macht des Papstes auch gar sehr zuwider. Die vom Kaiser zu einer Unterredung mit dem Papste abgeschickten Gesandten sagten, als der Papst nicht nachgeben wollte, ihm ganz treuherzig: Nicht hier mit eiteln Worten, sondern in Rom, mit grossem schweren Schwertschlag, solls entschieden werden. Nachdem in Deutschland alles ruhig war, machte auch Heinrich V. sich wirklich mit einem ansehnlichen Heere von Deutschen auf den Weg nach Italien, ließ sich dort von den Italiänischen Fürsten huldigen, und wollte sich nun auch zu Rom vom Papste zum Römischen Kaiser krönen lassen. Dem Papste war bey der Ankunft einer solchen Armee in Italien gar nicht wohl zu Muthe. Er that dem Kaiser

einen dem Anscheine nach sehr billigen Vor‑
schlag, von dem er aber wohl schon wissen moch‑
te, daß er nicht ausführbar sey. Der Kaiser
ließ ihm sagen, er wolle diesen Vorschlag den
deutschen Bischöfen zu überlegen geben. Er
wußte aber schon, daß diese ihn nicht billigen
würden. Unterdessen zog er immer auf Rom
los, und wurde auch dort mit großen Ehrenbezeu‑
gungen aufgenommen. Nun verlangte er, daß
ihn der Papst krönen sollte. Der zur Krönung
bestimmte Tag kam. Der Kaiser und der Papst,
der mit einem zahlreichen Gefolge und viel Volk,
versammleten sich in der Kirche. Da wollte
aber der Papst den Kaiser nicht eher krönen, als
bis dieser den ihm gethanen Vorschlag feyerlich
angenommen haben würde. Das machte Einen
aus dem Gefolge des Kaisers so unwillig, daß er
sein Schwert zog, und dem Papste zurief: Was
brauchts hier vieler Umstände; kurz, unser Kai‑
ser will gekrönt seyn, wie einst Kaiser Karl der
Große und die übrigen Kaiser.

(Die Fortsetzung folgt.)

Von des Herrn Oberconsistorialrath Gelbke
Kirchen‑ und Schulverfassung des
Herzogthums Gotha ist nun des 2ten Theils
erster Band herausgekommen. Der erste enthielt

die Beschreibung des Kirchen und Schulwesens im Herzogthume Gotha überhaupt; im zweyten wird die Verfassung jedes Orts besonders angeführt: Z. E. bey Friemar die Anzahl der Häuser, Gemeindegüter und Gerechtigkeiten; besondere Einrichtung in Kirchen und Schulensachen, Kirchengüter und Erbzinsen, Legate, Pfarrgüter, Schulgüter, Kirche, Kirchstuhlordnung, Thurm und Glocken, Gottesacker, Pfarrgebäude, Schulgebäude, Organisten-Wohnung, Brandassecurationstaxe der geistlichen Gebäude, Bau und Reparaturkosten, Visitationsgebühren, Präsentations und Investiturgebühren, Pfarrer seit der Reformation, Namen der Schulmeister, Cantoren und Organisten, seit der Reformation, Patronatrecht, Gerichtsobrigkeit, Dorfsobrigkeit. — Dieß Buch muß also vorzüglich den Bewohnern des Herzogthums Gotha, die von der Einrichtung ihres Landes nähere Nachricht wünschen, schätzbar seyn, und wird ihnen gewiß bey ihren Zusammenkünften eine angenehme Unterhaltung verschaffen; Predigern und Schullehrern dieses Herzogthums ist es aber unentbehrlich. Da der Hr. Verf. als Oberconsistorialrath, die beste Gelegenheit hatte, aus den sichersten Quellen zu schöpfen: so kann man sich auf die Zuverlässigkeit seiner Nachrichten verlassen.

Der Bote aus Thüringen.

Sechs und zwanzigstes Stück.

1796.

Fortsetzung der Geschichte der Deutschen.

Als nun aber der Papst immer noch nicht den Kaiser krönen wollte: so wurde Seine Heiligkeit nebst den Kardinälen auf kaiserlichen Befehl der Kirche gefangen genommen, und nur dann erst wieder in Freyheit gesetzt, als ein Vergleich zwischen dem Kaiser und dem Papste zu Stande kommen war, in welchem beyde Theile etwas nachgegeben hatten. Der Papst krönte hierauf den Kaiser, und alles schien nun gut zu seyn. Aber es war vorauszusehen, daß der Papst das ihm gewissermaaßen abgezwungene Versprechen eben so wenig halten würde, als ehemals Kaiser Heinrich IV. sein Versprechen Gregorn VII. gehalten hatte. Als überdieß Heinrich V. bey seiner Zurückkunft nach Deutschland mit den Deutschen Fürsten, aus ähnlichen Ursachen, wie ehemals sein Vater, in einen heftigen Streit und Krieg gerieth:

gab dieß dem Papste um so mehr Muth, das gegebene Wort zurück zu nehmen. Durch die päpstlichen Anmaßungen und durch den Krieg mit den Deutschen Fürsten kam Heinrich V. in eine sehr mißliche Lage. Wie manchmal mochte ihm da das Schicksal seines Vaters einfallen und sein schlechtes Betragen gegen denselben, wodurch der unglückliche Zustand seines Vaters so sehr verschlimmert worden war! Zum Glück für ihn wurden endlich seine Gegner, so wie er selbst, des ewigen Streitens müde. Zuerst verglich sich Heinrich mit den Deutschen Fürsten, wodurch in Deutschland endlich, nach so langwierigen innern Kriegen und Unruhen die Ruhe wieder etwas hergestellt wurde. Mit dem Papste schloß Heinrich nicht lange nachher im Jahre 1122 auch einen Vergleich zu Worms, wohin der Papst Gesandte geschickt hatte, welche den über Heinrich V. ebenfalls ausgesprochenen Bann aufheben mußten. In dem Vergleiche wurde festgesetzt, daß künftighin nicht der Kaiser, sondern die vornehmsten Geistlichen der Stifter selbst, ihre Bischöfe, doch aber in Gegenwart des Kaisers oder seiner Gesandten, wählen sollen. Ferner mußte der Kaiser das Recht der Investitur der Bischöfe mit Ring und Stab an den Papst abtreten, wodurch allein den Bischöfen und Aebten ihre

geist-

ischen Würden und Rechte übergeben werden
..en; dagegen war es aber der Papst zufrie-
.., daß der Kaiser das Recht haben sollte, den
.chöfen die Rechte und Vorzüge, welche sie, als
.herrscher der zu ihren Bisthümern gehörigen
..ter und Länder, bisher gehabt hätten, durch
berreichung eines Zepters zu übergeben. Zwey
.hre nach diesem geschlossenen Vergleiche, im
.hre 1124, starb auch Heinrich V., und mit
.m endigt sich die Reihe der sogenannten Frän-
.schen Kaiser.

Der Zustand unsers Vaterlandes und seiner
.ewohner hatte während ihrer Regierung man-
.e wichtige Veränderungen erfahren, obgleich
.eylich nicht alle zum Vortheile desselben gewe-
.n sind. Das Ansehen und die Macht des Reichs-
.berhauptes war, während der innern Unruhen
.nter den Regierungen Heinrichs IV. und Hein-
.ichs V., sehr gesunken, und dadurch der Grund
.u der sehr eingeschränkten Gewalt gelegt wor-
.en, welche noch heut zu Tage der Kaiser, als
.berhaupt des Deutschen Reiches, besitzt. Die
.ewalt, welche seit Otto I. Zeiten die Deutschen
Könige über den Papst gehabt hatten, war fast ganz
.ahin; und in dem ehemaligen Burgundischen
Reiche hatten sie wenig oder fast gar nichts zu
sagen. Dagegen hatte die Gewalt der Herzoge,

E e 2   der

der Markgrafen, der Pfalzgrafen und anderer Grafen, so wie die Macht der Bischöfe, unter jenen innern Unruhen, immer mehr zugenommen. Schon vorher war die herzogliche Würde bey gewissen vornehmen Familien erblich geworden. Nun wurde es auch die Grafenwürde. Vorher waren die einzelnen großen Provinzen Deutschlands, wie ich schon sonst gesagt habe, in viele Gauen eingetheilt gewesen, in welche die Könige die Grafen zu Richtern gesezt hatten, wofür diese mancherley Einkünfte genossen, auch darin ihnen eigenthümlich gehörige Güter hatten. Diese Eintheilung in Gauen hörte nach und nach ganz auf. Die Grafen vererbten nun die Grafschaften oder die Bezirke wo sie das Richteramt im Namen des Kaisers führten, auf ihre Söhne. Auch fingen sie jezt an, sich nach den Schlössern oder Burgen zu nennen, wo sie gewöhnlich zu wohnen pflegten.*) Mehrere der heutigen ansehnlichsten und vornehmsten fürstlichen Familien in Deutschland sind Nachkommen jener Grafen. So stammt z. B. unser Kaiser und seine Familie von den damals lebenden Grafen von Habsburg, der König von Preußen

*) Vorher nannte man sie blos bey ihren Taufnamen, z. B. Graf Friedrich, Graf Konrad: Nun aber erhielten sie von ihren Burgen und Schlössern auch gewisse Geschlechtsnamen z. B. von Kasernburg, von Gleichen.

en von den Grafen von Zollern, die Kurfürstliche und Herzogliche Familie in Sachsen von den Grafen von Wettin her. Der Kurfürst von Pfalzbayern und der Herzog von Zweybrücken haben die alten Grafen von Wittelsbach, und die heutigen Herzoge und Prinzen von Wirtemberg die Grafen von Beutelspach zu Stammvätern. Die Herzoge, Markgrafen, Pfalzgrafen und die Grafen überhaupt machten den so genannten hohen Adel aus. Die übrigen adelichen Familien hiesen der niedere Adel, und fingen jetzt auch an, besondere Geschlechtsnamen zu führen. Sie nahmen dieselben entweder, wie die Grafen, von ihren Schlössern und Dörfern, oder auch von besondern Eigenschaften, Aemtern und dergleichen an. Ihre Kinder und Nachkommen behielten dann diese Namen bey. Dieser niedere Adel sind unsere heutigen adelichen Gutsbesitzer, und der hohe jetzt, wie damals, unsere Kurfürsten, Herzoge, Markgrafen, Landgrafen, Reichsfürsten und Reichsgrafen. Manche heutigen Reichsfürstlichen Familien sind auch nach und nach aus den niedern Adelichen der damaligen Zeit entstanden.

Die Macht und der Einfluß des Papstes, der Bischöfe und übrigen vornehmen Geistlichen in Deutschland hatte, wie der Herr Gevatter schon aus dem bisher Gesagten gesehen haben wird,

ganz

gantz erstaunlich zugenommen. Diese Herren sannen Tag und Nacht darauf, wie sie sich immer mehr Gewalt, mehrere Güter und Reichthümer verschaffen wollten. Wenn der Papst etwas befahl, so sah dieß der größte Theil der Deutschen so an, als wenn es der liebe Gott selbst vom Himmel herab befohlen hätte. Die Bischöfe und andere Geistliche halfen auch meist treulich daran arbeiten, das Ansehen und die abgöttliche Verehrung desselben immer mehr unter den Deutschen zu befördern; Denn sie glaubten, je mehr ihr geistliches Oberhaupt an Macht und Ansehen gewänne, desto mehr Ansehen und Verehrung müßten auch sie, als seine Untergebenen, genießen. Und darin mochten sie freylich wohl auch nicht Unrecht haben. Das Mittel aber, das man unter andern anwandte, die Leute in Respect gegen den Papst und die Geistlichkeit zu erhalten, war freylich nicht sehr rühmlich, nämlich: man suchte die Leute hübsch in der Unwissenheit, Dummheit und Aberglauben zu erhalten. Unwissende und Dumme, meynten die Herren, können nicht viel nachdenken, und glauben fein alles, was man ihnen vorschwatzt. Wahr mag dieß seyn, aber konnten die Herren denn das auch wohl beym lieben Gott verantworten? und ist es denn nicht eine erbärmliche Ehre, welche ein Dummkopf uns erweist?

erweist? Ist die Achtung, die uns ein Verständiger erweist, nicht rühmlicher, sicherer und dauerhafter? Immer kann man die Leute ja doch nicht in der Dummheit erhalten. Und wenn sie denn nun endlich einmal von selbst anfangen, ein wenig nachzudenken: so pflegen sie gewöhnlich nachher gar alle Achtung gegen die bey Seite zu setzen, welche sie vorher abgöttisch verehrten.

Indessen befahl doch auch manchmal der heilige Vater etwas, was selbst vielen Geistlichen nicht recht in den Kopf wollte; davon mag folgendes zum Beyspiel dienen.

Schon seit langen Zeiten her hatten viele Christen es für etwas Gott ganz besonders wohlgefälliges gehalten, wenn sie nicht heuratheten. Besonders sahen die Mönche die Ehelosigkeit als etwas Nothwendiges für recht gute Christen an. Das war nun offenbar ein Irrthum. Indessen hält Jemand den ehelosen Stand für Gott angenehmer, als die Ehe, so muß man ihm seinen Glauben lassen, wenn man ihn nicht eines Bessern belehren kann. Aber eben so muß es auch mit denen gehalten werden, welche jene Meynung, sey es nun aus wahren, oder falschen Gründen, nicht für wahr halten können. Ganz anders indessen dachten hierüber die Herren Päpste. Diese hatten schon seit geraumer Zeit her aller Weltgeistlichen und Pfarrern befehlen wollen, daß sie schlechterdings nicht heurathen sollten. Doch hatten sich Viele, besonders in Deutschland, an dieses Gebot wenig gekehrt. Als aber der schon aus dem vorigen bekannte Herr Pater Hildebrand, oder wie man ihn auch wohl manchmal genannt hat, Herr Höllenbrand, Papst geworden war: da wurde den verheuratheten Geistlichen scharf zugesetzt. Die Verheuratheten sollten ihre Weiber fortjagen, und die noch Unverheuratheten sollten sich schlechterdings keine Frau nehmen. Allen denen, welche gegen diesen strengen Befehl handeln würden, drohte Gregor VII. mit Absetzung von ihren Aemtern, und den Bischöfen, welche unterlassen würden, auf die Ausführung dieses Befehls zu bringen, mit dem Bannfluche. Ungeachtet aller dieser Drohungen wollten sich doch gar viele Geistlichen nicht zum ehelosen Stande bequemen. Sie schimpften den heiligen Vater einen Irrlehrer, der unsinnige Lehren in der Welt verbreite, der durch seinen Befehl der Hurerey und Unzucht Thür und Angel öffne, der sich die Engel vom Himmel zum Lehrer der christlichen Gemeinen herabhohlen möchte.

(Die Fortsetzung folgt.)

Der Bote aus Thüringen.

Sieben und zwanzigstes Stück.

1 7 9 6.

Fortsetzung der Geschichte der Deutschen.

Der Erzbischof von Mainz wäre beynahe todt [ge]schlagen worden, als er nach Erfurt und Mainz [die] Geistlichen zusammenberief, um ihnen den [er]nstlichen Willen des Papstes bekannt zu ma[ch]en und die Drohung desselben zu vollziehen. [E]r bat daher Seine Heiligkeit, ein wenig behut[sa]mer in der Sache zu gehen. Aber Gregor VII. [b]lieb bey seinem harten Sinne, und nach und [n]ach gaben doch viele Geistliche nach. Das er[leb]te er freylich nicht, daß der ehelose Stand un[te]r den Geistlichen allgemein geworden wäre. [Er]st nach seinem Tode kam es nach und nach da[hi]n. Die üblen Folgen von diesem Verbote [ze]igten sich aber schon bey Gregors VII. Leb[ze]iten und späterhin noch immer mehr. Da die [G]eistlichen nicht heurathen durften, so suchten [m]anche auf andere Art ihre Begierden zu befrie[digen,]

digen, und stifteten dadurch allerley Unheil und Zerrüttungen in vielen Familien an. Die ausschweifende und liederliche Lebensart so Vieler machte die Geistlichkeit bey den Laien*) sehr verächtlich. Die aber, welche nicht den Befehlen des Papstes gehorchen wollten, wurden vom Pöbel auf allerley Weise gemißhandelt, geschlagen, verstümmelt, manche gar getödtet. Als sich einige Jahrhunderte später, wie zu seiner Zeit erzählt werden wird, viele Christen, die sogenannten Protestanten, der geistlichen Herrschaft des Papstes entzogen, wurde unter diesen auch die Ehelosigkeit der Geistlichen wieder abgeschafft. Aber bey den catholischen Christen dürfen noch bis auf den heutigen Tag die Geistlichen sich nicht verheurathen.

Der Herr Gevatter wird sich leicht vorstellen können, daß während der innern Kriege und Unruhen unter den beyden letzten Fränkischen Kaisern unser liebes Vaterland und seine Einwohner sehr gelitten haben werden. Denn nicht leicht ist ein Krieg mit äussern Feinden so verheerend und verwüstend, als es gewöhnlich die Bürgerkriege, das ist, diejenigen Kriege sind, welche die Einwohner eines Landes unter sich selbst führen. Da raubt, plündert und mordet jede Parthey die
Anhän-

*) So heißen alle die, welche nicht Geistliche sind

Anhänger der andern so arg, als es nur gehen will. Da ist an kein Verschonen des Wehrlosen zu denken. Da wird zerstört, verheert und verbrannt, was nur dem Feinde vorkommt. Darum ist auch Bürgerkrieg Eines der schrecklichsten Uebel, die nur immer ein Land treffen können. Am meisten hatten Sachsen und Thüringen bey den damaligen innern Unruhen gelitten. Diese Provinzen waren ja meist immer der Schauplatz gewesen, wo der Krieg geführt worden war. Wie viele Dörfer mögen da verwüstet, wie viele Leute unglücklich und elend gemacht worden seyn! Eine Folge der innern Unruhen in Deutschland war auch, daß nun das Faustrecht und die Räubereyen immer mehr überhand nahmen. So glücklich die beyden ersten Fränkischen Kaiser denselben zu steuern gesucht hatten, so wenig vermochten Heinrich IV. und Heinrich V. denselben Einhalt zu thun, da sie fast lebenslang bald mit dem Papste, bald mit den Deutschen Fürsten, bald mit beyden zu kämpfen hatten. Heinrich IV. selbst hatte, indem er so viele vesten Schlösser oder Burgen in Sachsen und Thüringen anlegte, und den Besatzungen darin allen Muthwillen und Ausschweifungen gestattete, durch dieses Beyspiel seine Unterthanen immer mehr zur Nachahmung gereizt. Daher hatte sich in allen Provinzen

Deutschlands die Zahl der Bergschlösser ungemein vermehrt, und noch bis auf den heutigen Tag findet man hier und da Spuren und Ueberreste von solchen Bergschlössern, die in jenen und den bald darauf folgenden Zeiten gebauet worden sind. Der Anbau der Bergschlösser war an sich nun zwar nichts unrechtes, aber der Gebrauch, den man davon machte, taugte oft nicht viel. Die Erbauer derselben gaben vor, daß sie dieselben zu ihrer Sicherheit gegen die Angriffe der Feinde erbaueten. Wer konnte ihnen das verdenken? Bald aber brauchten sie dieselben dazu, ihre Nachbaren, von denen sie beleidigt worden waren, ja sogar unschuldige Reisende von denselben her anzufallen, in dem benachbarten Gebiete zu plündern und zu rauben. Durch die langwierigen innern Kriege war man ans Verwüsten, Rauben und Plündern einmahl gewöhnt worden. Daher hielten es manche adelichen Besitzer und Erbauer solcher Burgen fast für gar keine Schande, auf Raub auszugehen, andere todt zu schlagen und zu bestehlen. Verübten die Besitzer der Schlösser auch nicht immer selbst solche Gräuel, so that es doch die Besatzung derselben. Da mag es nun freylich in manchen Gegenden unsers lieben Vaterlandes gar betrübt ausgesehen haben.

Wie roh und wild es damals überhaupt unter
unsern

unsern Vorfahren, sogar unter der Geistlichkeit, ugegangen seyn mag, davon will ich ihm doch noch ein Beyspiel erzählen.

Als Kaiser Heinrich IV. sich einst zur Pfingstzeit zu Goslar aufhielt, waren mehrere Bischöfe und Aebte dort bey ihm versammelt. Am Pfingstabend gingen diese in die Kirche. Da wollte man den Abt von Fulda, der sonstigen Gewohnheit nach, über den Bischof von Hildesheim setzen. Dieser, der schon einmal dem Abte den Vorsitz hatte streitig machen wollen, hatte sich auf diesen Fall vorbereitet. Auf sein Anstiften waren hinter dem Altare bewaffnete Krieger verborgen worden, welche plötzlich hervorsprangen, über die Leute des Abtes herfielen und sie jämmerlich durchschlugen. Diese schrien um Hülfe, und ein großer Haufe eilte zu ihrem Beystande herbey. Nun kam es vor dem Altare zu einem förmlichen Gefechte, wobey viel Blut floß. Seine Hochwürden, der Bischof von Hildesheim selbst, stand an einem erhabenen Orte in der Kirche, rief seinen Leuten zu, tapfer auf die Fuldaer loszuschlagen und versicherte, daß sie dieß, ihres Seelenheiles unbeschadet, thun könnten. Selbst das Zurufen des Königs vermogte nicht die Ruhe herzustellen und dieser selbst hätte vielleicht derbe Stöße bekommen, wenn er nicht endlich davon gegangen wäre.

wäre. Die Hildesheimer siegten und die Falldaer wurden zur Kirche hinausgetrieben. Schon machten diese Anstalten zu einem neuen Kampfe, und wollten über die Hildesheimer herfallen, wenn sie zur Kirche herauskommen würden. Aber die einbrechende Nacht brachte endlich beyde Partheyen zu Ruhe. Indessen hatte der Streit vielen Menschen das Leben gekostet, und andere waren hart verwundet worden. Um seine Rachsucht recht zu befriedigen, that der Bischof von Hildesheim nicht nur seine übriggebliebenen Gegner in den Bann, sondern auch die Seelen seiner im Streite erschlagenen Feinde — ein schönes Beyspiel dieses Seelenhirten für seine geistliche Heerde! — Wenn nun selbst die Geistlichen, ja sogar die Väter und Oberhäupter der Kirche, die Bischöfe, solchen Unfug trieben, wenn sie mitten in der Kirche, um ihres Stolzes und Ehrgeizes willen, Blut vergießen ließen, da darf man sich ja wohl nicht über die Rohheit und Ungeschlachtheit der Sitten ihrer geistlichen Kinder wundern.

Doch selbst mitten in diesen unruhigen Zeiten nahm der Wohlstand mancher Deutschen Städte, besonders aber in den Rheingegenden, ungemein zu. Die Kaiser selbst begünstigten die Städte aus allen Kräften; sie gaben denselben immer mehr Freyheiten und Vorrechte. Dieß thaten sie ie deßhalb, um an ihnen einen kräftigen Beyſtand zu haben gegen die immer mehr wachſende Macht und Gewalt der geiſtlichen und weltlichen Reichsfürſten. Daher waren auch, wie ich ſchon einmahl erwähnt habe, bey dem Kampfe des Kaiſers Heinrichs IV. gegen die Deutſchen Fürſten, die anſehnlichſten Städte am Rhein auf der Seite des erſten und ergriffen die Waffen zu ſeiner Vertheidigung. Uebrigens trugen die innern Unruhen, das dadurch immer mehr zunehmende Fauſtrecht und die Räubereyen auf dem Lande auf gewiſſe Weiſe ſelbſt mit zur immer größern Aufnahme der Städte bey. Viele Landbewohner, ſogar Adeliche, ſuchten nun in ihnen Zuflucht und Sicherheit; Leibeigene flohen in dieſelben, um den Bedrückungen und Quälereyen ihrer adelichen Herren zu entgehen. Dadurch wuchs die Zahl ihrer Einwohner; Handwerke und Gewerbe wurden in denſelben immer eifriger und geſchickter betrieben. Beſonders aber nahm der Handel ſo ungemein zu, daß Z. B. in der Stadt Köln allein über 600 reiche Kaufleute wohnten, und daß die Deutſchen gar bald nebſt den Italiänern die größte handelnde Nation der damaligen Zeiten wurden, wovon ich zu einer andern Zeit dem Herrn Gevatter noch ſo manches erzählen werde. Um gegen Feinde ſich gehörig ſchützen zu können, fuhren die Bürger fort, sich fleißig in den Waffen zu üben. Sie wurden dadurch so gute Krieger, daß zu manchen Zeiten Heinrichs IV. Heer, womit er sich gegen seine Feinde zu vertheidigen suchte, meist aus den Einwohnern der Städte und vorzüglich aus Kaufleuten bestand.

(Die Fortsetzung folgt.)

Handbibliothek für Kinder und ihre Lehrer. Erstes Bändchen: Ausführlicher christlicher Religionskatechismus verfasset von D. J. B. Reuß. Hildburghausen, bey Johann Gottfried Hanisch. Der Verf., welcher Capellan zu Weilmünster im Nassau-Weilburgischen, und als Pfarrer nach Altenkirchen und Philippstein berufen ist, handelt in diesem Bändchen ab die Lehre von Gott, der Erlösung, dem Beystande Gottes zum Guten, der Unsterblichkeit, in Fragen und Antworten, die nicht nur mit gut gewählten biblischen Sprüchen, sondern auch mit Exempeln und Versen begleitet sind. Die Lehren sind nach der neuen Art erkläret.

Der Bote aus Thüringen.

Acht und Zwanzigstes Stück.

1 7 9 6.

Fortsetzung der Geschichte der Deutschen.

Deutschland war auch in diesen Zeiten immer sehr angebauet worden. Große Strecken von Wäldern hatte man ausgerodet und das Land urbar gemacht. Eine Menge neuer Dörfer in allen Provinzen Deutschlands waren entstanden, und vor allen andern zeichneten sich Sachsen und die Rheinländer durch ihren größern Anbau und ihre Fruchtbarkeit aus. Als einst Kaiser Heinrich IV. mit seiner Armee Sachsen durchzog, erstaunte er über die ausserordentliche Fruchtbarkeit dieses Landes, und seine nach Beute begierigen Truppen fanden dort so viel zu plündern, daß sie endlich des Plünderns ganz überdrüßig wurden. Sobald die innern Kriege und Befehdungen den Leuten nur ein wenig Ruhe ließen, war man immer wieder darauf bedacht, die verwüsteten Gegenden aufs neue anzubauen.

Ja selbst mitten in den unruhigen Zeiten legte man neue Dörfer und Städte an, rodete Waldungen aus, und machte aus ihnen tragbares Land. In alten Schriften, die zur damaligen Zeit, oder nicht lange nachher geschrieben worden sind, kommen die Namen gar mancher Dörfer und Oerter vor, die noch bis auf den heutigen Tag vorhanden sind.

Besonders lebten in den Zeiten der Fränkischen Kaiser in seinem Vaterlande, Herr Gevatter! in Thüringen, zwey Herren, welche sich um manche Gegenden seines Vaterlandes dadurch sehr verdient machten, daß sie zur Beförderung des Anbaues desselben das Ihrige redlich beytrügen. Sie verdienen es daher, daß ich mich bey ihnen ein wenig aufhalte, und ihm etwas von denselben erzähle. Es waren Vater und Sohn, und beyde hießen Ludewig. Graf Ludewig, der Vater, wird, wegen seines langen Bartes, der Bärtige, oder Ludewig mit dem Barte genannt. Er soll ein Nachkomme des für Deutschland so merkwürdigen Kaisers, Karls des Großen, gewesen seyn. Um das Jahr 1036, als der erste Fränkische Kaiser Konrad II. in Deutschland regierte, kam Ludewig nach Thüringen, und machte sich im südlichen Theile des heutigen Herzogthums Gotha, im Thüringerwalde, in der Gegend zwischen

den

den Dörfern Altenberge, Katterfeld und Finsterberge, ansäßig. Er vermehrte nach und nach seine Besitzungen so, daß er endlich in den Besitz des größten Theils des heutigen Gothaischen Amtes Reinhardsbrunn kam. Diese Gegenden waren zwar schon vor seiner Ankunft hier und da ein wenig angebauet, und ein Theil der dort befindlichen Waldungen ausgerodet und urbar gemacht worden. Aber Graf Ludewig ließ dieselben noch immer mehr anbauen, und es wurden theils durch ihn selbst, theils von andern zu seiner Zeit, in der dasigen Gegend, mehrere Dörfer angelegt, von denen auch einige in alten Schriften genannt werden. Im Thüringerwalde bauete sich Graf Ludewig ein Bergschloß, die Schauenburg*) genannt, zu seinem Wohnsitze. Er heurathete hierauf eine junge schöne Wittwe, Namens Cäcilie, und erhielt durch diese den Besitz der Herrschaft Sangerhausen. Er starb im Jahre 1056, und sein Tod wurde von den Bewohnern der ganzen Gegend, für deren Anbau er so viel gethan hatte, gewiß sehr bedauert.

Unter

*) Sie lag auf einem ziemlich hohen Berge, bey dem heutigen Städtchen Friedrichroda, das auch zu Ludewigs Zeiten erbauet wurde. Von dem Schlosse Schauenburg selbst ist jetzt keine Spur mehr vorhanden.

Unter seinen hinterlassenen Kindern ahmte vorzüglich sein Sohn Ludewig dem schönen Beyspiele seines Vaters nach. Dieser Ludewig hat den Beynamen, der Springer, bekommen, aus einer Ursache, die ich hernach anführen werde. Der größte Theil seiner Lebenszeit fällt in die unruhigen Zeiten der Regierungen der Kaiser Heinrichs IV. und Heinrichs V. Er selbst nahm mehrmals an den innern Kriegen Theil, welche zu seiner Zeit Deutschland, und insonderheit Sachsen und Ludewigs Vaterland, Thüringen, verwüsteten. Doch gereicht es ihm zum besondern Ruhme, daß er, selbst in dieser traurigen Zeit, für Thüringens Verschönerung und größern Anbau äusserst thätig war. So legte er unter andern auf einem Berge, nahe bey Eisenach, das zum Theil noch vorhandene Schloß Wartburg an, und erhielt durch dessen Erbauung einer Menge Menschen das Leben, das sie in Gefahr waren, zu verlieren, indem gerade damals eine große Theurung und Hungersnoth die Thüringer plagte. Ludewig hatte die sehr lobenswürdige Vorsicht gebraucht, zu Sangerhausen ein großes Kornmagazin anzulegen. Aus diesem konnte er nun seinen Arbeitsleuten den nöthigen Unterhalt verschaffen. Bald darauf bauete er auch die Stadt Eisenach wieder auf, die, wie ich zu einer andern

…eit gesagt habe, bey den Einfällen der Ungarn, er gemeinen Sage nach, zerstört worden war, und bis auf Ludewigs Zeiten zertrümmert da gelegen hatte. An der Unstrut legte er das Schloß Neuenburg an, und erbauete bey demselben die Stadt Freyburg. Auch das, dem Herrn Gevatter gar wohl bekannte Kloster Reinhardsbrunn im Thüringerwalde ist von diesem Ludwig, dem Springer, gestiftet worden. Die Veranlassung zur Stiftung desselben war, wenn anders die Sache ihre völlige Richtigkeit hat, sonderbar genug.

W. Ich erinnere mich, einmal etwas davon in einer alten Chronik gelesen zu haben. Ganz kann ich mich aber doch nicht mehr darauf besinnen. Nicht wahr, Graf Ludewig ließ sich in ein Liebesverständniß mit der Frau eines andern Herrn ein, und ließ sich, um sie heurathen zu können, sogar verleiten, ihren Mann umzubringen, und hernach erbauete er, um seine Sünden wieder abzubüßen, das Kloster Reinhardsbrunn?

B. So wird es erzählt. Die nähern Umstände giebt man so an. Der Gemahl der Frau, in die sich Ludewig verliebte, war ein gewisser Pfalzgraf Friedrich, der auf dem ehemaligen Schlosse Weissenburg*) wohnte, und in einem nahe dabey gelegenen Walde auf der Jagd, auf

*) Beym heutigen Dorfe Zscheiplitz im Kursächsischen Amte Freyburg in Thüringen.

des Grafen Ludewigs Anstiften, ermordet wurde. Nachher heurathete Graf Ludewig die Wittwe, welche Adelheid hieß. Er wurde aber von den Verwandten des Ermordeten beym Kaiser verklagt, und auf das feste Schloß Giebichenstein bey Halle gefangen gesetzt. Die Trennung von seiner Adelheide that ihm wehe, und er suchte Mittel, aus seinem Gefängniß zu entkommen. In ein weites, leichtes Kleid gehüllt, das ihm einer seiner Freunde heimlich zuzustecken Gelegenheit gefunden hatte, und das ihm gewissermaßen zu Flügeln dienen sollte, soll er sich aus seinem Gefängnisse in die unten an dem Schlosse vorbeyfließende Saale gestürzt haben, wo ein Kahn seiner wartete, und ihn glücklich ans andere Ufer brachte, von da er sich so schnell, als möglich, zu seiner Adelheide nach Sangerhausen begab. Mit dem Sprunge mag es nun wohl, wenn auch alles Uebrige wahr seyn sollte, nicht so ganz richtig seyn. Denn das Schloß liegt ein wenig hoch, und wenigstens heut zu Tage fließt auch die Saale nicht so ganz nahe unter dem Schloßberge vorbey. Indessen hat man von diesem vorgeblichen Sprunge dem Grafen Ludewig in spätern Zeiten den Beynamen, der Springer, gegeben. Vermuthlich hatte er seine Wächter zu bestechen gewußt, und mag so aus seinem Gefängnisse ent-

wischt

wischt seyn. Eine geraume Zeit nachher fing Adelheid an, sich Vorwürfe zu machen über die Ermordung ihres vorigen Gemahls, und über ihre Verheurathung mit dem Mörder desselben. Sie suchte ähnliche Empfindungen der Reue in dem Grafen Ludewig hervorzubringen, und dieser reiste mit seinem Freunde, dem Bischofe Stephan zu Halberstadt, nach Rom. Hier bekannte er dem Papste seine Sünden, und dieser verhieß ihm vollkommene Vergebung derselben, unter der Bedingung, daß er für sich und seine Gemahlin Klöster stiften sollte. Dadurch glaubte man in jenen finstern Zeiten, alles Böse wieder gut machen und sich bey Gott Vergebung für begangene Sünden verschaffen zu können.

(Die Fortsetzung folgt.)

Bey Siegfried Lebrecht Crusius in Leipzig sind in der verwichenen Ostermesse folgende nützliche Schriften herausgekommen:

Bechsteins, J. M., kurzgefaßte gemeinnützige Naturgeschichte des Inn- und Auslandes, für Schulen und den häuslichen Unterricht, 2ter B. 1ste Abtheilung. mit 3 Kupf., gr.8. 2 rthlr,

Beyers, die Geschichte der Urwelt in Predigten, ein Versuch, auch den Ungelehrten mit dem Sinn und Geist der mosaischen Urkunden bekannter zu machen und gegen die Angriffe der Zweifler zu ver-

wahren, 1r. Band, 2s Heft. gr. 8. 10 gr.
Bröders, C. G., Wörterbuch zu seiner kleinen lateinischen Grammatik für Anfänger. gr. 8. 6 gr.
Gesang= und Gebetbuch für Stadt= und Landschulen, 8. Plauen. (in Commission.)
Groß, J. F., Grundsätze der Blitzableitungskunst, geprüft und durch einen merkwürdigen Fall erläutert; nach dem Tode des Verfassers herausgegeben von Joh. Fr. Wilh. Widenmann, mit Kupfer, gr. 8. 18 gr.
Kirchners, practische Anweisung zur Gartenkunst, 2c. mit 7. Kupfern, gr. 8. 1 rthlr. 4 gr.
Lauroy, C. P., über Forstwissenschaft, besonders über Erhaltung, Abtrieb und Wiederanbau der Wälder, mit einer Forstkarte, gr. 8. 1 Rt. 12 gr.
Predigtentwürfe, psychologische, ein Versuch von J. F. W. T. 3s Heft, gr. 8. 10 gr.
Ramanns, S. J., katechetische Erklärung und Unterhaltung über die Sonn= und Festtags-Episteln, 2s Bändchen, 8. 18 gr.
Reichhardi, H. G., Tractatus Grammatico-Theologicus, de adornanda N. T' versione vere latina, ejusque difficultatibus, adjunctis quibusdam ejus Speciminibus, 8 maj. 12 gr.
Schollmeyer, J. G., Katechismus der sittlichen Vernunft, oder kurze, Kindern verständliche Erklärung der sittlichen und religiösen Grundbegriffe, durchgängig mit Beyspielen erläutert, 8. 6 gr.
Busse Münzwesen 2te Abtheiluhg. 16 gr.

Der Bote aus Thüringen.

Neun und zwanzigstes Stück.

1 7 9 6.

Fortsetzung der Geschichte der Deutschen.

Kaum war Graf Ludewig nach Thüringen zurückgekommen, so machte er auch Anstalten zur Ausführung des dem heiligen Vater gethanen Versprechens. Im Thüringerwalde erbauete er nun zu seiner Aussöhnung das Kloster Reinhardsbrunn, setzte Benedictinermönche dahin, und schenkte ihnen zu ihrem Unterhalte Ländereyen. Der Papst bestätigte die Stiftung des Klosters, und sprach es von aller andern geistlichen und weltlichen Gerichtsbarkeit frey. In der Folge wurden die Besitzungen desselben, theils durch Kauf, theils durch Schenkungen sehr ansehnlich vermehrt. Im Namen seiner Gemahlin Adelheid soll Ludewig, der Springer, auch ein Nonnenkloster zu Zscheiplitz gestiftet haben, wie denn überhaupt zu den Zeiten der Fränkischen Kaiser mehrere Klöster in Thüringen gestiftet worden sind. Graf Ludewig verlebte die letzte Zeit seines Lebens im Kloster Reinhardsbrunn, starb auch dort im Jahre 1123, und wurde in der dortigen Klosterkirche begraben, so wie auch seine Gemahlin Adelheid, die schon vor ihm gestorben war. Noch jetzt zeigt man zu Reinhardsbrunn seinen und seiner Gemahlin Grabstein nebst den Grabsteinen mehrerer Landgrafen von Thüringen, welche Nachkommen Ludwig des Springers gewesen sind.

Die Stiftung des Klosters Reinhardsbrunn trug zum immer bessern Anbau eines Theiles von Thüringen viel bey. Wie man es denn überhaupt noch manchen Mönchen der damaligen Zeit, vorzüglich aber den damals gestifteten Cistercienser- oder Bernhardiner-Mönchen nachrühmen muß, daß sie sich die Landwirthschaft sehr angelegen seyn ließen, und die Ländereyen, die man ihnen zum Unterhalt gab, und die zum Theil noch ganz unangebauet waren, mit großem Fleiße anbaueten und zu verschönern suchten. Viele dieser Mönche legten selbst mit Hand an, halfen das Land bearbeiten und suchten aus ihren Leibeigenen geschickte Ackersleute zu bilden. Die Landwirthschaft ihrer Klöster zeichnete sich daher auch so sehr in jenen Zeiten aus, daß andere Landwirthe sie zum Muster nahmen. Auch in der Wollweberey und andern Handwerksarbeiten, womit manche

Mön-

Mönche, auf Befehl ihrer Obern, sich abgeben musten, war manches von ihnen zu lernen. So viel von dem, was unter den Fränkischen Kaisern in Deutschland geschah.

Kaiser Heinrich V. hatte bey seinem Tode keinen männlichen Erben hinterlassen; auch war bey seinen Lebzeiten nicht bestimmt worden, wer ihm in der Regierung folgen solle. Daher versammelten sich einige Zeit nach Heinrichs Tode die Bischöfe, Fürsten, Grafen und übrigen adelichen Herren Deutschlands auf einem großen Felde bey Mainz, zur Wahl eines neuen Reichsoberhauptes. Man wurde eins, aus allen versammelten Fürsten nur zehn auszusuchen, welche die Wahl vornehmen sollten. Die übrigen wollten dann den Gewählten für ihr Oberhaupt anerkennen. Dieser Umstand macht diese Wahl besonders merkwürdig. Denn seit dieser Zeit verlohren die kleinern Fürsten und Herren immer mehr ihren Antheil an der Wahl eines Deutschen Königs, und nur auf die Beystimmung der vornehmsten und mächtigsten Fürsten und Bischöfe kam es am Ende an, wer Reichsoberhaupt werden sollte, bis endlich das Wahlrecht einigen der angesehensten Fürsten ganz überlassen wurde, welche den Namen der Kurfürsten erhielten.

Nach einigen Berathschlagungen der zum Wahlgeschäfte bestimmten zehn Fürsten traf die Wahl den Herzog Lothar von Sachsen. Anfangs hatte dieser gar keine Lust zur Annahme einer so hohen, und damals vorzüglich mit so vielem Verdruß verknüpften Würde bezeigt. Er hatte sogar fußfällig und mit Thränen die Wahlfürsten gebeten, ihn nicht zu wählen. Selbst als er schon wirklich gewählt war, und die Fürsten ihn, nach der damaligen Sitte, auf ihre Schultern nahmen und zum Könige ausriefen, sträubte er sich noch dagegen und wollte sich losreissen. Aber endlich ließ er sich seine neue Würde doch gefallen. Lothars Erwählung geschah im Jahre 1125. Der Papst hatte bey derselben wichtigen Einfluß gehabt. Man hielt es auch für nöthig, die Bestätigung Lothars in seiner Würde vom Papste einzuholen; und als Lothar in der Folge nach Rom reiste, um sich vom Papste zum Kaiser krönen zu lassen, mußte er demselben Treue schwören, ihm die Füße küssen und beym Aufsteigen aufs Pferd den Steigbügel halten. Seitdem fing der Papst überhaupt immer mehr an, sich in die Deutsche Königswahl zu mischen, hatte auch geraume Zeit hindurch manchen Einfluß in dieselbe, und gab dadurch zu vielerley Verwirrungen und innern Unruhen in Deutschland

Gele-

Gelegenheit. Das wichtigste, was unter Lothars II. Regierung in Deutschland vorfiel, war, daß Kaiser Lothar dem Herzoge Heinrich von Bayern seine Tochter zur Gemahlin gab, und ihm auch das Herzogthum Sachsen, das er selbst vorher besessen hatte, zur Regierung überließ. Dadurch wurde der Herzog Heinrich zum mächtigsten Fürsten Deutschlands gemacht. Lothar II. hatte ihn darum so erhoben, um an ihm einen Freund und Anhänger gegen den Herzog Friedrich von Schwaben und dessen tapfern Bruder Konrad, Herzogen von Franken, zu haben: denn diese beyden Fürsten waren Lotharn sehr feind, weil sie gern die Kaiserwürde für sich selbst gehabt hätten. Aber durch eine solche Begünstigung des Bayerschen Herzogs erbitterte Lothar seine Feinde desto mehr. Ja es entstand dadurch bey mehrern Deutschen Fürsten Haß und Neid, welche in der Folge neue große innere Unruhen in Deutschland veranlaßten, und Ursache von manchen sehr wichtigen Folgen und Veränderungen waren. Zwischen Kaiser Lotharn und seinen beyden oben genannten Feinden selbst kam schon ein wirklicher Krieg zum Ausbruche; aber die beyden Brüder mußten sich doch endlich wieder zur Ruhe bequemen. Deutschland befand sich überhaupt unter Lothars Regierung in einem leidlichen Zustande; denn

Lothar suchte, so viel als möglich, den Befehdungen zu steuern und Recht und Gerechtigkeit zu handhaben. Aber er regierte nicht gar lange. Auf der Rückreise von einem Kriegszuge nach Italien erkrankte er und starb im Jahre 1137 in einem Dorfe in Tyrol. Sein Leichnam wurde nach seinem Vaterlande, Sachsen, gebracht, und in dem von ihm gestifteten, reichen Kloster Königslutter*) begraben, wo auch sein Grabmal noch zu sehen ist. Im vorigen Jahrhunderte öffnete man das alte Grabmal, und der damalige Abt des Klosters erbauete ein prächtigeres. Bey der Oeffnung des alten fand man auf bleyernen Tafeln eine lateinische Inschrift eingegraben, welche eine kurze, aber für den Kaiser Lothar II. sehr rühmliche Beschreibung seiner Denkungs und Handlungsart enthält. Zu den Merkwürdigkeiten, welche unter Lothars Regierung in Deutschland vorfielen, gehört auch, daß dieser Kaiser über das Thüringerland einen Sohn des Grafen Ludewigs des Springers zum Landgrafen setzte, und ihn dadurch zum Oberherrn über die übrigen Thüringischen Grafen und Herren machte. Dieser erste Thüringische Landgraf hieß Ludewig

*) Es liegt im Nieder-Sächsischen Kreise im Fürstenthume Wolfenbüttel. Seit der Reformation ist dieses Kloster evangelisch.

wig I. Durch Erbschaft fiel auch der größte Theil von Hessen an seine Familie. Die Landgrafen von Thüringen wurden auch bald zu den angesehensten Fürsten jener Zeit gerechnet, und Thüringen wurde durch sie sehr mächtig.

Nun kam eine Reihe Könige auf den Deutschen Königsthron, welche man die Schwäbischen, auch die Hohenstaufischen Kaiser und Könige*) zu nennen pflegt. Diese Namen hat man ihnen darum gegeben, weil sie von einem Schwäbischen Geschlecht herstammten, dessen Stammhaus das schon seit langer Zeit zerstörte Schloß Hohenstaufen, im heutigen Herzogthum Würtemberg, war. Auch hatte diese Familie vorzüglich im heutigen Schwaben, aber auch in an-

*) Durch die Wahl der Deutschen Fürsten wurde das Reichsoberhaupt damals nur Deutscher König; dann erst, wann er auch vom Papste zu Rom gekrönt worden war, erhielt er auch den Namen Römischer Kaiser. Zwar war seit Otto I. Zeit die Römische Kayserwürde an das Deutsche Reich gekommen; aber man giebt doch nur denjenigen Deutschen Königen aus jenen Zeiten, den Namen Kaiser, welche wirklich vom Papste zu Rom gekrönt worden sind. Dieß ist aber nicht bey allen geschehen, weil einige aus mancherley Ursachen entweder nicht nach Italien gekommen oder doch vom Papste nicht gekrönt worden sind.

andern Gegenden viele Erbgüter, die so ansehnlich waren, daß das Hohenstaufische Geschlecht, wenn es auch nicht die Reichsoberhauptwürde erhalten hätte, doch damals zu den wichtigsten und mächtigsten Deutschen Fürstenfamilien gehörte. Die Deutsche Königs- und Römische Kaiserwürde blieb bey dieser Familie von Lothars II. Tode, bis in das Jahr 1254, und also gegen 117 Jahre. Die Namen der Deutschen Könige dieses Hauses sind: Konrad III., Friedrich I., Heinrich VI., Philipp, Friedrich II., Konrad IV., von denen aber nicht alle den Kaisertitel gehabt haben.

Bey der Regierungsgeschichte jedes einzelnen dieser Herren werde ich mich zwar nicht aufhalten, weil uns dieß zu weit führen, und am Ende dem Herrn Gevatter doch wenig Nutzen und Vergnügen bringen würde. Aber ich will ihm doch manches Merkwürdige von ihnen sagen, und das Wichtigste von dem erzählen, was binnen den 117 Jahren, als sie das Deutsche Reich regierten, in Deutschland vorfiel. Ich werde ihn mit den Hauptbegebenheiten bekannt machen, an welchen die Deutsche Nation damals großen Antheil hatte, und über die Hauptveränderungen belehren, welche in jener Zeit in Deutschland und unter unsern Vorfahren vorfielen.

(Die Fortsetzung folgt.)

Der Bote aus Thüringen.

Dreißigstes Stück.

1796.

Fortsetzung der Geschichte der Deutschen.

Zu den größten Merkwürdigkeiten, die ich ihm aus diesen Zeiten zu erzählen habe, gehören unstreitig die Kreuzzüge, an denen die damaligen Bewohner Deutschlands, Vornehme und Niedrige, und selbst manche von den Schwäbischen Kaisern sehr großen Antheil nahmen.

Wirth. Was sind das für Dinger, die Kreuzzüge?

Bote. Hat er denn von den Kreuzzügen noch niemals etwas gehört oder gelesen? Das sollte mich doch wundern.

Wirth. In meinem ganzen Leben ist mir das von nichts zu Ohren gekommen. Vermuthlich waren es Processionen, so wie etwa heut zu Tage die Processionen am Fohnleichnamsfeste?

Bote. Processionen? Sie wären wenigstens eine gar besondere Art von Processionen gewesen. Nein,

Nein, nein, Herr Gevatter! Processionen waren die Kreuzzüge nicht, sondern vielmehr Kriegszüge, welche die Deutschen und andere Europäische Christen nach Asien unternahmen, um sich dort zu Herren vom gelobten Lande zu machen.

Wirth. Ich dächte wahrhaftig, unsere lieben Vorfahren hätten sich in Deutschland so viel herumzuschlagen, und so viel Land anzubauen gehabt, daß sie nicht erst nöthig gehabt hätten, nach Asien zu marschiren und dort auf Eroberungen auszugehen.

B. Da hat er Recht. Aber oft handeln wir, ihre lieben Nachkommen, in diesem Puncte nicht um ein Haar klüger. Jedoch handelten unsere gottseligen Vorfahren bey diesen Kreuzzügen nicht blos aus Hab- und Eroberungssucht, sondern sie glaubten auch, sie thäten dadurch Gott einen großen Dienst.

Wirth. Das verstehe ich nicht.

Bote. Nun so will ich es ihm erklären.

Gewiß erinnert sich der Herr Gevatter noch, daß ich ihm sonst schon erzählt habe, wie die Christen in den alten, finstern Zeiten Wallfahrten, oder Reisen aus Andacht, nach gewissen, für heilig geachteten Oertern, für einen großen Beweis wahrer Frömmigkeit und Gottesfurcht hielten. Kein Land und keine Gegend in der

Welt

elt aber wurde für heiliger geachtet, als das
obte Land, oder das Land Canaan, weil dort
ser Heiland gelebt, gelehrt, gelitten hatte, ge-
rben und begraben war. Auch zeigte man dort
e Menge Reliquien, welche Andächtige eifrigst
nschten zu sehen. Dabey glaubte man, daß
bst der größte Sünder, durch eine solche heilige
eise, aller seiner Sünden, oder vielmehr der
trafen derselben, quitt und ledig werden könnte.
ie Geistlichen selbst befahlen vielen groben Sün-
rn, eine solche Wallfahrt zu unternehmen, um
durch ihre Sünden abzubüßen und die Gna-
 Gottes wieder zu erlangen. Schon seit vie-
n Jahrhunderten strömte daher, Jahr aus,
ahr ein, eine ausserordentliche Menge von
Renschen aus allen christlichen Ländern nach
alästina, und kehrte, in ihrem Herzen über
hre Sünden beruhigt, wieder zurück. Auch aus
Deutschland wallfahrteten jährlich sehr viele Leute
in. Man hatte bey diesen Wallfahrten oft die
rößten Mühseligkeiten auszustehen, wie man
ich von einer so weiten Reise, wobey manche den
neisten Wallfahrern ganz unbekannte Länder durch-
eist werden mußten, leicht vorstellen kann.
Im Jahre 1064 hatten mehrere vornehme
Deutsche Geistliche, und im Ganzen ein Zug von
7000 Menschen, unter Anführung des damaligen

Erzbischofe von Mainz, eine solche andächtige Reise unternommen, und dabey sich mit allen möglichen Bequemlichkeiten versehen. Dennoch war es ihnen auf derselben gar übel gegangen. Weil sie glaubten, Gott würde sie auf einer so frommen Reise in ganz besondern Schutz nehmen, so hatten sie größten Theils keine Waffen mitgenommen. Aber im gelobten Lande selbst wurden sie von einem großen Haufen Arabischer Räuber angefallen und geplündert, und nur 2000 von ihnen kamen wieder nach Deutschland zurück.

(Die Fortsetzung folgt.)

Ich schrieb ein Buch über das menschliche Elend — und es geschrieben zu haben, reuet mich nicht. Finde ich gleich itzo, da meine Seelenkräfte mehr reifen, und meine Einsichten geläuterter sind, darinne manches, das ich weg wünsche, mehreres noch, das nicht gehörig durchdacht, und zu flüchtig niedergeschrieben ist: so glaube ich doch meine Absicht damit erreicht, viele Leser aus ihrer Gefühllosigkeit geweckt, und Sinn für Wahrheit bey ihnen geschärft, und Neigung erregt zu haben, nach ihren Kräften, für Milderung des menschlichen Elends thätig zu seyn.

Vorzüglich lieb ist es mir auch, daß dieß Buch ausgefertigt wurde, da es noch Tag war, da noch jedermann seine Meynung über alles frey und laut sagen durfte. Jetzt, da eine Nacht eingetreten ist, da, in gewisser Rücksicht, niemand wirken kann,

wür-

irde Carl von Carlsberg wohl nicht ge=
rieben werden dürfen.

Eben diese Nacht ist auch die Ursache, warum ich
: Fortsetzung des Buchs von der Erlösung, die ich
ter dem Titel Ludwig von Carlsberg zu
fern versprach, vor der Hand unterdrücken muß.
ach meinem Plane müßte ich darinne meine Mey=
ng über gewisse drückende Mängel unserer bür=
rlichen Verfassung so laut wie im Carl sagen;
ß aber dieß für die gegenwärtige Zeit unschicklich
), begreift wohl jedermann.

Statt des versprochenen Ludwigs von Carlsberg ar=
ite ich itzo an einem andern Buche, das alle Regie=
ngsformen unangetastet läßt, und weiter gar nichts
thut, als: — Mittel, wie jeder Mensch seine
gne Person vom menschlichen Elende erlösen,
d für sich die Welt in einen Himmel umschaf=
1 kann. Um allen Verdacht der Täuschung zu
tfernen; so bitte ich die Leser zu erwägen: daß
an eine Gegend ungemein verschönern kann, wenn
an das Medium, durch welches, und den Stand=
t, von welchem man sie sahe, verändert. Wie
aurig sieht sie aus, wann man sie im Nebel oder
rch ein trübes Fenster betrachtet, und wie lachend
rd sie, wann der Nebel sich senkt, die Luft heiter
rd, oder statt der trüben Fenster, durch die man
: betrachtete, neue, helle, eingesetzt werden. Hat
h etwa die Gegend verändert? — Nein, nur das
edium, durch welches wir sie sahen.

So erregt auch manche Gegend unangenehme
mpfindungen, wenn man sie in einer feuchten mo=
stigen Tiefe ansieht. Laßt uns unsere Kräfte an=

G g 3 stren

strengen, diese morastige Gegend verlassen, und jene Anhöhe ersteigen — welche Veränderung! Der Gesichtskreis ist erweitert, wir erblicken eine Menge herzerhebender Gegenstände und freuen uns darüber; gleichwohl ist nicht mit der Gegend, sondern mit uns eine Veränderung vorgegangen, indem wir uns zu einem höhern Standpunkte emporgearbeitet haben.

Mit unserer Welt ist es eben so. Sie ist ein Thal der Nacht, des Jammers und der Thränen, aber auch ein Himmel, je nachdem der Gesichtspunkt ist, aus welchem man sie betrachtet.

Die Menschen dazu zu gewöhnen, die Welt immer aus solchen Gesichtspunkten zu betrachten, daß sie ihnen als Himmel erscheint, dieß ist die Absicht, in welcher ich dieß Buch schreibe. Durch keine gefärbten, durch keine geschliffenen Gläser, sondern durch reines helles Glas, welches weder verdunkelt, noch verschönert, weder vergrößert noch verkleinert, werde ich sie sehen lassen. Ohne Bild zu reden — ich werde die Welt zeigen, wie sie ist, und bey Beurtheilung derselben nur Wahrheiten zum Grunde legen, die jeder anerkennen muß, der für Wahrheit einigen Sinn hat. Gelingt es mir damit, wenigstens bey einem großen Theile der Leser: so schmeichle ich mir, viel damit gewirkt zu haben. Wir befinden uns alle nicht recht wohl, sind mit unserer Lage unzufrieden, trösten uns aber immer damit, daß es künftig werde besser werden. Mit dieser Hoffnung schreiten wir der Zukunft entgegen, legen ein Jahr nach dem andern zurück, finden die Besserung immer nicht, auf die wir hofften,

bis

wir an des Grabes Rande stehen, und einsehen, wir einem Irrlichte nachgegangen sind, das im r weiter rückt, je mehr man ihm nacheilet; dann en wir ins Grab mit der Hoffnung, daß wir seits finden werden, was wir hier umsonst such. . Meiner Ueberzeugung nach werden wir es r auch jenseits nicht finden, wenn wir es dies- s umsonst suchten.

Heute, das ist meine feste Ueberzeugung, kann eder in jeder Lage den Himmel finden, ald er sich von den Grundsätzen überzeugt, die in diesem Buche vortragen werde, und sich ge hnt, darnach zu urtheilen und zu handeln. Bey ir wenigstens haben sie die Probe ausgehalten, ie dachte ich sie mir deutlich, ohne dadurch neue eiterkeit, Kraft und Muth zu fühlen. Daraus gt freylich nicht, daß sie bey allen eben diese Wir ingen hervorbringen werden; höchst wahrscheinlich ird dieß aber doch bey vielen geschehen, da sie von dermann, der nicht Gottesleugner, und nur eini ermaßen an Nachdenken gewöhnet ist, als wahr nerkannt werden müssen.

Ich glaube also, daß ich diesem Buche keinen ßlichern Titel geben kann, als:

Der Himmel auf Erden.

Es ist vorzüglich für die gebildetern Stände be immt, weil ich glaube, daß sie desselben am meh esten bedürfen. Je ausgebildeter wir sind, desto iefer fühlen wir auch jede Unregelmäßigkeit, desto nannichfaltiger sind unsre Leiden. Ein Schauspiel, as von der ungebildetern Classe mit lautem Lachen aufgenommen wird, verursacht der gebildetern oft Ekel und Widerwillen. Ueberdieß wollen die Grundsätze, mit welchen sich jene Classe bey ihren wenigen Leiden zu beruhigen pflegt, bey uns nichts mehr wirken: weil wir sie größtentheils nicht mehr glauben.

Unterdessen, da ich bey Ausfertigung meiner Schriften immer dahin arbeite, so zu schreiben, daß mich auch die niedrigste Menschenclasse verstehe: so glaube ich, daß es auch allen nützlich seyn werde, die meine christliche Hauspostille, meine Revolutionsgespräche, Conrad Kiefer, den Boten aus Thüringen u. dergl. verstehen.

Aus Ursachen, die ich schon mehrmals angeführt habe, lasse ich auch dieses Buch, das in der Ostermesse 1797 erscheinen wird, auf Pränumeration drucken. Auf Schreibpapier, mit einem Kupfer, kostet das Exemplar sechzehn Groschen, und auf Druckpapier zwölf Groschen, beydes in Golde. Bis zu Michael kann man drauf pränumeriren, und wer auf sechs Exemplare voraus bezahlt, erhält das siebente frey. Die Namen der Pränumeranten werden dem Buche vorgedruckt, und die Geld der frankirt eingeschickt: an die Erziehungsanstalt zu Schnepfenthal.

Ich hoffe, daß meine Freunde sich für die Verbreitung dieses Buchs ebenso thätig verwenden werden, wie sie es für meine übrigen Schriften gethan haben.

Schnepfenthal, im Juli 1796.

C. G. Salzmann,
Director der hiesigen Erziehungsanstalt.

Der Bote aus Thüringen.

Ein und dreißigstes Stück.

1 7 9 6.

Fortsetzung der Geschichte der Deutschen.

Viele Jahrhunderte hindurch hatten übrigens die Wallfahrer in Jerusalem selbst, wo viele Christen wohnten, alle Bequemlichkeiten und gute Aufnahme gefunden. Selbst als die Araber*) in die Mitte des siebenten Jahrhunderts in Besitz eines großen Theils Asiens und auch des gelobten Landes sich gesetzt, und dort die Mahomedanische Religion verbreitet hatten, ließen diese die Christen ruhig in demselben herumziehen, Jerusalem und alle merkwürdigen Oerter und Plätze besuchen. Aber die Sache änderte sich, nachdem die Türken, welche viel roher und unverständiger waren, im eilften Jahrhunderte den Arabern die Herrschaft über die Asiatischen Län-

*) S. Jahrg. 1795 des Boten aus Thüring. im 33sten Stücke.

Länder meist entrissen. Die Türken mißhandelten die Pilgrimme (so nennt man auch die Wallfahrer) und die Kirchen im gelobten Lande, und das heilige Grab, d. i. den Ort, wo unser Heiland, der gemeinen Meinung nach, begraben seyn sollte. Dadurch wurden nun den Christen die Wallfahrten ins gelobte Land gar sehr sauer gemacht; doch unterblieben sie darum nicht. Vielmehr hielten diejenigen, welche recht viel dabey ausgestanden hatten, ihre Wallfahrt für so verdienstlicher und Gott angenehmer. Indessen hatten die großen Mißhandlungen, welche die Pilgrimme auf dergleichen Reisen in Asien, und besonders im gelobten Lande selbst, so wie auch die dort wohnenden Christen, von den Türken ausstehen mußten, doch schon seit geraumer Zeit her manche Christen auf den Gedanken gebracht: ob es denn nicht besser wäre, den Türken Palästina ganz wegzunehmen, als sich solchen Mißhandlungen auszusetzen. Ja man sahe es sogar für sehr unschicklich an, daß die Anhänger der Religion des Muhameds, die man damals für nichts besser als Heyden hielt, im Besitze eines Landes seyn sollten, worin Jesus Christus, die Apostel, und so viele andere rechtschaffene und den Christen theure Männer ehemals gelebt und herumgewandelt waren.

W.

W. Nehme er es mir nicht übel, Herr Ge-
[vat]ter! so ganz kann ich es doch nicht mißbilligen,
[daß] den Christen das Land besonders werth war,
[wor]in unser Heiland und die Apostel gelebt haben;
[den]n das menschliche Geschlecht hat doch Jesu und
[sein]en Aposteln so sehr viel zu verdanken. Es ist mir
auch allemahl eine gar große Freude, wenn ich
[an] den Ort komme, wo mein seliger Vater lebte,
[erzo]gen wurde und so manches Gute stiftete.
B. Dagegen habe ich nichts. Vielmehr
[geb]e ich gern zu, daß, wenn mich mein Beruf,
[ode]r andere besondere Umstände einst nach Jerusa-
[lem] führten, ich mit gar großem Vergnügen dort,
[wo] Jesus einst lebte, herumwandeln, mich wahr-
[sche]inlich dort vorzüglich sehr lebhaft der großen
[Wo]hlthaten, die wir Jesu und seinen Aposteln
[ver]danken, erinnern, und vielleicht mancherley from-
[me] und gute Entschließungen fassen würde. Aber
[das] letztere kann man ja auch, ohne nach Jeru-
[sale]m zu reisen. Nach Jerusalem reisen, und
[dar]über seine Berufsgeschäfte vernachläßigen,
[We]ib und Kinder, für deren Wohlfahrt man sor-
[gen] soll, im Stiche lassen, um das heilige Grab
[seh]en und den Platz betrachten zu können, wo der
[Her]r Jesus gekreuziget wurde, und von einer
[sol]chen Reise Vergebung seiner Sünden sich ver-
[spr]echen, war doch gewiß den Grundsätzen, welche

H h 2   Jesus

Jesus Christus seinen Anhängern gelehrt hat, nicht gemäß. Wenn die damaligen Christen hierüber anderer Meinung waren, so beweist dieß, daß sie Jesu Lehren noch nicht recht verstanden.

Da die Klagen der Pilgrimme und der zu Jerusalem wohnenden Christen über die Mißhandlungen der Türken immer stärker wurden; da man deßhalb den Papst, als das vermeynte Oberhaupt der Christenheit, gar demüthig um Hülfe flehte: so forderte der Papst die Fürsten Europens auf, die Türken zu bekriegen, und ihnen Jerusalem zu entreissen. Der Papst hatte bey dieser Aufforderung noch ganz besondere Ursachen. Er dachte, wenn die Fürsten seinen Wünschen Gehör gäben, dadurch seine geistliche Herrschaft auch nach Asien zu verbreiten. Aber die Europäischen Fürsten hatten lange keine rechte Lust zu einem solchen Kriege in so entfernten Gegenden. Doch endlich trat ein Mann auf, der durch seine Klagen, sein Bitten und Flehen mehr Eindruck auf die Herzen der Abendländischen*) Christen machte.

Die-

---

*) So nannte man die in Frankreich, Italien, Deutschland und andern Ländern von Europa wohnenden Christen, weil Europa den Asiatern gegen Abend liegt. Die in Constantinopel und in Asien wohnenden Christen hießen die Morgenländischen Christen.

Dieser Mann war ein französischer Einsiedler Namens Peter. Auch er hatte eine Wallfahrt nach Jerusalem unternommen, hatte dort mit eigenen Augen die Mißhandlungen, welche die dortigen Christen von den Türken leiden mußten, gesehen, war von den Leiden und den Klagen der Gedrückten gerührt worden, und kehrte mit dem festen Vorsatze nach Europa zurück, durch sein Bitten und Flehen die Abendländischen Christen zur Hülfe zu bewegen, und zu dem Entschlusse zu bringen, das gelobte Land den Händen der Muhamedaner zu entreissen. Zuerst wandte er sich an den Papst. Dieser versprach ihm allen Beystand, und munterte ihn noch mehr auf, umherzureisen, und die Christen in Europa zur Rache und zum Kriege gegen die Muhamedaner aufzufordern. Mit bloßem Haupte und Füßen, gehüllt in eine grobe Kutte, umgürtet mit einem dicken Stricke, in den Händen ein gewaltig großes Kreuz, durchzog nun Peter auf einem Esel Frankreich und Italien, predigte in allen Dörfern und Städten, auf allen großen Landstraßen, in Kirchen und freyen Plätzen, daß ihm Gott erschienen sey und aufgetragen habe, die Christen zum Kriege gegen die Muhamedaner und zur Erlösung der armen Christen in Jerusalem aufzufordern. Dabey schilderte er als Augenzeuge die Leiden der letztern aufs kläglichste, weinte und heulte gar jämmerlich dabey. Bey vielen Tausenden fanden seine Predigten und Ermahnungen Eingang, und es entstand in ihnen die heftigste Begierde, die Schmach der Christen an den Türken zu rächen. Der Eindruck seiner Predigten wurde auch dadurch ungemein vermehrt, daß eben damahls allerley ungewöhnliche Begebenheiten und Naturerscheinungen vorfielen. Man hatte Nordlichter und Kometen gesehen, in mehrern Ländern wüthete die Hungersnoth, in andern wurden die Leute von ungewöhnlichen Krankheiten geplagt, wie z. B. vom sogenannten heiligen Feuer.

W. Was war denn das für eine Krankheit?

B. Sie bestand in einem ausserordentlich heftigen Brennen in mehrern Gliedern des Körpers. Gewöhnlich war sie tödtlich, wenn man nicht das Glied, worin man das Brennen spürte, bald ablöste.

Alle diese, übrigens sehr natürlichen, Erscheinungen und Begebenheiten hielt man bey dem damahligen Aberglauben und Unwissenheit für Zeichen und Wunder. Man hielt sie theils für wirkliche Strafen Gottes, theils für Drohungen und Vorherverkündigungen göttlicher Strafgerichte, die gewiß hereinbrechen würden, wenn man den Feinden Gottes, den Muhamedanern, (denn da-

für

für hielt man, und so nannte man diese Leute) noch fernerhin das heilige Land ließe, und es zugäbe, daß die Christen so gemißhandelt und fromme, andächtige Wallfahrer dort so gequält würden. Dergleichen Gedanken und Vorstellungen mußten nothwendig den Eindruck sehr vermehren, den Peters rührende Ermahnungen schon außerdem gemacht haben würden.

Als der Papst hörte, welch einen guten Eingang Peters Predigten und Ermahnungen überall fanden, hatte er darüber eine große Freude, und beschloß, der Sache noch den letzten Stoß zu geben. Er schrieb eine Kirchenversammlung nach Clermont in Frankreich aus, fand sich auch selbst dort ein, so wie eine große Menge Menschen allerley Standes aus Frankreich und Italien. Deutsche kamen nur wenige hin. Auch der Einsiedler Peter war da. Dieser und der Papst, (der damalige hieß Urban II.) fingen dann wechselsweise an, zu predigen, und die Versammelten zum Kriege gegen die Muhamedaner in Asien anzureitzen. Sie strengten alle Kräfte an, solche Bewegungsgründe vorzubringen, von denen sie wußten, daß sie am meisten Eindruck auf die Gemüther machen würden. „Lange genug, sprach Papst Urban II., „habt ihr euch unter einander selbst bekriegt und

„gemordet, lange genug einander selbst beraubt,
„Wittwen und Waisen unterdrückt und geplün=
„dert, selbst die Häuser Gottes, die Kirchen,
„nicht unverschont gelassen. Schwer liegt daher
„Gottes Zorn und Strafe auf euch. Jetzt aber ist
„die Zeit da, wo ihr euch von so vielem frevelhaft
„vergossenen Christenblute reinigen könnt. Im
„Blute der Feinde eures Glaubens, der Muha=
„medaner, müßt ihr euch rein waschen von euern
„Sünden. Ihr waret Krieger des Teufels, wer=
„det nun Krieger Christi. Kriege und Befeh=
„dungen, die ihr als Christen, unter einander
„führet, sind Gott ein Gräuel, aber die Ungläu=
„bigen zu bekriegen, ist Gott angenehm. Auf!
„verlasset eure Weiber und Kinder um Christi
„willen. Gott selbst wird euch vor allem Mangel
„schützen. Statt eurer elenden Dörfer und Schlös=
„ser, die ihr hier verlasset, werdet ihr dort in
„Asien die fruchtbarsten Gegenden, ganze König=
„reiche und unermeßliche Schätze erobern. Keh=
„ret ihr einst zurück, so werdet ihr als Sieger
„zurückkehren, und Ruhm und Ehre vor Gott und
„Menschen werden euer Theil seyn. Sterbet ihr
„im Kampfe, so reicht ein Engel euch die Mär=
„tyrerkrone."

(Die Fortsetzung folgt.)

Der Bote aus Thüringen.

Zwey und dreißigstes Stück.

1796.

Fortsetzung der Geschichte der Deutschen.

Konnte es wohl anders seyn, als daß dergleichen Bewegungsgründe, nach der damahligen Denkungsart der Menschen, den tiefsten Eindruck auf alle Anwesenden machen mußten?

Wirth. Aber sehr unchristlich gedacht war's doch immer, wenn da der Papst den Leuten vorschwatzte, es wäre Gott angenehm, die Ungläubigen zu bekriegen. Der Herr Jesus setzte sich ja einst ausdrücklich dagegen, da seine Jünger Lust bezeigten, Feuer vom Himmel auf die in den Augen der Juden ungläubigen Samariter herab fallen zu lassen, weil diese ihn und seine Jünger nicht aufnehmen wollten.

B. Freylich war des Papstes Rede eine unchristliche Rede; aber dafür wurde sie von den zu Clermont Anwesenden nicht gehalten. Denn kaum konnte der Papst einen Vortrag endigen, so schrie auch, alles was schreyen

schreyen konnte: Gott wills, wir sollen die Ungläubigen bekämpfen. „Gewiß ist es Gottes
„Wille, rief der Papst aufs neue. Laßt diese
„Worte: Gott wills! euer Feldgeschrey seyn, und
„das Kreuz Christi sey die Fahne, der ihr fol-
„get." Gegen 100000 erboten sich sogleich zur
Theilnahme an diesem Kriege. Allen diesen wurde ein Kreuz von rothem Zeuge auf die rechte
Schulter geheftet*). Bald griff dieser Eifer gegen die Muhamedaner zu kämpfen, immer weiter
um sich. Vornehme und Niedrige, Arme und
Reiche, Geistliche und Weltliche, Fromme und
Gottlose wurden davon angesteckt. Die Vornehmen und Reichen wollten dadurch noch reicher
werden, oder sich doch Ehre und Ruhm erwerben; die Armen sich dadurch aus ihrer Dürftig-
keit reissen, die Gottlosen sich den Himmel er-
kämpfen, die Frommen ihren Eifer für Gott und
unsern Heiland beweisen und alle ihre Sünden
abbüßen. Denn der Papst verkündigte allen
Kreuzfahrern vollkommnen Ablaß, d. i. Erlassung
aller

*) Von dem rothen Kreuze, das jedem, der an
diesem und den folgenden Kriegszügen nach dem
gelobten Lande Theil nahm, angeheftet wurde,
bekamen diese Züge den Namen Kreuzzüge, so
wie die Theilnehmer an denselben, den Namen
Kreuzfahrer.

aller Kirchenbußen für begangene Sünden. Dagegen drohte er allen denen mit dem Kirchenbanne, welche ihr Versprechen, gegen die Ungläubigen zu kämpfen, nicht erfüllen würden.

Dieser große Eifer zeigte sich aber anfänglich nur unter den Italiänern und besonders unter den Franzosen. Aus Deutschland waren, wie gesagt, nur wenige, und zwar nur aus den jenseits des Rheins liegenden Gegenden bey der Kirchenversammlung zu Clermont gegenwärtig gewesen. Ja die diesseits des Rheins wohnenden Deutschen hatten anfänglich so wenig Lust, an diesem Kriege Theil zu nehmen, daß sie vielmehr die für Rasende und Unsinnige erklärten und tüchtig auslachten, welche ihr Eigenthum verlassen und in fernen Ländern auf ungewisse Eroberungen ausgehen wollten.

Wirth. Das wundert mich. Doch muß es wohl auch noch besondere Ursachen gehabt haben; denn es fehlte ja sonst damals unsern Vorfahren weder an Kriegslust, noch an Aberglauben.

Bote. Das Thörichte dieser Unternehmung war allein freylich nicht die Ursache ihrer anfänglichen Abneigung gegen die Kreuzzüge: sondern ihre Abneigung lag wohl in den damaligen innern Unruhen und den Mishelligkeiten und Mistrauen, welche in Deutschland zwischen dem Kaiser und einem

nem grosen Theile der Deutschen Fürsten, und auf der andern Seite zwischen dem Papste, dem Kaiser und vielen Deutschen herrschten. Denn die Anstalten zum ersten Kreuzzuge fielen noch in die Regierungszeit des Kaisers Heinrichs IV., und der erste Kreuzzug war auf das Jahr 1096 festgesetzt worden. Bald sahen aber auch die disseits des Rheins wohnenden Deutschen Zeichen und Wunder am Himmel. Hier erblickte man einen Kometen, dessen Schweif wie ein Schwert aussah, dort sah man Reiter am Himmel mit einander kämpfen, dort eine grose Stadt in der Luft, nach welcher grose Haufen von Kriegern zu Pferde und zu Fuße hinmarschirten. Es versteht sich von selbst, daß alles dies nicht etwa am Himmel so zu sehen war; sondern, daß die Leute sich nur einbildeten, dergleichen Dinge zu sehen. Endlich traten gar Betrüger auf, welche vorgaben, Kaiser Karl der Grose sey von den Todten auferstanden, und wolle die Kreuzfahrer selbst anführen. Die Unterredungen mit Kreuzfahrern, welche von andern Ländern her durch Deutschland ihren Weg nach Asien nahmen, machten nun allmählich um so mehr Eindruck auf unsere Vorfahren, und so entstand denn auch in diesen nach und nach die Lust, Jerusalem mit erobern zu helfen. Doch gab es unter ihnen nur

wenig

wenig rechtliche Leute, welche am ersten Kreuzzuge Theil nahmen. Die meisten waren schlechtes Gesindel, das hier in Deutschland nicht viel zu verlieren hatte. Diese Burschen führten sich aber auch beym Abmarsche, in und ausser Deutschland, als wahres Gesindel auf. Sie traten in drey Haufen ihren Marsch an. Zwey davon bestanden aus Deutschen aus den Rheingegenden, von denen der eine Haufe durch den Grafen Emich von Leiningen, der andere von einem gewissen Göttschalk, einem Priester und Bekannten Peters des Einsiedlers angeführt wurde. Den dritten Haufen, der aus Thüringern und Sachsen bestand, commandirte ein Priester Namens Folkmar. Ehe noch diese drey Haufen Deutschland verließen, fielen sie erst mit der größten Wuth über die Juden her. Der Juden gab es damals schon sehr viele in unserm Vaterlande und viele von ihnen waren durch Handel und auf andere Art reich geworden. Diese unglücklichen Menschen wurden jetzt von den Deutschen Kreuzfahrern nicht nur rein ausgeplündert, sondern auch viele von denen, welche sich nicht taufen lassen wollten, ermordet. Zu Mainz allein verlohren ihrer über 900 das Leben, und in mehrern andern Städten, Z. B. in Trier, Regensburg, Prag gings ihnen nicht besser. Viele brachten

ten in der Verzweiflung ihre Weiber, ihre Kinder und dann sich selbst ums Leben, um nur nicht ihren wüthenden Verfolgern und Feinden in die Hände zu fallen.

Wirth. Was war denn aber die Ursache dieser Judenverfolgung?

Bote. Theils Habsucht, theils blinder Religionseifer. Der obengenannte Graf Emich von Leiningen gab vor, Gott habe sich ihm offenbart und ihm befohlen, die Verachtung der christlichen Religion, sowohl an den Heiden, als auch an den Juden zu rächen. Das war nun für blinde Religionseiferer und für viele, welche gern der Juden Vermögen gehabt hätten, und zum Kreuzzuge Geld brauchten, ein gefundener Handel. So gerieth man auf die Verfolgung dieser unglücklichen Menschen. Aber die Grausamen fanden bey der Fortsetzung ihres Zuges auch ihren verdienten Lohn dafür. Denn als sie nach Ungarn kamen, wollten sie dort auch brav rauben und plündern. Doch die Ungarn verstanden unrecht, fielen bald hier bald da über dieses liederliche Räubergesindel her, und schlugen die meisten von ihnen todt. Die welche nicht durch die Ungarn getödtet wurden, kamen theils durch Hunger, theils durch ihre eigenen Ausschweifungen ums Leben. Ein gleiches Schicksal hatten auch andere Haufen von Kreuzfahrern

fahrern in der heutigen Türkey gehabt, an deren Spitze sich Peter der Einsiedler selbst gestellt hatte, und die auch meist nur aus allerley zusammengelaufenem Volke aus Frankreich und den jenseits des Rheins liegenden Deutschen Provinzen bestanden.

Wirth. Wenn es mit den Herrn Kreuzfahrern so ging: da wird ja wohl das gelobte Land von ihnen unerobert geblieben seyn?

Bote. Doch nicht, Herr Gevatter! Nun traten erst die vornehmen Herren, die Herren vom Adel und andere rechtliche Leute aus Frankreich, Italien, England, und zum Theil auch wohl Deutsche, vorzüglich aber jenseits des Rheins wohnende, die sogenannten Lothringer, den Marsch an. Ihrer waren ebenfalls eine gar große Anzahl, alle wohlgerüstet, und mit allerley Bedürfnissen und Lebensmitteln reichlich versehen. Auch sie marschirten in verschiedenen großen Heeren und unter verschiedenen Anführern, welche die vornehmsten Italiänischen, Französischen und Lothringischen Fürsten und Grafen waren. Das eine dieser Heere wurde von dem Herzoge von Niederlothringen, Gottfried von Bouillon, angeführt. Es bestand, (Weiber, Kinder, und die Leute zum Transport der Bagage ungerechnet) aus 90000 Mann, unter denen allein 10000 Mann zu Pferde waren. Die übrigen Heere waren ebenfalls sehr ansehnlich. Alle kamen endlich auf verschiedenen Wegen und unter mancherley gehabten Unfällen in Asien im May des Jahres 1097. an, und zu ihnen stießen dann alle die, welche von denen, die schon früher den Marsch angetreten hatten, etwa noch übrig waren. Die ganze Zahl der in Asien versammelten Kreuzfahrer wird auf 600000 angegeben, wobey aber die Weiber, Kinder, Mönche, Nonnen, Knechte u. dergl. mitgerechnet sind. Es sollen allein 100000 Reiter und die ganze Zahl der wirklichen Krieger 300000 Mann gewesen seyn. Der Oströmische*) oder Griechische Kaiser lieferte den Kreuzfahrern Lebensmittel, und zwar einige Zeit hindurch so reichlich, daß sie den Schöps etwa um anderthalb Groschen und den Ochsen etwa für 20 Groschen nach unserm Gelde kauften.

(Die Fortsetzung folgt.)

*) Siehe vom Oströmischen Kaiserthume Jahrg. 1795 des Boten aus Thüringen, St. 24. Der Oströmische Kaiser hatte seine Residenz in Constantinopel, und war ehemals im Besitz des gelobten Landes und anderer Asiatischen Länder gewesen, die ihm von Arabern u. Türken entrissen worden waren.

Der Bote aus Thüringen.

Drey und dreißigstes Stück.

1796.

Fortsetzung der Geschichte der Deutschen

Anfänglich hatten die Kreuzfahrer bey ihrem weitern Vorrücken in Asien meist viel Glück, doch fehlte es ihnen auch nicht an allerley Mühseligkeiten. Schon waren sie siegreich bis nach Syrien vorgedrungen. Hier aber fanden sie bey der festen Stadt Antiochien einen gar harten Stand. Während sie viele Monate hindurch diese Stadt belagerten, und dieselbe wegen der tapfern Vertheidigung der Belagerten immer nicht erobern konnten, litten sie einen großen Verlust. Viele Tausende waren unverständig genug, sich allerley Ausschweifungen und Wollüsten zu überlassen, worauf eine große Hungersnoth eintrat, welche sehr vielen das Leben kostete. Endlich gelang es doch den Christen sich durch Verrätherey der Stadt Antiochien zu bemächtigen; sie verübten aber bey dem Eintritte in dieselbe die größten Grausamkeiten. Das
veste

veste Schloß von Antiochien war indessen noch in den Händen der Türken. Es eilte auch ein Türkisches Heer zum Entsatz desselben herbey, wodurch das Christenheer in die allergrößte Noth kam. Denn es wurde in die Stadt Antiochien eingeschlossen und ihm alle Zufuhr an Lebensmitteln abgeschnitten.

Die Noth wurde mit jedem Tage größer, und, was das Schlimmste war, mit dem zunehmenden Mangel nahm auch Muthlosigkeit, die Uneinigkeit und allerley Unordnungen unter den Kreuzfahrern, unter Vornehmen und Niedrigen, immer mehr überhand. Beynahe hätte man, sogar der bisher so muthvolle Peter der Einsiedler selbst, alles aufgegeben. Doch auf einmal suchten listige Geistliche die Unwissenheit und den Aberglauben der Leute zu benutzen, und durch allerley Erdichtungen den Muthlosen wieder Muth und Zutrauen einzuflößen. Sie verbreiteten, Christus und andere Heiligen seyen erschienen, man habe die heilige Lanze oder den Speer gefunden, womit jener Römische Soldat des gekreuzigten Heilands Seite durchstochen hätte, und was dergleichen Erdichtungen mehr waren, die der größte Haufe für Wahrheit hielt, und als Vorbedeutungen eines gewissen Sieges ansah. Die Klügern gaben sich alle Mühe, die Unwissenden in diesem Glauben

bestärken. Sobald nur erst auf diese Weise
?r Muth und das Vertrauen wiederhergestellt
orden war, beschlossen die Anführer der Kreuzfah-
r sogleich davon Gebrauch zu machen. Ein allge-
einer Ausfall und Angriff der vor Antiochien
henden Feinde war das einzige Rettungsmittel,
s den Christen noch übrig blieb. Dieser sollte
o geschehen.

Am Peter Pauls Tage rückte das vom Man-
l ganz entkräftete, aber nun wieder muthvolle
istliche Heer, aus Antiochien aus, und ordnete sich
Ehren der Apostel in zwölf Haufen. Die heilige
nze, zum Zeichen des gewissen Sieges und Auf-
nterung der Krieger, wurde vor dem Heere vorgetragen; Mönche und andere Geistliche san-
n Psalmen, in welche alles Volk mit einstimm-
und so wurde der Feind mit äusserster Wuth
gegriffen, gänzlich geschlagen, s-in ganzes La-
r erbeutet, und bald darauf ergab sich auch das
ste Schloß an die Christen. Nun wurde der
arsch, obgleich langsam und unter mancherley
uen Schwierigkeiten, weiter fortgesetzt, bis man
dlich vor Jerusalem ankam. Die Freude, wel-
e die Kreuzfahrer beym ersten Erblicken dieser
tadt hatten, war ausserordentlich. Aus aller
unde ertönte Freudengeschrey, aus aller Mun-
erschollen freudige Lobgesänge; man fiel auf

K k 2   die

die Knie und dankte Gott, man küßte die Erde, die man für heilig hielt, weil unser Heiland sie betreten hatte. Doch die Stadt Jerusalem einzunehmen, war nicht so leicht. Sie war stark bevestigt, und mit einer Besatzung versehen, die eben so stark war, als die Zahl der Christen, die sie belagern wollte, deren Anzahl bis auf etwa 60000 streitbare Männer herabgekommen war. Alle übrigen hatten theils der Mangel und andere Mühseeligkeiten aufgezehrt, theils ihre eigenen Ausschweifungen hingerafft, theils waren sie gegen den Feind geblieben, theils waren sie aus Unmuth wieder nach Europa zurückgekehrt, theils hatten sie sich aus andern Ursachen von der Hauptarmee getrennt und in andern Gegenden verbreitet.

Nach mehrern fruchtlosen Angriffen wurde endlich doch Jerusalem den 15. Juli 1099 durch Sturm eingenommen. Nun war der heiße Wunsch der Christen erfüllt. Aber wie unwürdig der Erfüllung dieses Wunsches betrugen sie sich nicht! Ein schreckliches Gemetzel wurde unter den Muhamedanern, unter Männern, Weibern, Kindern und Greisen, beym Eintritt in die Stadt von den Christen mit der grausamsten Wuth angerichtet. Mit Entzücken strömten sie zwar der Kirche des heiligen Grabes zu, und dankten Gott für seinen Beystand

stand und Hülfe; aber kaum hatten sie den Dank ausgesprochen: so fingen sie, die Verehrer des Gottes der Liebe und Anhänger des sanftmüthigen Jesu seyn wollten, an, mit neuer Wuth über die noch übrigen Muhamedaner herzufallen, und nur wenige von diesen kamen mit dem Leben davon. Welche bejammernswürdige Beweise der Unwissenheit, des Aberglaubens und unaufgeklärter Begriffe von der christlichen Religion!!

Nun wurden in den eroberten Provinzen von den Abendländischen Christen Fürstenthümer und Grafschaften nach Europäischer Manier errichtet. Aus Jerusalem und einem dazu geschlagenen Bezirke von etlichen zwanzig Städten, Flecken und Schlössern machte man ein eignes Königreich, zu dessen erstem Könige der tapfere Niederlothringische Herzog, Gottfried von Bouillon, gewählt wurde, der aber bald starb. Dieses gar kleine Königreich wurde nach und nach immer mehr vergrößert. Viele Kreuzfahrer blieben in den eroberten Ländern und ließen sich dort nieder; andere kehrten wieder heim nach Europa. Aber die Christen hatten in ihren neuen Besitzungen wenig Ruhe. Ringsumher waren sie von ihren Feinden, den Muhamedanern, umgeben, die sich alle Mühe gaben, ihnen das Eroberte wieder abzunehmen. Es gab also da fast immer Krieg.

R 3   Unter

Unter diesen Umständen traten mehrere Männer zusammen, welche das Gelübde ablegten, stets gegen die Muhamedaner zu kämpfen. Hieraus entstanden zu verschiedenen Zeiten drey geistliche Ritterorden, nämlich die Tempelherren, die Johanniterritter und der Orden der Deutschen Ritter*).

Diese Ritterorden allein waren freylich nicht zureichend, das eroberte Land gegen die Muhamedaner

---

*) Die Tempelherren sind schon vor mehrern hundert Jahren aufgehoben worden. Die Johanniterritter dauern noch fort, und haben jetzt die Insel Malta im Mittelländischen Meere unterhalb Italien in Besitz, weßhalb man dieselben heut zu Tage auch Malteserritter nennt. Außer diesen aber giebt es auch noch Johanniterritter in andern Ländern, auch in Deutschland, wo ihnen große Districte, z. B. in der Mark Brandenburg das Herrenmeisterthum Sonneburg gehören. Diese Deutschen Johanniterritter dürfen auch der evangelischen Religion zugethan seyn und dürfen heurathen. Noch jetzt haben die Johanniterritter zu Malta die Verbindlichkeit auf sich, gegen die Muhamedaner zu kriegen. Der Orden der Deutschen Ritter oder Deutschen Herren war von seinem Ursprunge an nur für Deutsche Adeliche bestimmt. Er dauert auch noch fort, und hat Besitzungen in mehrern

rwedaner zu vertheidigen. Hierzu kam, daß unter den dortigen Christen sehr öfters allerley innere Mißhelligkeiten und Streitigkeiten entstanden, welche die Muhamedaner gar weislich zu benutzen mußten, um die christlichen Eroberer immer mehr in die Enge zu treiben, und das eroberte Land ihnen nach und nach wieder abzunehmen. Die Abendländischen Christen hatten sich aber einmal in den Kopf gesetzt, den Muhamedauern das heilige Land nicht zu lassen, und das neu gestiftete Königreich Jerusalem aufrecht zu erhalten. Was war also zu thun? Es mußten von Zeit zu Zeit neue Kreuzzüge unternommen werden. Man zählt daher noch 5 bis 6 solcher Kreuzzüge, welche zu verschiedenen Zeiten, seit dem ersten Kreuzzuge, der sich am Ende doch noch so glücklich geendigt hatte, nach Asien unternommen wurden, um das neue Königreich Jerusalem und die andern eroberten Gegenden gegen die immer wiederhohlten Anfälle der Muhamedaner zu vertheidigen, und

R k 4   das

rern Provinzen Deutschlands, wovon das Meisterthum Mergentheim im Fränkischen Kreise die vornehmste ist. Dieser Orden besteht ebenfalls jetzt so wohl aus catholischen, als auch evangelischen Rittern, welche letztere heurathen dürfen. Ihre Verbindlichkeit gegen die Muhamedauer zu kämpfen hat aufgehört, das, was von Zeit zu Zeit den Christen dort aufs neue entrissen wurde, wieder unter christliche Herrschaft zurückzubringen. Mehr als einmal ging in dem Zeitraume von beynahe zweyhundert Jahren, binnen welchem die Kreuzzüge unternommen wurden, die Stadt Jerusalem wieder an die Muhamedaner verlohren, ja manchmal fast alles, was die Abendländischen Christen im Morgenlande erobert hatten. Aber wenn dann die Noth dort für die Christen am größten war, ließen die Päpste die Europäer zu neuen Kreuzzügen auffordern. Da marschirten denn wieder neue Hunderttausende aus fast allen Ländern von Europa, besonders aber Franzosen und Deutsche, hin, und suchten den Christen dort aufs neue die Oberhand zu verschaffen. An den folgenden Kreuzzügen nahmen, auf wiederhohlte Aufforderungen der Päpste, auch selbst Kaiser und Könige Theil. Diese führten selbst die christlichen Armeen an, opferten eine große Menge ihrer Unterthanen auf, und hatten wenn sie das Ding beym Lichte besahen, nicht den geringsten wirklichen Vortheil davon.

(Die Fortsetzung folgt.)

Der Bote aus Thüringen.

Vier und dreißigstes Stück.

1796.

Fortsetzung der Geschichte der Deutschen.

Alle übrigen Kreuzzüge fallen in die Zeit, in welcher die Schwäbischen oder Hohenstaufischen Kaiser und Könige in Deutschland und Italien regierten. An mehr als einem derselben nahmen unsere kriegerischen Vorfahren vorzüglichen Antheil, und zogen zu vielen Tausenden unter Anführung ihrer Könige und Fürsten nach Asien hin. Besonders geschah dies in dem zweyten, dritten, fünften und sechsten Kreuzzuge. In denselben wurden sie von den Hohenstaufischen Kaisern Konrad III., Friedrich I. und Friedrich II. selbst angeführt. Vorzüglich war die Menge der Deutschen, welche dem zweyten und dritten Kreuzzuge beywohnten, ungeheuer groß. In dem zweyten Kreuzzuge führte Konrad III. allein 70000 Deutsche Adeliche zu Pferde, und eben so viel Fußvolk nach Asien hinüber, und im dritten trat Kaiser Friedrich I. an der Spitze von 150000 Deutschen den Marsch dahin an. Bey der Geschichte jedes einzelnen dieser übrigen Kreuzzüge will ich mich indessen weiter nicht aufhalten. Nur noch soviel davon. Alle kosteten einer ungeheuern Menge von Deutschen und andern Europäern das Leben. Das Schwert der Feinde tödtete eigentlich die wenigsten; aber Hunger, und wenn Ueberfluß zuweilen wieder da war, die größte Unmäßigkeit, viehische Ausschweifungen, ansteckende Krankheiten, welche unter denen an die Morgenländische Luft und Witterung nicht gewöhnten Europäern entstanden, die entsetzlichen Strapazen einer so langen Reise, — alles dies war es eigentlich, was die meisten Kreuzfahrer dahin raffte. Immer nur wenige von denen, welche mitgezogen waren, erblickten ihr Vaterland wieder. Wenn auch ein Heer bey seinem Abmarsche aus Deutschland mehr als 100,000 Mann stark war: so war es, ehe es in Asien noch etwas beträchtliches hatte ausführen können, schon zu wenigen Tausenden zusammengeschmolzen. Viele der angesehnsten Männer wurden in diesen Zügen ein Raub eines frühern Todes, Familien, die noch Jahrhunderte hätten fortdauern können, starben dadurch aus. Mehrern der angesehnsten Deutschen Fürsten kosteten diese Kreuzzüge das Leben,

ben, unter andern auch zweyen Landgrafen von Thüringen, nämlich Ludewigen III. und Ludewigen IV. Beyde starben an Krankheiten, der erstere auf der Insel Cypern in Asien im dritten Kreuzzuge, wobey er große Beweise seiner Tapferkeit abgelegt hatte. Landgraf Ludewig IV. aber starb beym sechsten Kreuzzuge im Neapolitanischen, von wo aus er zu Schiffe nach Asien mit seinem Gefolge übersetzen wollte. Beyder Gebeine wurden mit schweren Kosten nach Thüringen zurückgebracht, und im Kloster zu Reinhardsbrunn begraben. Der Kaiser Friedrich I. starb auch in Asien bey Gelegenheit des dritten Kreuzzuges, und von dem großen Heere, das er gegen die Muhamedaner geführt hatte, sahen nur wenige Deutschland wieder. Beym sechsten Kreuzzuge gelang es dem damaligen Kaiser Friedrich II. im Jahre 1228 bis nach Jerusalem vorzubringen, und sich zum Könige von Jerusalem zu machen. Aber was half denn das alles? Kaum war er wieder nach Europa zurückgekehrt: so bekamen die Muhamedaner dort wieder die Uebermacht über die Christen, und aller neuen Anstalten und Anstrengungen ungeachtet, verlohren diese immer mehr von ihren Besitzungen, bis ihnen endlich am Ende gar nichts mehr dort übrig blieb. Die Lust zu Kreuzzügen, wodurch man bisher bey aller Aufopferung

trat Kaiser Friedrich I. an der Spitze von 150000 Deutschen den Marsch dahin an. Bey der Geschichte jedes einzelnen dieser übrigen Kreuzzüge will ich mich indessen weiter nicht aufhalten. Nur noch soviel davon. Alle kosteten einer ungeheuern Menge von Deutschen und andern Europäern das Leben. Das Schwert der Feinde tödtete eigentlich die wenigsten; aber Hunger, und wenn Ueberfluß zuweilen wieder da war, die größte Unmäßigkeit, viehische Ausschweifungen, ansteckende Krankheiten, welche unter denen an die Morgenländische Luft und Witterung nicht gewöhnten Europäern entstanden, die entsetzlichen Strapazen einer so langen Reise, — alles dieß war es eigentlich, was die meisten Kreuzfahrer dahin raffte. Immer nur wenige von denen, welche mitgezogen waren, erblickten ihr Vaterland wieder. Wenn auch ein Heer bey seinem Abmarsche aus Deutschland mehr als 100,000 Mann stark war: so war es, ehe es in Asien noch etwas beträchtliches hatte ausführen können, schon zu wenigen Tausenden zusammengeschmolzen. Viele der angesehnsten Männer wurden in diesen Zügen ein Raub eines frühern Todes, Familien, die noch Jahrhunderte hätten fortdauern können, starben dadurch aus. Mehrern der angesehnsten Deutschen Fürsten kosteten diese Kreuzzüge das Leben,

ben, unter andern auch zweyen Landgrafen von Thüringen, nämlich Ludewigen III. und Ludewigen IV. Beyde starben an Krankheiten, der erstere auf der Insel Cypern in Asien im dritten Kreuzzuge, wobey er große Beweise seiner Tapferkeit abgelegt hatte. Landgraf Ludewig IV. aber starb beym sechsten Kreuzzuge im Neapolitanischen, von wo aus er zu Schiffe nach Asien mit seinem Gefolge übersetzen wollte. Beyder Gebeine wurden mit schweren Kosten nach Thüringen zurück gebracht, und im Kloster zu Reinhardsbrunn begraben. Der Kaiser Friedrich I. starb auch in Asien bey Gelegenheit des dritten Kreuzzuges, und von dem großen Heere, das er gegen die Muhamedaner geführt hatte, sahen nur wenige Deutschland wieder. Beym sechsten Kreuzzuge gelang es dem damaligen Kaiser Friedrich II. im Jahre 1228 bis nach Jerusalem vorzudringen, und sich zum Könige von Jerusalem zu machen. Aber was half denn das alles? Kaum war er wieder nach Europa zurückgekehrt: so bekamen die Muhamedaner dort wieder die Uebermacht über die Christen, und aller neuen Anstalten und Anstrengungen ungeachtet, verlohren diese immer mehr von ihren Besitzungen, bis ihnen endlich am Ende gar nichts mehr dort übrig blieb. Die Lust zu Kreuzzügen, wodurch man bisher bey aller Auf-

opferung

opferung von so vielem Menschenblut und Gelde im Ganzen doch so wenig ausgerichtet hatte, hatte nach und nach immer mehr abgenommen, und verlohr sich endlich ganz, so viel sich auch die Päpste aufs neue Mühe gaben, den Christen das Verdienstliche dieser Züge vorzustellen. Man hat berechnet, daß bey diesen unsinnigen Kreuzzügen, binnen einer Zeit von noch nicht ganz zwey hundert Jahren, mehrere Millionen Menschen aus Europa nach Asien gegangen sind. Denn außer den zahlreichen Armeen, welche in den eigentlichen großen Kreuzzügen dahin marschirten, zogen noch viele kleinere Haufen zu verschiedenen Zeiten binnen diesen zwey Jahrhunderten hin. Wie wenige mögen von diesen Millionen glücklich nach Europa wieder zurückgekommen, und wie groß mag der Verlust an Menschen gewesen seyn, welchen dadurch auch Deutschland litt! Bedenkt man nun, daß die Christen den bey diesen Zügen sich vorgesetzten Hauptzweck, das gelobte Land für immer unter ihre Gewalt zu bringen, am Ende doch gar nicht erreicht haben: so muß man über diese Raserey der Menschen noch mehr erstaunen.

Uebrigens hatten die Kreuzzüge, so wie für ganz Europa, also auch für Deutschland, manche merkwürdigen Folgen, wovon ich nur einiges noch anfühausführen will, ehe ich zu andern Begebenheiten übergehe.

Um an den Kreuzzügen desto besser und bequemer Theil nehmen zu können, verschenkten, verkauften, oder verpfändeten viele ihre Ländereyen und Besitzungen. Manches Dorf und Meierey kam dadurch in die Hände der Bischöfe und Aebte, welche gern den Kreutzfahrern Reisegeld gaben, um ihre eigenen Besitzungen zu vermehren. Mancher Deutsche schenkte aus Frömmigkeit seine Ländereyen an ein Kloster, um desto ungehinderter gegen die Muhamedaner kämpfen zu können, und glaubte so ein doppeltes Recht auf Vergebung der Sünden und ewige Seligkeit zu haben. Andere gaben willig ihr Hab und Gut einer Kirche hin, und dachten durch die Eroberungen in Asien dafür reichlichen Ersatz zu finden. Wer aber weder fromm nach damaligen Begriffen, noch sonst freygebig genug war, das Seinige wegzuschenken, doch aber zum Marsche nach Asien Geld und andere Bedürfnisse brauchte, der verkaufte oder verpfändete seine Besitzungen an andere. Dadurch wurden die zurückbleibenden geistlichen und weltlichen Fürsten und Herren reicher und mächtiger. Eben dies geschah auch durch das Aussterben so vieler angesehener Familien auf diesen Zügen.

Der große Verlust an Männern, welchen

Deutschland nebst andern Ländern durch die Kreuzzüge erlitt, wurde die Veranlassung, die Zahl der Nonnenklöster sehr zu vermehren, deren es bis dahin in Vergleichung mit Mönchsklöstern in Europa nur wenige gegeben hatte, ja selbst manche der schon vorhandenen Nonnenklöster waren so eingerichtet gewesen, daß die Frauenzimmer aus denselben wieder hatten heraustreten können. Dieß fiel nun aber nach und nach weg. Zur Erbauung mehrerer Klöster für Frauenspersonen gaben jetzt gutmeynende Seelen ihr Vermögen her, und schenkten denselben Güter, damit darin die Jungfrauen und jungen Wittwen aufgenommen und erhalten werden könnten, welche durch die Kreuzzüge theils ihre Väter, Männer und Versorger, theils die Hoffnung verlohren hätten, sich je verheurathen zu können. In den Niederlanden und andern Gegenden wurden auch zur Erhaltung vieler Jungfrauen und Wittwen Arbeitsanstalten errichtet, in welchen die darin aufgenommenen allerley nützliche Arbeiten, unter der Aufsicht gewisser Vorgesetzten verrichten, und so sich ihr Brod erwerben mußten. Dergleichen Anstalten waren freylich immer noch besser, als die Nonnenklöster, und gaben Gelegenheit, in der Weberey und andern nützlichen Arbeiten es zu einer immer größern Vollkommenheit zu bringen.

In

In den Morgenländern ist, wie der Herr Gevatter aus der Bibel wissen wird, der Aussatz eine sehr gewöhnliche Krankheit. Von diesem waren viele Kreuzfahrer in Asien angesteckt worden, und brachten ihn, nebst manchen andern bisher unter den Europäern unbekannten Krankheiten, nach Europa zurück. Es kostete auch, besonders in den wärmern Ländern von Europa, wie z. B. in Italien und den südlichen Provinzen von Frankreich gar viele Mühe, den Aussatz wieder zu vertilgen. Man errichtete unter andern Krankenhäuser zur Wiederherstellung der Angesteckten; und manche noch fortdauernde Stiftungen für Kranke nahmen in jenen Zeiten ihren Ursprung.

Wenn auch viele Kreuzfahrer, wider ihre Erwartung, sonst eben nicht Schätze aus dem gelobten Lande zurückbrachten: so brachten sie doch allerley Reliquien von daher mit. Diese schätzte man freylich in jenen Zeiten viel höher als Gold und andere Kostbarkeiten. Solche vermeynte Heiligthümer wurden nun sehr sorgfältig aufbewahrt, ihnen zu Ehren neue Klöster Kirchen und Capellen errichtet, und diese durch die Leute, welche sie zu sehen und dabey zu beten wünschten, reichlich beschenkt. Die Zahl der Klöster, Kirchen und Capellen nahm hierdurch auch in unserm Vaterlande immer mehr zu.

(Die Fortsetzung folgt.)

In der Real-Schul-Buchhandlung zu Berlin sind folgende nützliche Bücher herausgekommen:

1. Materialien zur Uebung im Uebersetzen aus dem Deutschen ins Französische.
2. Kurzgefaßte Franz. Sprachlehre vom Oberconsistorial-Rath Hecker.
3. Desselben Franz. Lesebuch. 1ster u. 2ter Theil.
4. Desselben neues Lat. Lesebuch für Anfänger.
5. Wezels kurze Lateinische Sprachlehre.
6. Deutsche Chrestomathie zum Uebersetzen aus dem Deutschen ins Lateinische.
7. Einige Ideen zur Beantwortung der Frage: Wie läßt sich die Bildung einer Nation am leichtesten und am sichersten auf eine andere übertragen? mit Hinsicht auf die gegenwärtige Theilung von Polen. von C. F. A. Greshoff.
8. Kurzer Abriß der Geographie der Königl. Preußischen Staaten von Fr. Herzberg, 1ste Abtheil.
9. Handbuch der Englischen Sprache.
10. Berlinisches ABC-Buchstabir- und Lesebüchlein von Chr. Zimmermann.
11. Auch ein Wort über den Grafen von Herzberg von Fr. Herzberg.
12. Hebräische Sprachlehre von J. E. F. Wetzel.

Der Bote
aus
Thüringen.

Fünf und dreißigstes Stück.

1796.

Fortsetzung der Geschichte der Deutschen.

Deutschland mochte, gleich andern Ländern, durch die Kreuzzüge freylich eine Menge sehr braver und guter Leute verlohren haben; aber glücklicher Weise waren auch viel liederliches Gesindel und viele unruhige Köpfe von hohem und niedrigem Stande mit nach Asien gegangen. Beym ersten Kreuzzuge hatten, wie schon gesagt, größtentheils nur Deutsche von schlechter Denkungsart sich an die Kreuzfahrer anderer Länder angeschlossen. Bey den Kreuzzügen, wobey die schwäbischen Kaiser selbst, nebst andern angesehenen Deutschen Fürsten, die Anführer der Deutschen Kreuzfahrer waren, hatten die Kaiser zwar eine sorgfältigere Auswahl zu treffen gesucht; aber demungeachtet waren doch gewiß auch immer noch viele Leute mit fortgegangen, welche sich bisher nur von Dieberey und Straßenraub genährt hatten, überhaupt aber viele von denen, welche durch ihre immerwährenden Fehden Deutschland beunruhigt hatten, und bisher ihren Mitbürgern sehr zur Last gewesen waren. Wie viele kriegerische und unruhige Köpfe, wie viel Diebe und Mörder, wie viele andere Verbrecher und Taugenichtse mögen überdem in den Zwischenzeiten zwischen den eigentlichen großen Kreuzzügen Deutschland verlassen, und ihr Heil im Kriege gegen die Muhamedaner versucht haben? Konnte es wohl anders seyn, da man die Theilnahme an diesen Kriegen eben sowohl für ein Mittel reich zu werden, als Vergebung der Sünden zu erlangen, hielt?

Durch die Kreuzzüge hatten endlich die Deutschen nebst den übrigen Europäischen Nationen eine genauere Kenntniß von Asien, von den Sitten, von den Einsichten der Morgenländer, von den besondern Thieren, Pflanzen, Steinen und Kunstarbeiten in den Asiatischen Ländern und in dem Oströmischen Kaiserthume erlangt. In den Gegenden, wohin die Deutschen und andere Europäische Kreuzfahrer auf ihren Zügen kamen, und besonders in Konstantinopel und dem Oströmischen Kaiserthume, war man schon seit alten Zeiten her ungleich viel gebildeter, in mancherley Künsten, Wissenschaften und nützlichen Gewerben viel erfahrner, als damals die Deutschen und andere

Euro-

Europäer wären. Wie viel Neues und Nützliches lernten da diese kennen, womit sie vielleicht noch so bald nicht bekannt geworden wären, wenn ihnen die Kreuzzüge nicht dazu Gelegenheit verschafft hätten. So glaubt man z. B. daß der Wirsching oder das Wälschkraut, die Pergamottenbirnen, der Buchwaizen oder das Heidekorn und der Zucker durch die Kreuzzüge in den Abendländern bekannt geworden sind, so wie seit den Kreuzzügen auch der Seidenbau, der in Asien seit den ältesten Zeiten bekannt war, in den Abendländern Europas eingeführt worden ist. Seit den Kreuzzügen fingen die Italiäner an, mit den Asiatern sehr wichtigen Handel zu treiben und aus Asien allerley Waaren zu hohlen. Dadurch gewann besonders auch der Deutsche Handel, und viele Deutsche Städte kamen seitdem immer mehr empor. Doch hiervon, so wie noch von andern Vortheilen, welche die Deutschen durch die Kreuzzüge erhielten, werde ich bey einer andern Gelegenheit mehr erzählen.

Bisher sahen wir, wie sich Deutsche unter den Hohenstaufischen Kaisern mehr als einmal unnützer Weise in Asien mit den Muhamedanern herumschlugen. Laß der Herr Gevatter uns nun doch auch sehen, was zu der Zeit in Deutschland selbst sich zutrug! Hier ging es wieder manchmal gar bunt zu. Besonders litt die innere Ruhe Deutschlands nicht wenig durch den Ehrgeiz und die Herrsucht zweyer mächtigen Familien. Diese Familien waren die Welfische und die Hohenstaufische. Die Welfische, von ihrem Stammvater Welf so genannt, war seit des unglücklichen Kaisers Heinrichs IV. Zeiten in den Besitz der Herzoglichen Würde von Bayern gekommen, hatte auch ausserhalb Bayern durch Heurathen und andere Umstände manche Besitzungen erhalten. Aufs höchste stieg ihre Macht, als dieselbe auch zur Herzogswürde in Sachsen gelangte. Dieß geschah, als Kaiser Lothar II., wie schon erwähnt worden ist, den, von der Welfischen Familie abstammenden, Bayerschen Herzog Heinrich mit seiner Tochter vermählte, und ihn auch zum Herzoge von Sachsen machte, um an ihm einen mächtigen Anhänger gegen die Hohenstaufische Familie zu haben, welche zu Lothars II. Zeit die Herzogswürde in Schwaben besaß, und gern damals schon auch die Kaiserwürde gehabt hätte. Ich habe dem Herrn Gevatter schon oben gesagt, daß die Erhebung des Bayerschen Herzogs Heinrichs zum Herzoge von Sachsen den Neid der Hohenstaufischen Familie und anderer Deutschen Fürsten erweckte, und daß der Kaiser Lothar sogar in Krieg mit der Hohenstaufischen Familie verwickelt wurde, worin er aber diese zum Nachgeben zwang.

Nach

Nach Kaiser Lothars II. Tode hatte der eben wähnte Herzog von Bayern und Sachsen, Hein- ch mit dem Beynahmen der Stolze, auch der roßmüthige, gewünscht, zum Kaiser gewählt zu erden; aber sein Wunsch war ihm fehl geschla- n, und es war mit Konrad III. die Hohen- ufische Familie auf den Deutschen Thron ge- ngt. Der Herr Gevatter kann leicht denken, ß dieses dem Herzoge Heinrich, der die Hohen- ufen für seine bittersten Feinde halten mußte, ch mehr gegen diese aufbrachte. Zwischen der Zelfischen und der Kaiserlichen oder Hohenstau- ischen Familie entstand daher nun ein fast unauss schlicher Haß, der am Ende beyden Familien, ie wir sehen werden, zum größten Nachtheil ge- ichte. Konrad III. fürchtete Heinrichs Macht; enn Herzog Heinrich war der mächtigste Fürst Deutschlands. Er herrschte über das heutige Bayern, über einen Theil des heutigen Oestrei- ischen Kreises, über Westphalen, Niedersach- n und sogar über einen Theil Obersachsens. Es g Konraden und seinen Anhängern alles daran, erzog Heinrichs große Macht zu schwächen. ieß wußte Heinrich recht gut; darum wollte er nicht or Konraden erscheinen, als ihn dieser mehr als zu sich berief. Diesen Ungehorsam bestraf- e Konrad III. dadurch, daß er ihn seiner beyden

M m 3 Her-

Herzogthümer entsetzte und sie andern gab. Dieß gab Gelegenheit zu vielen innern Unruhen und Kriegen in Deutschland, welche die Welfische und Hohenstaufische oder Kayserliche Parthey mit einander führten. Das Ende davon erlebte weder Konrad III., noch sein Feind der Herzog Heinrich der Stolze. Noch zu Konrads III. Zeiten ereignete sich bey diesen innern Unruhen eine Begebenheit, die ich nicht mit Stillschweigen übergehen kann. Konrad belagerte einst in einem der Kriege gegen die Welfen Weinsberg, eine Stadt im heutigen Würtembürgischen, im Schwäbischen Kreise. Konrad setzte ihr so hart zu, daß es endlich den Weinsbergern nicht mehr möglich war, sich länger zu halten. Er versprach den Weibern und Kindern freyen Abzug; die Männer aber sollten in der Stadt zurückbleiben, und seine Gefangene seyn. Man sprach gar davon, daß, wenn nicht alle, doch einige als Aufrührer hingerichtet werden sollten. Die Weiber wollten indessen nicht gerne ihre Männer im Stiche lassen. Was thaten sie also? Sie ließen Konraden bitten, daß er ihnen doch auch erlauben möchte, ihren liebsten Schmuck aus der Stadt mitzunehmen. Auch das gestand ihnen Konrad zu. Da nahm denn jede Frau ihren Mann auf den Rükken, und so wanderten alle frisch auf das kaiserliche

che Lager zu. Wie erstaunten Konrad und sein ganzes Heer bey diesem Anblicke. So etwas hatte man im Lager nicht vermuthet; sondern vielmehr geglaubt, die Weinsberger Frauen würden ihre schönen Kleider und andere Putzsachen zu retten suchen. Konrads Bruder meynte daher auch, man habe nicht nöthig unter solchen Umständen den Weinsbergischen Weibern Wort zu halten. Konrad aber, voll Bewunderung ihrer Treue, rief aus: **Was ein Kaiser versprochen hat, muß er auch halten!** Er ließ die treuen Weiber nicht nur in Ruhe mit ihren Männern ziehen, sondern erlaubte ihnen auch, zur Belohnung ihrer Treue, überdieß noch ihre übrigen Kostbarkeiten und Güter mitzunehmen.

Herzog Heinrich der Stolze starb viel früher, als sein Feind Konrad III. Es hatte ihm nicht gelingen wollen, sich wieder in den Besitz seiner verlohrnen Staaten zu setzen. Was aber ihm nicht gelungen war, das gelang auf eine geraume Zeit seinem Sohne. Dieser hieß auch Heinrich, und bekam entweder wegen seiner großen Tapferkeit, oder wegen des Bildes eines Löwen, das er in seinem Wappen führte, den Beynamen, der Löwe.*)

*) In Braunschweig ist auf einem öffentlichen Platze vor der alten fürstlichen Burg, das

Als sein Vater starb, war er noch unmündig. Eigentlich hätte er nun in die Besitzungen und Würden seines Vaters eintreten sollen. Doch die Feinde der Welfischen Familie wußten es so einzurichten, daß ihm nur das Herzogthum Sachsen gelassen wurde. Als er aber älter geworden war, und er sich durch seinen Muth und Tapferkeit schon großen Ruhm und Ansehen erworben hatte, drang er mehrmals, mit den Waffen in der Hand, darauf, ihn in alle Würden und Besitzungen seines verstorbenen Vaters einzusetzen. Indessen, so lange Konrad III. lebte, mußte man ihn mit bloßen Versprechungen hinzuhalten.

(Die Fortsetzung folgt.)

Mosthaus genannt, auf einer hohen und breiten Säule von Quadersteinen ein von Metall gegossener Löwe zu sehen, welchen Heinrich der Löwe hat aufrichten lassen. Die Stadt Braunschweig, welche schon vor ihm eine ansehnliche Stadt war, brachte eben dieser Herr noch mehr in Flor und Aufnahme. Auch liegt er dort in der Domkirche begraben.

Das wichtige Buch: Grundsätze der Erziehung und des Unterrichts für Eltern, Hauslehrer und Erzieher von D. August Herrmann Niemeyer, ist nunmehr erschienen, und wird ohne Zweifel da, wo es gelesen, durchdacht und befolgt wird, viel Gutes stiften.

Der Bote aus Thüringen.

Sechs und dreißigstes Stück.

1796.

Fortsetzung der Geschichte der Deutschen.

Nur erst, nachdem Friedrich I. nach Konrad III. Tode (1152) Oberhaupt des Deutschen Reiches geworden war, wurde auf einem Reichstage zu Regensburg im Jahr 1155 auch das Herzogthum Bayern Heinrichen, dem Löwen, wieder zugesprochen, und er in alle Rechte und Würden seines verstorbenen Vaters eingesetzt. Doch mußte er es zugeben, daß das Land ob der Ens, das damals noch ein Theil von Bayern war, nebst dem Lande unter der Ens, das vorher nur unter einem in mancher Hinsicht von dem Herzoge von Bayern abhängigen Markgrafen gestanden hatte, durch den Kaiser Friedrich I. für völlig unabhängig von Bayern erklärt, und aus beyden Provinzen zusammen ein eigenes Herzogthum mit großen Vorrechten gemacht wurde. So entstand das heutige Erzherzogthum Oestreich. Dieß that Kaiser

Kaiser Friedrich, um den Markgrafen von Oestreich, dem nach der Entsetzung Herzogs Heinrichs des Stolzen das Herzogthum Bayern gegeben worden war, zur Abtretung Bayerns zu bewegen, und ihn einigermaßen dafür zu entschädigen. Dieser erste Herzog von Oestreich hieß auch Heinrich. Er hat den Beynamen Jasomirgott bekommen, weil er immer zu sagen pflegte: Ja, so mir Gott, d. i., so wahr mir Gott helfe. Er verlegte seine Residenz nach Wien, welche Stadt seitdem immer die Residenzstadt der Herzoge von Oestreich gewesen ist.

Herzog Heinrich der Löwe fand bald Gelegenheit, seinen in Bayern erlittenen Verlust reichlich zu ersetzen. Schon ehe er noch das Herzogthum Bayern erhalten hatte, hatte er mehrmals glückliche Kriege gegen die Slaven an der Ostsee im heutigen Lauenburgischen, Mecklenburgischen und Pommern geführt, und sich die dortigen Slaven unterworfen. Nun suchte er seine Macht dort immer mehr zu bevestigen, die heidnische Religion dort gänzlich zu vertilgen und das Christenthum auszubreiten. Auch die Stadt Lübeck, welche zu seiner Zeit von einem Grafen von Holstein erbauet, und gar bald durch Handel blühend geworden war, brachte er in seine Gewalt. Sie war nicht

nicht lange nach ihrer Erbauung abgebrannt; Heinrich der Löwe bauete sie von neuem auf, und durch seine Sorgfalt wurde der Handel derselben noch viel blühender, als er vorher gewesen war. Heinrichs durch glückliche Kriege und andere Umstände immer mehr zunehmende Besitzungen und Gewalt waren allein schon im Stande, ihm eine Menge Neider und Feinde zuzuziehen. Man wirft ihm aber auch ausserdem noch vor, daß ihn seine große Macht, worin er alle andere Deutsche Fürsten damaliger Zeit bey weitem übertraf, übermüthig gemacht, und zu manchen ungerechten und unvorsichtigen Dingen verleitet habe. Nach Antritt seiner Regierung war Friedrich I., wenigstens dem Anscheine nach, Heinrichs guter Freund gewesen; auch hatte Heinrich dem Kaiser manchen wichtigen Dienst gethan, und das gegenseitige Zutrauen zwischen beyden war so groß geworden, daß der Widerwille, der seit Lothars II. Zeiten zwischen der Welfischen und Hohenstaufischen Familie geherrscht hatte, völlig vertilgt zu seyn schien. Aber Heinrichs zunehmende Macht wurde dem Kaiser immer bedenklicher, und da Heinrichs Feinde und Neider nichts sparten, ihn immer verdächtiger zu machen; überdieß Friedrich I. sich und seine Familie auch immer mächtiger in und auffer Deutschland zu machen suchte:

so entstand aufs neue Haß und Eifersucht zwischen der Welfischen und Hohenstaufischen Familie. Besonders geschah dieß dadurch, daß Kaiser Friedrich I. durch Ankauf Güter in Italien und Deutschland an seine Familie zu bringen suchte, welche der Welfischen Familie gehörten, und die Heinrich der Löwe nach dem Absterben eines seiner Verwandten hätte erben sollen. Dieß erbitterte Heinrichen so sehr, daß er die Hülfe versagte, welche einst Friedrich I. zu einem Kriege in Italien in sehr bedrängten Umständen nöthig hatte, und um welchen dieser, wie man sagt, jenen fußfällig bat. Kaum war daher Friedrich I. aus Italien zurückgekehret: so suchte er sich zu rächen. Heinrichs Feinde und Neider erhoben auch laute Klagen beym Kaiser über Heinrichen. Dieser wurde zur Verantwortung gefordert. Da er aber auf mehrmalige Aufforderungen auf den bestimmten Reichstagen, weil er sich nicht viel Gutes vom Kaiser und seinen übrigen Feinden versprach, immer nicht erschien: so wurde er auf einem Reichstage zu Würzburg im Jahr 1180 seiner beyden Herzogthümer entsetzt. Zwar setzte er sich mit gewaffneter Hand gegen diesen Ausspruch, und bekriegte seine Feinde; aber er unterlag der Macht und der Menge derselben, und mußte sogar versprechen, weil man seinen kriegerischen Geist fürchtete,

tete, Deutschland auf einige Jahre zu verlassen, und sich bey seinem Schwiegervater, dem Könige von England, aufzuhalten. Die Staaten, die Heinrich der Löwe bisher mit vieler Weisheit regiert hatte, wurden zertheilt. Das Herzogthum Bayern erhielt der Pfalzgraf Otto von Wittelsbach, der Stammvater des noch bis jetzt über Bayern herrschenden Hauses. Das Herzogthum Sachsen bekam Graf Bernhard von Anhalt, aber es wurde sehr geschwächt; denn ein Theil von Engern und Westphalen, das bisher zum Herzogthume Sachsen gehört hatte, wurde davon getrennt, und dem Erzbischofe von Köln, einem der Feinde Heinrichs des Löwen, als ein besonderes Herzogthum überlassen. Seit dieser Zeit hat auch das Herzogthum Westphalen*) immer dem Erzbischofe von Köln gehört. Andere Stücke vom alten Herzogthume Sachsen bekamen die Sächsischen Bischöfe; die Stadt Lübeck aber wurde zu einer Reichsstadt, Pommern zu einem besondern Herzogthume und das Holsteinische zu einer von dem Herzoge von Sachsen unabhängigen Grafschaft erhoben. Unter solchen Umständen blieb also dem neuen Herzoge von Sachsen wenig übrig. Auch von dem alten Herzogthume Bayern wurde man-

*) Es liegt im Westphälischen Kreise disseits des Rheins.

ches Stück abgerissen, und die Bayerschen Bischöfe, und mehrere weltliche Herren von dem Bayerschen Herzoge unabhängiger gemacht. Die bisherige Residenz der Bayerschen Herzoge, Regensburg, machte der Kaiser Friedrich zu einer Reichsstadt. Auf diese Weise suchte man die Herzogthümer Sachsen und Bayern zu schwächen, damit sie der Kaiserlichen Macht um so weniger gefährlich wären.

Wirth. Ließ man denn dem unglücklichen Herzoge Heinrich gar nichts von seinen Besitzungen übrig?

Bote. Etwas doch; das, was man ihm freylich nicht füglich nehmen konnte, seine Erb- und Stammgüter, die Braunschweigischen und Lüneburgischen Länder. Aber auch diese wollten seine Feinde ihm nicht ruhig besitzen lassen. Denn während er sich in England aufhielt, fielen mehrere seiner Nachbaren in sein Gebiet ein. Er eilte daher schnell zurück, und war so glücklich, seine bösen Nachbaren zur Ruhe zu bringen. Eine seiner Städte wurde bey dieser Gelegenheit gänzlich von ihm zerstört. Es war die schon seit geraumer Zeit durch ihren Handel berühmt und reich gewordene Stadt Bardewick. Sie führte mancherley, zum Theil nicht ungegründete Beschwerden über Heinrichen, worunter die vorzüglich gehörte,

hörte, daß er, indem er Lübeck so sehr in Aufnahme gebracht, den Handel ruinirt habe, den die Bardewicker schon lange her auf der Elbe in die an der Nordsee liegenden Staaten, mit Segeltuche und andern Waaren getrieben hätten. Bardewick empörte sich gegen Heinrichen, und machte mit seinen Feinden gemeinschaftliche Sache. Heinrich, äusserst aufgebracht gegen diese Stadt, belagerte sie, und, nach einer sehr muthigen Gegenwehr der Einwohner, nahm er sie ein, und ließ sie gänzlich zerstören, so daß jetzt, wo ehemals eine reiche, blühende, mit neun Kirchen gezierte Stadt stand, der Flecken Bardewick liegt. Von den Baumaterialien der zerstörten Häuser und Kirchen wurde zum Theil das nicht weit davon liegende Lüneburg verschönert, das nach Bardewicks Zerstörung sehr in Aufnahme kam, so wie auch mehrere andere Niedersächsischen Städte, z. B. Ratzeburg, Hamburg, Lübeck durch den Ruin Bardewicks gewannen. Noch jetzt sind im Flecken Bardewick Ruinen der alten blühenden Stadt zu sehen, auch zeigt man noch dort einen Ort, die falsche Fuhrt genannt, wo Heinrich mit seinen Truppen über das bey der Stadt vorbeyfließende Wasser gegangen und in dieselbe eingedrungen seyn soll.

Nachdem Heinrich den größten Theil seines Lebens

haus in allerley Kriegen und Unruhen theils durch, theils ohne seine Schuld, hatte zubringen müssen, war er endlich so glücklich, sein Leben in ruhiger Regierung der ihm übrig gebliebenen Länder zu beschließen. Wäre Heinrich der Löwe selbst friedliebender gewesen, und wäre er nicht durch seine und seiner Familie Feinde in so langwierige Kriege verwickelt worden: so würde seine Regierung gewiß für alle die Länder, die er nach seines Vaters Tode zu regieren bekam, sehr wohlthätig geworden seyn.

(Die Fortsetzung folgt.)

Auf das ohnlängst angekündigte Buch: **Der Himmel auf Erden** haben bisher folgende Personen voraus bezahlt:

Herr Joh. Gottfr. Horn in Leipzig	6 Er.
— Pf. Burbach in Wahlwinkel	1
— Aug. Schulze tu Eisleben	1
— Dr. Schulze in Kirchheim	1
— Pet. Scher in Amt Gehren	6
— Baron v. Nolken in St. Petersburg	4
	19

Der Bote aus Thüringen.

Sieben und dreißigstes Stück.

1796.

Fortsetzung der Geschichte der Deutschen.

Auch mitten unter den Unruhen und Kriegen, in welche Heinrich der Löwe verwickelt worden war, hatte er für den Anbau mancher ihm unterworfenen Länder, besonders aber für den Anbau mehrerer Gegenden im heutigen Niedersächsischen Kreise, gesorgt. In die dort den Slaven abgenommenen, und durch die häufigen Kriege mit ihnen, entvölkerten Länder waren von ihm neue Bewohner aus Holland und Flandern gesetzt worden. Eben so hatte er an die Weser Holländische und Flanderische Colonisten zu ziehen, und den Zustand jener Gegenden zu verbessern gesucht. Er starb endlich im Jahre 1195. Seine Erb- und Stammgüter Braunschweig und Lüneburg wurden, um den Uneinigkeiten, welche auch nach Heinrichs Tode wieder zwischen den Welfen und Hohenstaufen ausbrachen, endlich ein Ende zu machen, im Jahr 1235 zu einem

nem eigenen Herzogthum erhoben, und noch bis auf den heutigen Tag werden diese Länder von Heinrichs des Löwen Nachkommen regiert.

Ehrgeitz und Herrsucht hatten die Welfische Familie ihrem Untergange sehr nahe gebracht; aber eben diese Leidenschaften, die schon so vielen Tausenden von Menschen Leben, Ehre und alle Glückseligkeit gekostet haben, beförderten auch den völligen Untergang der Hohenstaufischen Familie, der alten Feindin der Welfen, und Deutschland wurde dadurch aufs neue geraume Zeit um seine innere Ruhe gebracht. Davon will ich dem Herrn Gevatter nun auch etwas erzählen.

Der Herr Gevatter erinnere sich wieder, daß damals das Deutsche Reich über einen großen Theil Italiens die Oberherrschaft behauptete. Seit den Zeiten der letzten Fränkischen Kaiser hatte, durch den Ehrgeitz der Päpste und durch andere Ursachen, das Ansehen der Deutschen, denen die Italiäner überhaupt nie sehr günstig gewesen waren, gar viel gelitten. Mehrere Städte in Oberitalien hatten sich durch Fleiß und Betriebsamkeit, durch einträgliche Gewerbe und besonders durch Handlungsgeschäfte, welche vorzüglich bey Gelegenheit der Kreuzzüge ansehnlich zugenommen hatten, sehr bereichert; und sich von den Kaisern immer unabhängiger zu machen gesucht. Manche
die

dieser mächtig gewordenen Städte mißbrauchten auch wohl ihre erhöhete Gewalt zur Unterdrückung anderer weniger mächtigen, wie das leider so die Sitte der Mächtigern gegen die Schwächern in der Welt ist. Vor allen zeichnete sich die Stadt Mailand durch Vergrößerung ihrer Macht, durch gewaltsames Streben nach Unabhängigkeit und durch Unterdrückung der Schwächern aus. Die Päpste wollten auch nicht viel von der Oberherrschaft der Kaiser in Italien wissen, ja wollten wohl lieber selbst, wie wir schon gesehen haben, seit einiger Zeit her, über die Kaiser in geistlichen und weltlichen Dingen, in und außerhalb Italien, die Herren spielen

So war der Zustand Italiens beschaffen, als Kaiser Friedrich I. dem man auch den Beynamen der Rothbart gegeben hat, im Jahre 1152 zur Regierung gekommen war. Dieses Kaisers Hauptbestreben, so wie das mehrerer seiner Nachfolger aus seiner Familie, ging nun dahin, das verfallene Ansehen der Kaiser und der Deutschen in Italien wieder emporzubringen, und die übermütigen Italiänischen Städte und den heiligen Vater in Rom ein wenig mehr im Zaume zu halten. Dieß verwickelte Friedrich I., fast seine ganze Regierungszeit hindurch, in Kriege mit den Italiänern und in Streitigkeiten mit den Päpsten.

Do 2   Diese,

Diese, wie jene, faßten daher gegen ihn und seine Nachkommen einen tödtlichen Haß. Zwar spielte Friedrich I. während seiner 45 jährigen Regierung zuweilen durch gelinde, oft aber auch durch sehr strenge Mittel, meist über beyde den Meister. Manchmal wurde er aber doch auch so sehr in die Enge getrieben, daß er in große Lebensgefahr kam, und sich selbst einst vor dem Papste, zwar nicht so sehr, wie weiland Heinrich IV., aber doch auch noch schimpflich genug, demüthigen mußte. Indessen brachte er doch im Ganzen die Deutschen in Italien wieder in Ansehen. Dieß hatte freylich viel Deutsches Blut gekostet, ohne daß Deutschland eben selbst davon viele wesentliche Vortheile, wohl aber manche Nachtheile, wegen der häufigen Abwesenheit seines Oberhaupts, gehabt hatte. Dabey hatte Kaiser Friedrich I. nicht blos für das Deutsche Reich sondern am meisten für seine eigene Familie zu arbeiten gesucht. Die Uebermacht der Deutschen und seiner Familie in Italien glaubte er vorzüglich dadurch fest zu gründen, daß er auf das Königreich beyder Sicilien, d. i. auf Neapel in Unteritalien u. auf die Insel Sicilien, seiner Familie Ansprüche zu verschaffen suchte. Deßhalb vermählte er seinen ältesten Sohn, den Römischen König*),

Hein-

*) Römischer König wird der noch bey Lebzeiten des jedesmaligen Römischen Kaisers von den Deutschen Fürsten gewählte Nachfolger des Kaisers genannt.

Heinrich, mit einer Sicilischen Prinzeßin, der künftigen Erbin jener beyden Länder.

„Nachdem Friedrich I., wie oben gesagt worden ist, auf einem Kreuzzuge 1190 das Leben verlohren hatte, und auch der König von Sicilien schon vorher gestorben war: so folgte Heinrich nicht nur seinem Vater in der Regierung und im Besitze aller väterlichen Länder; sondern er suchte nun auch die Ansprüche geltend zu machen, die er durch seine Gemahlin auf Neapel und Sicilien *) erlangt hatte. Als Kaiser und Deutschlands Oberhaupt heißt er Heinrich VI. Es kostete ihm viele Mühe sich den Besitz des Königreichs Sicilien zu verschaffen. In den Händen der Hohenstaufen waren auch andere Italiänische Provinzen, und in Deutschland die Herzogthümer Franken und Schwaben. Durch Erlangung des Königreichs Sicilien wurde nun aber die Hohenstaufische Familie noch ungleich mächtiger, als sie schon vorher gewesen war;

und

─────────

*) Beyde Länder waren, im 11ten Jahrhunderte durch einen Haufen Normänner, aus der nach diesem Volke genannten Normandie in Frankreich, nach und nach erobert, in der ersten Hälfte des 12ten Jahrhunderts aber von dem Normannischen Fürsten Roger, aus dessen Nachkommenschaft Heinrichs Gemahlin abstammte, zu einem Königreiche erheben worden.

und Heinrich VI. ging jetzt gar mit dem Projekte um, die Kaiserwürde und oberste Gewalt in Deutschland bey seiner Familie erblich zu machen. So gefährlich auch dieses Projekt für die Deutsche Freyheit war: so brachte er doch wirklich mehrere Deutsche Fürsten durch allerley Versprechungen, welche ihrem Eigennutze schmeichelten, auch wohl durch Drohungen, auf seine Seite. Aber andere, besonders der Erzbischof von Mainz und die Sächsischen Fürsten, setzten sich Heinrichs VI. Pläne kräftig entgegen. Er mußte ihn also aufgeben, erlangte aber doch, daß die Deutschen Fürsten seinen Sohn Friedrich, der damals kaum 2 Jahr alt war, zu seinem künftigen Nachfolger wählten. Ein Jahr darauf, im Jahre 1197, starb Heinrich VI. in Sicilien, wo er einen Aufruhr gegen ihn dämpfen wollte.

Nun wurde die Verwirrung in Deutschland außerordentlich groß. Heinrichs VI. zum Nachfolger bestimmte Sohn war erst 3 Jahr alt. Von allen Seiten traten jetzt Feinde der Hohenstaufischen Familie auf. Der Papst und die Italiäner wollten nicht den jungen Friedrich, und überhaupt keinen Hohenstaufen mehr, zum Kaiser und Oberherrn haben. Eben so wenig wollten jetzt mehrere Deutsche Fürsten von einem unmündigen Reichs-Oberhaupte wissen. Diese führten, weil sie doch
den

den jungen Friedrich schon gewählt hätten, nun den albernen Grund zur Entschuldigung ihrer Wortbrüchigkeit an, daß sie einem Ungläubigen ihr gegebenes Wort nicht halten dürften. Ein Ungläubiger aber sollte nach ihrer Meynung der junge Friedrich, als sie ihn erwählten, gewesen seyn, weil er damals noch nicht getauft worden war. Es entstand daher ein grosser Zwiespalt über die Nachfolge in der Kaiserwürde. Der eine Theil der Deutschen Fürsten wählte endlich Heinrichs VI. Bruder, den Herzog Philipp von Schwaben; eine andere Parthey aber, welche das Hohenstapfische Haus haßte, wählte einen Welfen, des berühmten Herzogs Heinrichs des Löwen Sohn, welcher, als Kaiser, Otto IV. heißt. Der Haß zwischen beyden Familien bekam nun neue Nahrung. Beyde erwählten Könige suchten des Papstes Freundschaft zu gewinnen. Der Papst, damals Innocenz III., der nach Heinrichs VI. Tode in Italien mehrere Distrikte an sich gerissen und den Kirchenstaat dadurch sehr vergrössert hatte, wollte die Hohenstaufen, weil deren Familie den Päpsten nie günstig gewesen war, wo möglich, ganz unterdrücken. Er meynte, ihm komme das Schiedsrichteramt bey der streitigen Kaiserwahl zu, und er erklärte sich also für Otto IV. Beyde Partheyen griffen für ihr erwähltes Oberhaupt zu den

Waf-

Waffen, und ein neuer innerlicher Krieg kam in Deutschland zum Ausbruche. Das Glück war bald der einen, bald der andern Parthey günstig. Ungeachtet der Papst aber den Hohenstaufen Philipp nebst allen seinen Anhängern in Bann that, so behielt doch im Ganzen Philipp endlich die Oberhand, und selbst der heilige Vater wurde, da das Ding so ging, wieder freundschaftlicher gegen ihn. Aber Philipp genoß dieses Glückes nicht gar lange; denn einer seiner treuesten Anhänger brachte ihn meuchelmörderischer Weise ums Leben. Der Mörder war Otto, ein Bayerscher Pfalzgraf aus der berühmten Familie der Wittelsbacher.

(Die Fortsetzung folgt.)

Herr Professor Ludwig Heinrich Jakob kündigt ein Buch unter dem Titel an: Die allgemeine Religion, ein Lesebuch für alle Stände, in welchem die Vernunftreligion allgemein faßlich vorgetragen werden soll. In der Ostermesse 1797 wird es erscheinen. Man kann darauf mit 1 thlr. 8 gr. in Golde pränumeriren. Wer auf 8 Exemplare voraus bezahlt, erhält eins frey; und drey Freyexemplare, wer auf zwanzig pränumerirt. Die Buchhandlung in Schnepfenthal erbietet sich Pränumerationen anzunehmen.

Der Bote aus Thüringen.

Acht und dreißigstes Stück.

1796.

Fortsetzung der Geschichte der Deutschen.

Philipp hatte dem Pfalzgrafen Otto ehemals, aus Dankbarkeit für seine treuen Dienste, eine seiner Töchter zur Frau zu geben versprochen. Späterhin bereuete Philipp sein Versprechen, und nahm sein Wort wieder zurück. Ob hun gleich Pfalzgraf Otto ein hitziger Kopf war, der schon sonst bewiesen hatte, daß er nicht leicht eine Beleidigung ungerochen hingehen lasse: so ließ er sich doch diese Treulosigkeit Philipps gefallen. Bald darauf entschloß er sich, eine Tochter des Polnischen Herzogs Heinrich zu heurathen, und bat deßhalb Philippen um ein Empfehlungsschreiben. Philipp gab ihm auch wirklich ein Schreiben an den Polnischen Herzog. Otto war begierig zu wissen, was darin stünde, brach es heimlich auf, und fand zu seiner Verwunderung, daß Philipp, statt ihn dem Polnischen Herzoge recht anzurühmen, sehr viel Böses von ihm geschrieben und jenem abgerathen hatte, ihm seine Tochter zu geben. Diese neue Treulosigkeit setzte Otton so in Harnisch, daß er sogleich nach Bamberg, wo damals gerade Philipp sich aufhielt, zueilte, und vor den König gelassen zu werden verlangte. Niemand versah sich etwas Böses. Die Wache ließ ihn also ungehindert in Philipps Zimmer hinein. Mit entblößtem Schwerte stürzte er auf Philippen zu, versetzte ihm einen tödtlichen Hieb in den Hals, rannte eilig wieder zum Schlosse heraus, schwang sich auf sein Pferd und ritt davon. Philipp starb an der Wunde. Es war im Jahr 1208. Aber der Pfalzgraf fand auch gar bald seinen verdienten Lohn. Denn ob gleich der Gegenkönig Philipps, Otto IV., sich über seines Gegners Tod eben nicht sehr betrüben mochte: so mußte er doch einen solchen Mord rächen. Er erklärte daher den Pfalzgrafen Otto aller seiner Würden und Güter verlustig, und gab dadurch, daß er ihn in die Oberacht*) erklärte, jedem, der ihn finden würde, das Recht, ihn zu tödten.

---

*) Von der Oberacht ist verschieden die Unteracht, wodurch nur in einem gewissen Districte jeder das Recht bekommt, den Geächteten (in die Acht erklärten) gefangen zu nehmen und der Obrigkeit zu überliefern.

tödten. Dieß geschah auch bald durch des ermordeten Philipps Reichsmarschall, Heinrichen von Pappenheim. Des Pfalzgrafen Erbe und Verwandter, der Herzog von Bayern Ludewig I. erbte die Güter des Königsmörders, und ließ, zum Abscheu an der That seines Verwandten, dieses seine beyden Schlösser Wittelsbach und Andechs, welche beyde in Bayern lagen, zerstören.

Otto IV. wurde, nach seines Gegners Tode, einstimmig von den Deutschen Fürsten als König von Deutschland anerkannt. Auch die Italiänischen Städte und der Papst Innocenz erklärten sich wieder für ihn, weil die erstern hofften, es unter ihm besser zu haben, als unter den Hohenstaufen; dem Papste aber hatte Otto IV. einige wichtige Bedingungen zugestehen müssen, wozu vorzüglich die gehörte, daß Otto ihn in dem Besitze der sich in Italien zugeeigneten und mit dem Kirchenstaate verbundenen Distrikte nicht stören solle. Otto IV. wurde auch zu Rom vom Papste zum Kaiser gekrönt. Die Freundschaft dauerte aber nicht lange. Der Kaiser suchte das während der innern Unruhen in Deutschland und Italien aufs neue gesunkene Ansehen der Kaiser wieder empor zu bringen, und wollte dem Papste die zugesprochenen Besitzungen nicht lassen. Dieser that ihn daher in den Bann, und unterstützte nun wieder einen

einen Erbfeind der Welfischen Familie, den jeday mals noch letzten Ueberrest der Hohenstaufen. Der Herr Gevatter erräth schon, daß dieß kein anderer war, als der junge Friedrich, der Erbe von Sicilien, Neapel und den Hohenstaufischen Gütern in Deutschland.

Man hatte dem jungen Friedrich auch sein Erbkönigreich Sicilien streitig machen wollen. Aber hinterher hatte es selbst der Pabst Innocenz für gut befunden, ihm zum Besitz desselben zu verhelfen, hatte während seiner Unmündigkeit die Obervormundschaft über ihn geführt, und auch an der Regierung Siciliens viel Theil genommen. Jetzt, da Otto IV. sich nicht nach des Papstes Willen bequemen wollte, dieser überdieß auch den jungen Friedrich im ruhigen Besitze seines Erbkönigreichs Sicilien störte: so erweckte der Papst dem Otto IV. einen neuen Gegner in dem damals zwar erst etwa 16 jährigen, aber sehr muthigen und einsichtsvollen Könige Friedrich, und suchte diesem gegen Otto IV. zur Deutschen Königswürde und zur Kaiserwürde zu verhelfen. Es gelang auch ihm und Friedrichen, den Kaiser Otto IV. nach und nach um alle seine Anhänger in Deutschland zu bringen, so daß dieser endlich sich ganz auf seine Erbgüter in Niedersachsen zurückzog, dort in Ruhe lebte, und auch dort 1218 starb.

Frie-

Friedrich, als Deutscher König und Römischer Kaiser dieses Namens, der Zwente, trat nun vollkommen die Regierung im Deutschen Reiche an, und machte die Deutschen Bischöfe und Aebte, da er ihren großen Einfluß auf andere Leute kannte, durch Bestätigung alter und Verleihung neuer Rechte und Freyheiten, und auf gleiche Weise auch die weltlichen Fürsten sich immer mehr zu Freunden. Ja er brachte es nicht lange nach Antritt seiner Regierung dahin, daß sein Sohn Heinrich zum Römischen König gewählt, er selbst aber vom Papste in Rom zum Kaiser gekrönt wurde. Ruhe und Friede schien nun in Deutschland und in Italien hinlänglich gesichert zu seyn. Aber auch diesmal dauerte die Herrlichkeit nicht lange; und beyde Länder wurden gar bald wieder der Schauplatz innerer Unruhen und Kriege. Sobald Friedrich II. sich nur erst recht festgesetzt zu haben glaubte, sobald er sein Ansehen, besonders in Italien, zu behaupten suchte, und nicht in alle Forderungen des Papstes einwilligen wollte: so ging auch der Streit von neuem an. Friedrich II. hatte einen Kreuzzug zu unternehmen versprochen. Er sorgte auch wirklich dafür, daß ein Zug Kreuzfahrer abreist, fand aber nicht für gut, dieselben selbst zu begleiten. Während dieser Zeit erlitten die Christen einen großen Verlust gegen die Muhame-

Hamedaner. Dieser wurde nun der Saumseligkeit des Kaisers zugeschrieben. Der Papst drohete sogar Friedrichen mit dem Banne, wenn er nicht einen neuen Kreuzzug gegen die Muhamedaner zu einer bestimmten Zeit unternehmen würde. Friedrich II versprach alles. Von allen Seiten her strömten hierauf Leute nach Italien, um am neuen Kreuzzuge Theil zu nehmen. Der Zusammenfluß von so vielen Menschen verursachte ansteckende Krankheiten unter ihnen. Friedrich selbst trat indessen wirklich von Unteritalien aus mit einer Flotte die Reise an. Kaum war er aber abgereist, so wurde er unterwegens krank, und kehrte wieder zurück. Als die Vorausgereisten dieß hörten, kamen sie auch wieder zurück, und aus dem ganzen Zuge, von dem man sich so viel versprochen hatte, wurde nichts. Alles Unglück der Christen wurde nun dem Kaiser zugeschrieben, und er von dem damaligen Papste Gregor IX. in Bann gethan. Um sich davon zu befreyen, reiste Friedrich II. das folgende Jahr aufs neue mit einer Anzahl Schiffen nach dem Morgenlande ab. Aber dieß konnte den beleidigten Papst nicht versöhnen. Vielmehr erklärte der Papst, daß Friedrich, als ein im Bann gethaner, zu einem so heiligen Zuge ganz untauglich sey, und suchte zu verhindern, daß ihm Hülfe nachgeschickt

geschickt wurde. Demungeachtet kam Friedrich II. glücklich in Palästina an; und nahm Jerusalem, wie ich schon einmal erwähnt habe, in dem er mit dem Türkischen Sultan einen Vergleich schloß, in Besitz. Zu Jerusalem wollte, auf Befehl des Papstes, der dasige christliche oberste Geistliche, welchen man Patriarchen nannte, Friedrichen, als einem Verbannten, die Krone nicht aufsetzen. Aber Friedrich wußte sich zu helfen, und setzte sie sich selbst auf. Während er in Palästina war, hatte der Papst in die Erbländer desselben in Unteritalien eine Armee einrücken lassen, und diese hatte schon ziemliche Fortschritte dort gemacht. Sobald der Kaiser aber nur wieder aus Palästina zurückgekommen war, so zwang er den Papst gar bald zum Frieden, ob dieser gleich alle Christen gegen ihn aufzuhetzen suchte. Zur Ruhe konnte indessen Friedrich II. sein ganzes Leben hindurch nicht kommen. Seinem Sohne Heinrich, dem Römischen Könige, hatte er bey seiner fast immerwährenden Abwesenheit auserhalb Deutschland, die Regierung besorgen lassen. Da Friedrich Ursache zu haben glaubte, mit seinem Sohne Heinrich unzufrieden zu seyn so ließ er ihn durch die Deutschen Fürsten absetzen, und statt desselben seinen jüngern Sohn Konrad zum Römischen Könige wählen. In Italien machten ihm die Städte und

und der Papst aufs neue auch viel zu schaffen. Es entstand dort eine förmliche Parthey gegen ihn, die man mit dem Namen der alten Feinde des Hohenstaufischen Hauses, Welfen, belegte, so wie man die kaiserliche Parthey, oder die Anhänger der Hohenstaufen Gibellinen nannte. An der Spitze der Welfen, oder der Feinde des Kaisers und seiner Familie, stand der Papst. Anfänglich war beym neuen Ausbruche der Feindseligkeiten der Schauplatz der Unruhen nur in Italien. Aber der Papst suchte aufs neue den Kaiser Friedrich II. bey der Christenheit verhaßt zu machen, schimpfte ihn einen Irrgläubigen (Ketzer) und Gottesläugner, und was solcher Ehrentitel mehr waren; und ruhte nicht eher, als bis sich die Unruhen auch bis nach Deutschland verbreitet hatten. Er sprach einen neuen Bannfluch gegen Friedrichen aus, und alle Unterthanen desselben von Treue und Gehorsam los. Ja er brachte es durch Geld und andere Mittel endlich so weit, daß von seinen Anhängern in Deutschland ein anderer König gewählt wurde. Die Wahl fiel auf den Landgrafen von Thüringen, Heinrich Raspe im Jahre 1246. Weil meist nur Geistliche an seiner Wahl Antheil gehabt hatten, wurde er Spottweise der Pfaffenkönig genannt.

(Die Fortsetzung folgt.)

Der Bote aus Thüringen.

Neun und dreißigstes Stück.

1796.

Fortsetzung der Geschichte der Deutschen.

Friedrich II. hatte in Italien so viel zu thun, daß er sich seinem Gegenkönige nicht selbst entgegen stellen konnte. Aber sein Sohn Konrad, der Römische König, vertheidigte in Deutschland seinen Vater. Heinrich Raspe starb zwar schon das Jahr nach seiner Erwählung; es wurde aber bald, auf Anstiften des Papstes, in dem Grafen Wilhelm von Holland, Friedrichen ein neuer Gegenkönig entgegengestellt. Friedrich setzte unterdessen den Krieg gegen den Papst und die Italiänischen Städte fort, und starb im Jahre 1250, ohne das Ende desselben erlebt zu haben. Auch mit seinem Tode hörten die Unruhen in Italien und Deutschland nicht auf. Sein Sohn Konrad, als Deutscher König der Vierte dieses Namens, mußte in Deutschland mit seinem Gegenkönige, Wilhelm von Holland, in Italien

lien aber mit dem Papste, der auch ihn in Bann that, und mit den übrigen Feinden seiner Familie den Kampf fortsetzen. Da er in Deutschland nichts ausrichten konnte, wollte er wenigstens sein Erbkönigreich Sicilien retten. Hier mußte er sich durch seine guten Eigenschaften die Liebe seiner Unterthanen zu erwerben, und besiegte den Papst der ihn auch um Sicilien bringen wollte. Damit, hätte er sich begnügen sollen. Aber nun wollte er auch seine Feinde in Deutschland demüthigen, starb jedoch, ehe er noch seine Reise dahin antreten konnte, im Jahre 1254.

Jetzt war nur noch ein einziger Zweig der Hohenstaufischen Familie übrig. Dieß war Konrads IV. Sohn, Konradin. Bey seines Vaters Tode war dieser noch ein Kind, und wurde von einem Freunde seines Vaters, von dem Bayerschen Herzoge, Ludewig II. erzogen. Statt mit dem, freylich nur Wenigem, was ihm von den Besitzungen seiner Vorfahren, in Deutschland übrig geblieben war, sich zu begnügen, und in Ruhe dort zu leben; kam er, als er älter geworden war, auf den unglücklichen Gedanken, dem Rathe einiger Freunde, die es freylich recht gut mit ihm zu meynen glaubten, zu folgen. Diese riethen ihm nämlich, seine rechtmäßigen Ansprüche auf sein Erbreich Sicilien geltend

zu

zu machen. Der Papst, dieser unversöhnliche Feind der Hohenstaufen, hatte dasselbe einem französischen Prinzen, Karln von Anjou, in die Hände gespielt. Begleitet von mehrern seiner Deutschen Freunde, und besonders von seinem vertrautesten Freunde, dem Prinzen Friedrich von Baden, der auch durch die Habsucht anderer um sein Erbtheil gekommen war, trat er die Reise nach Italien an. Hier fand er auch an den noch übrigen Freunden seiner Familie viele Anhänger, die mit ihm den Zug gegen seine Feinde unternahmen. In Unteritalien und Sicilien hatte er ebenfalls einen starken Anhang, der ihn allein für den rechtmäßigen König Siciliens erkannte. Konradin griff das Heer, das sein Gegner, Karl von Anjou, ihm entgegen stellte, an, und der Sieg schien sich völlig auf seine Seite zu lenken. Aber so wie Karls Heer von allen Seiten zurückwich, überließen sich Konradins Deutsche Truppen dem Plündern. Plötzlich benutzte Karl von Anjou die dadurch verursachte Unordnung der Deutschen, und diese wurden nun völlig geschlagen. Konradin entfloh mit seinem treuen Freunde, Friedrichen von Baden. Schon schienen beyde völlig in Sicherheit zu seyn, und wollten eben ein Schiff besteigen, das sie weiter bringen sollte, als sie erkannt, gefangen genommen, und ihrem Feinde,

Karln

Karln von Anjou, ausgeliefert wurden, der unmenschlich genug dachte, sie beyde zu Neapel öffentlich enthaupten zu lassen.

Ein solches trauriges Ende nahm das Geschlecht der Hohenstaufen, nachdem dasselbe so lange in Deutschland und Italien geherrscht hatte, und mächtig und angesehen gewesen war. Die Ursache, warum ich mich so lange bey den Schicksalen dieser Familie aufgehalten habe, wird der Herr Gevatter leicht einsehen. Sie ist keine andere, als demselben an einem Beyspiele recht einleuchtend zu machen, wie Habsucht, Ehrgeitz, Herrschsucht, gleich allen andern Leidenschaften, wenn ihnen der Mensch den Zügel schießen läßt, so sehr viel Elend und Verderben unter den Menschen verbreiten; wie sie oft die blühendsten Familien vernichten, wie sie die mächtigsten und angesehensten Menschen, die ausserdem viele Tausende hätten glücklich machen können, am Gutes thun verhindern, wie sie verursachen, daß so viele Menschen ihr Leben in Unruhe zubringen, dessen sie, im Schoose der Ihrigen und bey Erfüllung ihrer Pflichten so froh werden könnten; wie sie Länder verwüsten, die blühendesten Städte zerstören, so viel Zank, Krieg und Blutvergießen verursachen, und mit ihnen so vieles andere Unglück über die Menschen bringen. Wie nöthig ist es daher,

daher, (freylich nicht etwa nur für die Grosen der Erde, für Fürsten und Könige, sondern auch für alle Menschen, auch für die Aermsten im Volke) daß man vor allen Dingen nach der Herrschaft über sich selbst und seine Begierden strebt! Denn ohne diese Herrschaft kann der Mensch, und wenn er noch so reich, angesehen und mächtig wäre, und wenn er Hunderttausenden zu befehlen hätte, doch kein vergnügtes und zufriedenes Leben führen; dahingegen, wenn er Herr seiner Begierden und Leidenschaften ist, er auch bey Wenigem sehr glücklich leben kann.

Wäre der unglückliche Konradin in Wiedereroberung seines Erbkönigreichs Sicilien glücklicher gewesen: so würde er wohl hernach auch Anstalten gemacht haben, sich zum Oberhaupte des Deutschen Reiches zu machen, und wahrscheinlich würde dann in Deutschland und Italien wieder ein innerer Krieg über die Reichsoberhauptswürde ausgebrochen seyn. Denn der Papst, dessen Haß gegen die Hohenstaufen nun einmal unversöhnlich war, und die Welfische Parthey in Italien würden gewiß alles angewendet haben, zu verhindern, daß Konradin Kaiser geworden wäre.

W. Blieb denn Graf Wilhelm von Holland, nach seines Gegenkönigs, des Hohenstaufen Konrads IV. Tode Deutscher König?

Bote.

Bote. Den Namen König führte er zwar freylich bis an seinen Tod, der schon zwey Jahre nach Konrads IV. Absterben, im Jahre 1256 erfolgte. Aber sein Ansehen als König hatte nicht viel zu bedeuten. Nach seinem Tode hatte sogar kein einziger Deutscher Fürst mehr Lust, Reichsoberhaupt zu werden. Die Deutschen Fürsten überließen daher die Deutsche Königs- und Römische Kaiserwürde zwey Ausländern, die sich beyde bey den Deutschen Fürsten darum bewarben, und die Wahlstimmen durch grose Geldsummen zu erkaufen suchten. Die meisten Stimmen hatte ein Englischer Prinz, Namens Richard, denn dieser konnte am meisten zahlen. Die übrigen erklärten sich für den Kastilischen*) König Alfons. Der letztere kam gar nicht nach Deutschland, und war mit dem Titel zufrieden; König Richard besuchte Deutschland zwar zuweilen, aber ohne eben grose Dinge hier zu thun. Er sah auch gar bald ein, daß unter den damaligen Umständen nicht viel in unserm Vaterlande für ihn zu machen sey, und kam am Ende auch nicht mehr wieder hin. Mit seinem Tode (1272) wurde der Deutsche Thron aufs neue erlediget. Denn obgleich der, mit ihm zugleich zum Oberhaupte Deutschlands ge-

*) Damals war Spanien in mehrere Reiche vertheilt. Eins derselben hieß Castilien.

gewählte Kastilische König Alfons noch lebte, so bekümmerte sich dieser doch weiter nicht mehr um Römische Kaiserwürde und Deutschland. Was bald nach Richards Tode für ein Mann Deutschlands Oberhaupt wurde, werde ich zu einer andern Zeit erzählen. Vorher müssen wir aber sehen: was die durch Ehrgeitz und Herrschsucht in unserm Vaterlande verursachten innern Unruhen und Kriege für wichtige Folgen für dasselbe gehabt haben; was sich sonst noch für merkwürdige Begebenheiten während der Regierung der Könige und Kaiser aus dem Hohenstaufischen Hause, und bey dem Untergange dieser so mächtigen Familie, zugetragen haben; und wie es überhaupt um den innern Zustand Deutschlands und seiner Bewohner aussah, als es so weit gekommen war, daß Deutschlands Fürsten die Reichsoberhauptswürde hatten an Ausländer verkaufen müssen.

(Die Fortsetzung folgt.)

In Joh. Jakob Gebauers Verlage zu Halle, sind folgende nützliche Schriften erschienen:
1. Der Freymaurer oder compendiöse Bibliothek, Heft IV und V.
2. Handbuch der technischen Chemie von Joh. Friedrich Gmelin. 2ter Band.

S. Ver-

3. Versuch einer Geschichte der theologischen Wissenschaften von Christ. Wilh. Flügge 1ster Theil.
4. Grammatisch-kritisches Handbuch für angehende Lehrer in der Lateinischen Sprache.
5. Geschichte der Ukraine und der Ukrainischen Cosaken, wie auch der Königreiche Halitsch und Wladimir von Johann Christian von Engel.
6. Der Arzt, oder compendiöse Bibliothek Heft II. IV.
7. Der Pädagoge, oder comp. Bibl. Heft IV - VI.
8. Der Arithmetiker, oder comp. Bibl. Heft I. II.
9. Das Weib oder compend. Bibl. Heft II. III.
10. Der Mathematiker, oder c. B. Heft I - III.
11. Der Historiker, oder comp. Bibl. Heft I. II.
12. Der Zoologe, oder comp. Bibl. Heft IV.
13. Der Botaniker, oder c. B. Heft XVI - XVIII.
14. Der Lückenbüßer oder c. B. Heft I. II.

Der Bote aus Thüringen.

Vierzigstes Stück.

1796.

Fortsetzung der Geschichte der Deutschen.

Die grosen Herzogthümer Sachsen, Bayern, Franken, Schwaben, und Lothringen waren in diesen Zeiten entweder völlig eingegangen, wie Lothringen, und, bey dem Untergange der Hohenstaufischen Familie, auch Franken und Schwaben, oder waren doch beträchtlich geschwächt worden, wie Sachsen und Bayern, durch den Haß gegen das Welfische Geschlecht und insonderheit gegen Heinrich den Löwen. In dem ehemaligen grosen Herzogthume Lothringen hatten einzelne geistliche und weltliche Herren manche Rechte der alten Herzoge an sich gebracht, und eine Menge einzelner kleiner Staaten, die unter niemanden sonst, als unter dem Kaiser standen, waren dort entstanden. Eben dieß war bey dem gänzlichen Untergange des Hohenstaufischen Hauses in den alten Herzogthümern Franken und Schwaben geschehen

schehen. Manche Städte, die ehemals den Hohenstaufen gehört hatten, waren Reichsstädte, d. i. solche Städte geworden, welche unmittelbar unter dem Schutze des Kaisers und des Reichs stehen. Auch viele Herren vom niedern Adel, d. i. von denen Edelleuten, welche den Grafen und andern Reichsfürsten unterworfen waren, hatten es in jenen Gegenden dahin gebracht, daß sie nur den Kaiser und das Reich für ihren einzigen Oberherrn erkannten. Hieraus ist die sogenannte unmittelbare Reichsritterschaft im heutigen Schwäbischen und Fränkischen Kreise und in einigen Rheingegenden entstanden. Der Graf von Würtemberg, der Markgraf von Baden, der Erzbischof von Mainz und andere geistliche und weltliche Herren, besonders aber der Herzog von Bayern und der Pfalzgraf am Rhein, hatten ebenfalls wichtige Districte, Vorrechte und Einkünfte von den bey dem Untergange der Hohenstaufen eingegangenen Herzogthümern Schwaben und Franken an sich gebracht.

So wie bey den ehemaligen Streitigkeiten der beyden letzten Fränkischen Kaiser mit dem Papste und den Deutschen Fürsten das Ansehen und die Gewalt der Kaiser sehr gesunken war, hingegen die Macht der Reichsfürsten sehr zugenommen hatte: eben so
war

wäres auch bey den innern Unruhen unter den letzten Hohenstaufischen Regenten und unter der Regierung des Königs Richard geschehen. Dem Kaiser blieben als Deutschem Könige nur noch wenige Vorrechte und Reichsdomainen übrig, von denen er als Reichsoberhaupt hätte Einkünfte ziehen können. Dagegen gelangten die weltlichen und die geistlichen Fürsten Deutschlands in diesen unruhigen Zeiten immer mehr zur völligen Landeshoheit, d. i. zu derjenigen Gewalt, vermöge welcher sie die ihnen überlassenen Reichsländer für sich als Landesherren regieren und benutzen konnten. Manche weltlichen pflegten dieselben auch schon unter ihre Söhne zu vertheilen. Uebrigens sahen aber doch alle Reichsfürsten den jedesmaligen Kaiser oder König für ihr gemeinschaftliches Oberhaupt an. Seit dieser Zeit besteht noch bis auf den heutigen Tag unser Vaterland aus so vielen hundert kleinen und großen, von einander ganz unabhängigen Staaten, Herzogthümern, Fürstenthümern, Grafschaften, Bisthümern, Abteyen, Reichsstädten und dergleichen, welche alle ihre eigenen Verfassungen und Einrichtungen haben, und völlig unabhängig von einander, nach den Einsichten ihrer jedesmaligen Regenten, beherrscht werden dürfen. Mehrere dieser Landesherren hatten auch damals, wie jetzt, wieder andere Herren,

Klöster, Edelleute, Städte unter ihrer Herrschaft. Diese mußten bey manchen Einrichtungen und Anordnungen, z. B. wenn es darauf ankam, Steuern und Abgaben zu bestimmen, eben so zu Rathe gezogen werden, wie der Kaiser es auf den Reichstagen thun mußte, wenn über gewisse wichtige Einrichtungen, Verordnungen und Angelegenheiten berathschlagt werden sollte, die das Wohl des ganzen Deutschen Reichs angiengen. So wie nun die Deutschen Landesherren, als Reichsfürsten und Theilnehmer an der Einrichtung der allgemeinen Angelegenheiten Deutschlands, den Namen Reichsstände führten, so bekamen die den Reichsständen unterworfenen Städte, Edelleute und Geistlichen den Namen Landstände, und noch bis auf den heutigen Tag haben in mehrern Deutschen kleinern und grötern Staaten diese Landstände ihre damals erlangten Rechte behalten.

Zu den wichtigsten und mächtigsten unter den weltlichen Deutschen Staaten gehörten damals: Böhmen, Oestreich, Bayern, die Pfalz am Rhein, Meißen, Thüringen, das Herzogthum Sachsen und das Markgrafthum Brandenburg. Mit allen diesen Ländern waren in jenen Zeiten wichtige Veränderungen vorgegangen. Böhmen, das, wie bekannt, eigentlich von Slaven

ven bewohnt war, hatte, seitdem es mit dem Deutschen Reiche in Verbindung gekommen war, sehr viel gewonnen. Der Anbau des Landes hatte sich seitdem dort merklich vermehrt, Handel und andere Gewerbe waren dort sehr emporgekommen, und mehrere Städte erbauet worden. Kaiser Friedrich I. erhob dieses Land zu einem erblichen Königreiche, und der König desselben Ottokar machte dasselbe mächtig und blühend. Eben dieser Böhmische König Ottokar brachte auch, als der Mannsstamm des Babenbergischen Geschlechts, welches seit langer Zeit über Oestreich regiert hatte, mit dem Herzoge Friedrich, dem Streitbaren, ausstarb, nach manchen Kriegen, die über die Nachfolge in der Regierung dieses Landes entstanden, das Herzogthum Oestreich an sich, und bald nachher auch die Herzogthümer Steyermark, Kärnthen und Krain, welche zusammen den größten Theil des heutigen Oestreichischen Kreises ausmachen. Auch diese Gegenden, welche ebenfalls meistentheils ehemals Slavische Bewohner bekamen, hatten sehr viel durch die Verbindung mit den Deutschen an Anbau, und innerm Wohlstande gewonnen.

Das Herzogthum Bayern hatte durch die Entsetzung Heinrichs des Löwen einen sehr einsichtsvollen Regenten verlohren. Denn dieser Fürst war

war für den immer größern Anbau und die Macht Bayerns eben so besorgt gewesen, wie für sein Herzogthum Sachsen. München, die jetzige Hauptstadt Bayerns, hat ihm unter andern seinen Ursprung, die Verwandelung aus einem kleinen Dorfe in eine Stadt zu verdanken. Aber auch die Wittelsbachische Familie, welche nach Heinrichs Entsetzung zum Besitz des Herzogthums Bayern gelangte, suchte den Anbau, den Wohlstand und die Macht dieses Landes durch Klugheit aufs neue zu heben; und es gelang sogar dieser Familie, sich den Besitz der Pfalz am Rhein zu verschaffen, indem Kaiser Friedrich II. für die treuen Dienste, welche die Bayerschen Herzoge aus der Wittelsbachischen Familie, ihm und seiner Familie gegen seine Feinde geleistet hatten, dem Bayerschen Herzoge Ludewig I. die Pfalz am Rhein gab. Beyde Länder, die Pfalz am Rhein und das Herzogthum Bayern wurden zwar in der Folge, als zwey von einander abgesonderte Länder, von jenes Herzogs Ludewigs Nachkommen regiert, sind aber doch wieder in neuern Zeiten vereinigt geworden, und wieder unter die Regierung eines Herrn gekommen.

(Die Fortsetzung folgt.)

Fortgesetztes Verzeichniß der Pränumeranten auf
den Himmel auf Erden:

Herr Gerichtsdirector Quehl in Groß Neuhausen	1 Ex.
— Amtmann Krieger in Strausberg	1
Dem. Sophia Krieger daselbst	1
Herr Joh. Ernst Stiesel in Waltershausen	1
Fräulein v. Röder in Harzgeroda	1
Fr. Bergräthin Suden in Arolsen	1
Herr Jak. Stieglitz daselbst	1
— J. Marc. daselbst	1
— Salomon Simon in Lorbach	1
— Cand. Maurer in Obersteinach	7
— Canonicus Geim in Halberstadt	4
— Joh. Andr. Fischer in Langensalz	1
— Joh. Tob. Krause daselbst	1
— Georg Adam Krauspe daselbst	1
— Joh. Konr. Lippold das.	1
— Schullehrer Schleip zu Ebenheim	1
— Verwalter Schleip zu Tüngeda	1
— Joh. Balth. Ziegler in Waltershausen	1
— Kaufmann Dieckmann zu Hamm	1
— Cand. Böhme zu Wayda	1
Fräulein Caroline von Feuchtersleben	1
Herr Jul. Girtanner in Nürnberg	14
— Joh. H. Jacobi zu Schnackenburg	15
Die Frau Gräfin von Kospoth, regierende Frau von Halbau	6
Herr Gymnasiast Haupt in Quedlinburg	6
— Joh. Christ. Lenz daselbst	9
— Joh. Christoph Sippel daselbst	1
— Kaufmann Groteguth daselbst	1

Frau Doct. Vogt in Erfurt   1
Herr Rentereyschreiber Wagner in Felsberg 3
— Grünbladt in Jena   7
— Jak. Glatz daselbst   7
— Kieserwetter zu Lichte   6
— Andr. Schrader in Quedlinburg   4
— Buchhändler Herrmann zu Frank-
       furt a/M.   25
— M. Vollbeding zu Schloß Anneburg   10
— Syr. Salzmann in Sömmerda   1

     Summa   146

  Erinnerung:

Der Pränumerationstermin auf dieses Buch ist bis zur Ostermesse 1797 verlängert.

Ueber die eingehenden Gelder wird, um das Porto zu ersparen, keine besondere Quittung ausgestellt. Man findet aber die Namen der Pränumeranten, der Ordnung nach, in diesem Blatte. Wer Geld überschickt hat, und nach Verlauf von 6 Wochen seinen Namen hier nicht findet, der muß deßwegen bey mir Nachfrage thun. Wenn jemand für mehrere Personen Geld einschickt: so wird nur des Collectors Name, zur Ersparung des Raums, hier angeführt. Im Buche selbst werden sämtliche Pränumeranten namentlich genannt. Schnepfenthal, den 29sten September 1796.

        C. G. Salzmann.

Der Bote aus Thüringen.

Ein und vierzigstes Stück.

1796.

Fortsetzung der Geschichte der Deutschen.

Mit eben dem Landgrafen Heinrich Raspe, welcher dem Kaiser Friedrich II. zum Gegenkönige entgegengestellt worden war, war 1247 die Familie der alten Landgrafen von Thüringen ausgestorben. Da waren nun mehrere Herren, welche auf Thüringen Anspruch machten, wodurch ein langwieriger Krieg entstand. Dieser endigte sich endlich im Jahr 1264 damit, daß Thüringen an den Markgrafen von Meissen, Heinrich dem Erlauchten, fiel, wodurch die Länder Meissen und Thüringen an einen Oberherrn kamen, und die Markgrafen von Meissen zugleich Landgrafen von Thüringen wurden. Doch mußte Heinrich der Erlauchte, der ein Schwestersohn des verstorbenen Heinrich Raspe war, einen Theil der landgräflichen Besitzungen, nämlich das heutige Hessen, an einen andern Verwandten des

Landgrafen Heinrich Raspe, an einen gewissen Prinzen Heinrich von Brabant, abtreten. Hierdurch wurde Hessen wieder ein für sich bestehender Staat; und jener Prinz, Heinrich von Brabant, Stammvater der heutigen Landgrafen von Hessen.

Zu den merkwürdigen Deutschen Staaten damaliger Zeit gehörte auch das Markgrafthum Brandenburg. Es wird dem Herrn Gevatter noch bekannt seyn, daß in den Gegenden zwischen der Oder, Havel, Elbe und Ostsee, und also auch in dem Lande, das man heut zu Tage die Mark Brandenburg nennt, vor Alters Slavische Völker ihre Wohnsitze aufgeschlagen und den Deutschen, welche sie gern sich unterwerfen, und zu Christen machen wollten, viel zu schaffen gemacht hatten. Es waren auch, wie ich schon erzählt habe, zur Bekämpfung der Slaven ein Markgraf in jene Gegenden gesetzt und zu ihrer Bekehrung Bisthümer errichtet worden. Aber die Slaven hatten doch, aller dieser Anstalten ungeachtet, dort immer noch nicht ganz besiegt werden können, bis endlich der kriegerische und unternehmende Sächsische Herzog Heinrich der Löwe, in Verbindung mit einem andern Deutschen Herrn, die Slavischen Bewohner jener Gegenden auf immer völlig besiegte und unterdrückte. Was Heinrich der Löwe

Löwe in jener Rücksicht gethan, hat, habe ich schon erzählt. Jetzt noch etwas von dem andern Herrn. Dieser war ein gewisser Albrecht, mit dem Beynamen der Bär, aus der Familie der Grafen von Ballenstädt. Albrecht der Bär gehört zu den merkwürdigsten Fürsten damaliger Zeit, und wurde der Stifter des Markgrafthums Brandenburg. Sein väterliches Erbtheil bestand in der Grafschaft Aschersleben und einigen Districten im heutigen Fürstenthume Anhalt. Kaiser Lothar II. machte ihn zum Markgrafen gegen die Slaven, und Albrecht machte es sich nun zum ernstlichen Geschäffte, die Slaven zu bekämpfen. Es gelang ihm auch theils durch Kriege gegen dieselben, theils durch Erbschaft, einen großen Theil der heutigen Mark Brandenburg und des angränzenden Landes an sich zu bringen, und er machte die Stadt Brandenburg zu seiner Residenz. Mit Eifer sorgte er nun für die Ausbreitung des Christenthums unter den Slaven im Brandenburgischen und Pommern. Da durch die Kriege mit den Slavischen Völkern die Bevölkerung und der Anbau der Mark Brandenburg sehr gelitten hatte, auch viele Slaven, welche nicht Christen werden wollten, ausgewandert waren; so setzte er neue Bewohner aus Flandern, Holland und dem Niederrheine in die entvölkerten und verwü-

S 5 2 steten

steten Gegenden, erbauete die zerstörten Städte wieder auf, legte neue, z. B. Berlin, Stendal, auch, wie man glaubt, Köln an der Spree an, welches jetzt ein Theil der grosen Stadt Berlin ist, und von den Niederrheinischen Kolonisten, die sich dort anbaueten, den Namen erhalten haben soll. Er führte auch Handwerke und allerley andere Gewerbe in den eroberten Gegenden ein, und legte so den Grund zum mehrern Anbau der Mark Brandenburg, wodurch er doch wenigstens das Elend, das der Krieg stets mit sich bringt, und das er selbst unter den dortigen Slaven durch seine Eroberungssucht verursacht hatte, wieder in etwas gut zu machen suchte. Dieser merkwürdige Fürst starb 1170. Nach seinem Tode wurden seine Besitzungen unter seine Söhne vertheilt, von denen einer, der oben genannte Graf Bernhard von Anhalt, nach dem Sturze Heinrichs des Löwen, Herzog von Sachsen wurde, worauf in der Folge der Sitz dieses sehr geschwächten Herzogthums aus Niedersachsen in den heutigen Obersächsischen Kreis, nach Wittenberg in den so genannten Sächsischen Kurkreis, kam, den auch Albrecht der Bär den Slaven abgenommen und seinem Sohne, dem zum Herzoge von Sachsen erhobenen Grafen Bernhard von Anhalt, hinterlassen hatte. Die heutigen Fürsten von

Anhalt

Anhalt sind Nachkommen des berühmten Markgrafen Albrecht des Bären.

Deutschland war zwar auch in diesen Zeiten ein Wahlreich geblieben, d. i. das jedesmalige Oberhaupt des Deutschen Reiches wurde immer noch förmlich gewählt. Indessen war doch mit der Art der Wahl eine grose Veränderung vorgegangen. Anstatt daß sonst alle weltlichen Fürsten, Bischöfe und Adelichen einigen Antheil an der Wahl eines neuen Königs gehabt hatten, war es nun gewöhnlich geworden, dieselbe nur einigen der vornehmsten und mächtigsten Fürsten zu überlassen. Denn viele Herren scheueten die grosen Kosten, welche die Reise zur Wahlversammlung und der Aufenthalt an dem Wahlorte verursachten. Auf diese Weise kam dieses Vorrecht endlich nur an sieben Reichsstände, an die Erzbischöfe von Mainz, Trier und Köln, an den König von Böhmen, an den Pfalzgrafen am Rhein, an den Herzog von Sachsen und an den Markgrafen von Brandenburg. Diese Herren bekamen daher in der Folge von dem alten Deutschen Worte Kören oder Kuren, das so viel als wählen heißt, den Namen Kurfürsten, (Wahlfürsten) und haben bis auf den heutigen Tag das Vorrecht, ein Reichsoberhaupt zu wählen, behalten. Diese Herren hatten auch bey dem Kaiser, vorzüglich bey der Krönung desselben zu Achen, gewisse Aemter zu besorgen, und mußten daher bey der Krönung immer in eigener Person gegenwärtig seyn. Die drey Erzbischöfe waren die Erzkanzler des Kaisers, und mußten als solche, im Namen des Kaisers, die erforderlichen Urkunden für die einzelnen Haupttheile des Deutschen Reichs und Kaiserthums ausfertigen. Der Erzbischof von Mainz war Erzkanzler in Deutschland, der Erzbischof von Trier Erzkanzler in Lothringen und dem Burgundischen Reiche, der Erzbischof von Köln Erzkanzler in Italien. Der König von Böhmen muste bey der Krönung für das Getränk des Kaisers sorgen, und hieß deßhalb Erzschenk; der Pfalzgraf am Rhein hatte die Aufsicht über die kaiserliche Küche, und hieß Erztruchses; der Herzog von Sachsen führte die Oberaufsicht über den kaiserlichen Stall und hieß Erzmarschall, der Merkgraf von Brandenburg aber war Erzkämmerer, weil er allerley Geschäfte in der der Wohnung des Kaisers zu besorgen hatte.

In Italien hatte die kaiserliche Gewalt in den letzten Zeiten der Regierung der Hohenstaufischen Regenten wenig, und beym völligen Untergange dieser Familie fast gar nichts mehr zu bedeuten. Viele der Italiänischen Städte waren

völlig

völlig Republiken geworden; der Papst hatte sich im Kirchenstaate ebenfalls ganz unabhängig von dem Deutschen Reiche und dem Kaiser gemacht, und sein Gebiet bis zu demjenigen Umfange erweitert, den daſſelbe bis in die neueſten Zeiten behalten hat. Das viele Blut, das in dieſen Zeiten die Kriege in Italien den Bewohnern Deutſchlands gekoſtet hatten, war alſo umſonſt vergoſſen worden. Dabey hatte Deutſchland noch obendrein den Schaden, daß durch die ſo häufigen Kriegszüge nach Italien der kriegeriſche Geiſt in den Deutſchen Adelichen, aus welchen vorzüglich damals immer noch die Kriegsheere beſtanden, immer mehr genähret und erhalten wurde. An ein herumſchwärmendes und kriegeriſches Leben gewöhnt, wollten ſie auch zu Hauſe in ihren Schlöſſern und Ländern nicht ruhig bleiben, ſondern ſchlugen ſich unter einander herum, wenn ſie gegen auswärtige Feinde nichts zu kämpfen hatten. Das Fauſtrecht nahm daher immer mehr überhand, und an allen Ecken und Enden Deutſchlands gab es unterm hohen und niedern Adel, unter geiſtlichen und weltlichen Herren, unaufhörlich Fehden und Kriege.

Selbſt die Kaiſer, welche etwa noch in vorzüglichem Anſehen ſtanden, wie Friedrich I., waren nicht im Stande, den Fehden ganz Einhalt zu thun. Einst verurtheilte sogar dieser Kaiser einen Pfalzgrafen, und mit ihm einige andere vornehme Ruhestörer, zur schimpflichen Strafe des Hundetragens. Bey der häufigen Abwesenheit der Kaiser wegen ihrer Italiänischen Kriege, bey den innern Unruhen unter den letzten Hohenstaufischen Regenten, und bey dem geringen Ansehen des Königs Richard, der überdieß sich meist in England aufhielt, wurde das Uebel immer ärger. Die Zahl der vesten Schlösser nahm in allen Provinzen Deutschlands zu. Immer mehrere dieser Schlösser, die man anfänglich zu seiner eigenen Vertheidigung zu erbauen pflegte, wurden von ihren adelichen Besitzern zum Rauben und Plündern gebraucht. Von ihnen aus streifte man in die umliegenden Gegenden, von ihnen aus fiel man in das Gebiet seiner Nachbarn und seiner Feinde ein, plünderte und verwüstete das Land, zog sich dann mit der Beute in diese vesten Schlösser zurück, und brachte sie dort in Sicherheit.

(Die Fortsetzung folgt.)

Der Bote aus Thüringen.

Zwey und Vierzigstes Stück.

1796.

Fortsetzung der Geschichte der Deutschen.

Vorzüglich litten Thüringen, Schwaben, Franken und die Rheingegenden durch das Faustrecht sehr. In den letztern, so wie ganz besonders auch in Thüringen gab es eine große Menge vester Schlösser. Unter den Thüringischen zeichneten sich vor allen Eytersberg und Viselbach als Raubschlösser aus. Eytersberg lag in der Nachbarschaft des Klosters Reinhardsbrunn. Das Gebiet dieses Klosters und seine Mönche hatten daher gar viel von der Raubsucht der Besitzer desselben zu leiden. Viselbach gehörte einem Grafen von Gleichen, unter dessen Schutze sich zu Viselbach einst eine ordentliche Räuberbande aufhielt, welche von da aus durchs ganze Thüringerland raubte und plünderte. Der Unfug, den man von beyden Schlössern aus trieb, wurde so groß, daß Landgraf Heinrich Raspe endlich gen-

gen sie auszog und beyde zerstörte. Zu Biselbach nahm er 23 Räuber gefangen, denen er die Köpfe abschlagen ließ; der Graf von Gleichen aber wurde als ein Beschützer solcher Räuber, von dem Kaiser in die Acht erklärt. Indessen fruchteten auch die strengsten Maaßregeln höchstens nur auf eine kurze Zeit. Die Lust zum Kriegen und zu Händeln, zum Rauben und Plündern war in den Herzen der Edelleute zu tief eingewurzelt. Fast auf keiner Landstraße war der Reisende vor Ueberfällen und Plünderung sicher. Ehe er es sich versah, sprengte ein Haufen Bewaffneter herbey und nahm ihm weg, was er hatte, oder hielt ihn so lange in der Gefangenschaft, bis er ein ansehnliches Lösegeld bezahlt hatte. Besonders waren die reisenden Kaufleute, die reisenden Aebte und Bischöfe solchen Mißhandlungen sehr ausgesetzt, weil man von diesen immer viel zu ziehen hoffte. Daher hatten die Kaufleute und andere begüterte Reisende auch gewöhnlich bewaffnete Mannschaft zur Bedeckung bey sich. Diese Bedeckung wurde den Reisenden von den Fürsten, durch deren Gebiet sie reiseten, gegen Bezahlung mitgegeben, woraus das in manchen Gegenden noch übliche Geleitsrecht entstanden ist. Auf dem Lande pflegte man die Kirchhöfe mit Mauern zu umgeben, damit hinter denselben das Landvolk

im

im Fall der Noth Schutz suchen und sich gegen kleine Angriffe vertheidigen konnte.

Wenn man nun unser liebes Vaterland in jenen Zeiten so viel durch das Faustrecht und die vielen grosen und kleinen innern Kriege leiden sieht, so ist das freylich ein sehr trauriger Anblick. Aber, um so erfreulicher ist es auch, wenn man wahrnimmt, daß demungeachtet gerade in jenen unruhigen, kriegerischen Zeiten die Städte und der Bürgerstand zu einem grosen Ansehen und Wohlstande emporgekommen sind. Selbst die innern Unruhen, das Faustrecht und die grose Unsicherheit mußten dazu beytragen, einem grosen, bisher verachteten Theile der Einwohner Deutschlands, Ansehen, Ehre, Macht und Wohlstand zu verschaffen. Dieser bis dahin in Deutschland so verachtete und doch so sehr nützliche Theil der menschlichen Gesellschaft waren diejenigen, welche sich mit Handwerken, mit Handel und andern nützlichen Gewerben beschäftigten. Diese Leute gelangten nun zu größerm Ansehen und größerm Wohlstande. Wie das zuging, wird dem Herrn Gevatter bald deutlicher werden.

Schon die Fränkischen Kaiser hatten, wie wir gesehen haben, die Städte mehr in Aufnahme zu bringen gesucht. Die Schwäbischen Kaiser tha-

T t 2 ten

ten aus gleichen Ursachen, nämlich um an denselben einen Beystand und Gegengewicht gegen die immer mehr überhand nehmende Macht der geistlichen und weltlichen Fürsten zu haben, das Nämliche. Sie verliehen immer mehrern derselben allerley Freyheiten, Vorrechte und Privilegien. Viele der zu Landesherren gewordenen Fürsten thaten in Ansehung der ihnen unterworfenen Städte ein Gleiches. Es entstand auch in den damaligen Zeiten in allen Provinzen Deutschlands eine so große Menge neuer Städte, meist aus schon vorhandenen Dörfern, daß die meisten der noch jetzt vorzüglichen Städte Deutschlands entweder schon damals da waren, oder doch bald nach jenen Zeiten entstanden sind. Die vorzüglichsten der damaligen Städte waren Reichsstädte, d. i., sie standen unmittelbar unter dem Kaiser und Reiche; auch sind diese es meisten Theils bis auf den heutigen Tag geblieben. Die Zahl der Einwohner in den alten und neuen Städten nahm immer mehr zu. Die Unsicherheit auf dem Lande, bey dem so sehr überhand nehmenden Faustrechte und den Räubereyen, bewog immer mehrere Landbewohner, adeliche sowohl als unadeliche, ihre Zuflucht in dieselben zu nehmen, und sich dort nieder zu lassen. Vorzüglich entflohen auch immer mehr Leibeigene ihren Herren, theils um den

Bedrü-

Bedrückungen der letztern zu entgehen, theils weil sie vor den Uebeln des Faustrechts und der Fehden doch in den Städten gar viel sicherer seyn konnten, als auf dem Lande. Viele vom Lande Geflüchtete baueten sich vor den Städten an, und gaben sich in den Schutz derselben. Hieraus sind die Vorstädte entstanden. Viele Landleute nahmen ihr Vieh mit in die Städte, und ließen es auf den bey denselben unangebaueten Plätzen weiden. Noch jetzt sieht man daher bey vielen Städten solche unangebauete Plätze, obgleich nur wenige Bürger jetzt noch Vieh halten. Hoffentlich wird man auch wohl bald allgemein anfangen, diese Plätze besser zu benutzen, da hierin schon hier und da manche Orte mit gutem Beyspiele vorangegangen sind.

Die Handwerke, welche sonst größten Theils nur von den Leibeigenen zum Besten ihrer Herren auf dem Lande waren getrieben worden, wurden nun meist völlig in die Städte verpflanzt. Daher nahm die Zahl geschickter Handwerker in denselben immer mehr zu. Gar bald traten auch die, welche einerley oder ähnliche Handwerke und Gewerbe trieben, zur vollkommnern Betreibung ihres Geschäfts, in gewisse Verbindungen zusammen, welchen man den Namen Innungen, Gilden, Zünfte gab. Die, wel-

welche eine Werkstatt hatten, und für ihre eigene Rechnung arbeiteten, nannte man Meister. Die, welche diese zu Gehülfen bey ihren Geschäften annahmen, wurden Gesellen genannt. Die zu einer Innung Gehörigen wählten aus ihrer Mitte die verständigsten, ältesten und rechtschaffensten zu Vorstehern ihrer ganzen Innung. Diese Vorsteher hießen Altermänner, Oberältesten, und mußten dahin sehen, daß über diejenigen Einrichtungen, Vorschriften und Anordnungen gehalten wurde, über welche die zu einer Innung gehörenden Mitglieder zur bessern Betreibung und Einrichtung ihres Gewerbes überein gekommen waren. Oefters hielten die Mitglieder der Innungen auch Versammlungen unter sich, und legten zur Niederlage und zum Verkauf ihrer Arbeiten und Waaren gewisse Häuser und Gebäude an. Die welche ihre Lehrzeit ausgestanden hatten mußten, um ihr Handwerk und Gewerbe noch vollkommner zu lernen, in die Fremde gehen, d. i. in andere Gegenden wandern und dort eine Zeit arbeiten. Für solche reisende Handwerker errichteten ihre Handwerksgenossen Herbergen, da damals, selbst in den Städten, Wirthshäuser nur noch selten waren. Alle diese Einrichtungen, die von den Kaisern und Landesherren zum Theil sehr begünstigt wurden, und, obgleich mit manchen

Ver-

Veränderungen, selbst meisten Theils bis auf unsere Zeiten gekommen sind, hatten besonders zur damaligen Zeit ihren sehr großen Nutzen, und dienten ungemein dazu, die Handwerke in Aufnahme zu bringen. Auch heut zu Tage stiften manche dieser Einrichtungen immer noch großen Nutzen, würden aber noch viel größern stiften, wenn theils manche Mißbräuche daraus weggeschafft, theils manche alte Gewohnheiten in demselben ganz aufgehoben würden, die für unsere Zeiten nicht mehr recht passen wollen. Z. B. daß bey manchen Handwerken kein uneheliches Kind und keine Kinder der Hirten, der Abdecker und s. w. in die Lehre genommen werden sollen, und was dergleichen unvernünftige Dinge mehr sind.

So wie nun in der Welt immer ein Ding, eine Einrichtung und Begebenheit wieder auf andere Einfluß haben: so war es auch mit der Aufnahme der Handwerke in den Städten. Die Vermehrung und Vervollkommnung der Handwerke hatte auf den Handel und die Kaufleute einen großen Einfluß, und diese wieder großen Einfluß auf den Wohlstand der Handwerker; beyde aber auf den Anbau unsers Vaterlandes und den Wohlstand der Landleute und diese wieder auf jene beyden. Der Handel, welcher schon unter den Fränki-

schen

schen Kaisern in manchen Städten sehr blühend geworden war, hatte unter den Schwäbischen Kaisern immer mehr zugenommen. Viel mehrere Städte beschäftigten sich nun mit der Handelschaft, und kamen dadurch zu Macht und Reichthum. Die uralten Städte am Rhein, wie Köln, Mainz, Worms, Speyer, Strasburg und Basel trieben beträchtlichen Handel und Schiffahrt auf dem Rheinstrome. Die alte Handelstadt Köln trieb sogar großen Handel zur See nach England. Auch die Städte an der Donau, z.B. Regensburg und Ulm, und im heutigen Franken Nürnberg beschäftigten sich viel mit dem Handel.
(Die Fortsetzung folgt.)

Die Stadt Leipzig, in welcher, seit einigen Jahren viel Gutes, in Ansehung der Unterweisung der Jugend zu Stande gekommen ist, hat nun auch die Freude, ein neues Gesangbuch zu besitzen, welches den bessern Einsichten unsers Zeitalters angemessen ist. Es hat den Titel: Sammlung christlicher Gesänge zum Gebrauch bey der öffentlichen Andacht in den Stadtkirchen zu Leipzig. Außer vielen neuen herzerhebenden, und guten alten verbesserten Gesängen, findet man darinne auch einen Anhang von alten Liedern, die ohne einige Veränderung abgedruckt sind. Dieß ist ohne Zweifel um solcher Personen willen geschehen, in deren Augen dergleichen Lieder einen großen Werth haben, und zeigt von dem Geiste der Duldung, der die Herausgeber geleitet hat.

Der Bote aus Thüringen.

Drey und vierzigstes Stück.

1796.

Fortsetzung der Geschichte der Deutschen.

Der durch die Kreuzzüge in großen Flor gekommene Handel der Italiänischen Städte Venedig, Genua, Pisa und anderer wirkte auch auf die Zunahme des Handels im südlichen und mittlern Deutschland. Vorzüglich wuchs nun derselbe in den Städten der Rheinländer, in Schwaben und in der heutigen Schweitz, die damals noch zu Deutschland gehörte. Die Kaufleute dieser Gegenden hohlten seit den Kreuzzügen aus Italien über die Alpen herüber allerley Waaren, welche die Italiäner aus Asien bekamen, z. B. Zukker, allerley Gewürze, vorzüglich Pfeffer, ferner Seide und Edelsteine, und trieben damit weitern Verkehr durch Deutschland. Dagegen führten sie den Italiänern wieder aus Deutschland allerley Waaren zu, besonders viel Flachs, wollene und leinene Zeuge, Leder, auch wohl Deutsche

Weine. Weil die am Rhein am Main und Neckar liegenden, und andere Städte jener Gegenden sehr viel durch das Faustrecht litten, besonders auch mehrere Herren am Rheine unbefugter Weise und gegen der Kaiser Willen immer mehrere Zölle zum Nachtheil der auf dem Rheine Handel und Schiffahrt treibenden Städte angelegt hatten, die Kaiser selbst aber schon zu ohnmächtig waren, diesen Bedrückungen und Unfuge zu steuern: so rieth ein Mainzer Bürger, Namens Waldbott, den Mainzern, sich, zur Sicherung ihres Handels und ihrer Freyheit gegen ihre adelichen Nachbarn, mit mehrern Städten zu verbinden, und gemeinschaftlich Gewalt mit Gewalt zu vertreiben. Sein Vorschlag fand Beyfall. Mainz, Worms, Speyer, Basel, Strasburg verbanden sich mit einander, auch Frankfurt am Main, und eine Menge anderer Städte im heutigen Elsaß, in der Pfalz, am Oberrhein, am Niederrhein, und in Westphalen, selbst die Niedersächsische Stadt Bremen, so gar viele geistliche und weltliche Fürsten traten dem Bunde bey, und der damalige Deutsche König Wilhelm von Holland billigte ihn. Durch diesen Bund, welchen man den Rheinischen Städtebund nennt, und der in der Mitte des dreyzehnten Jahrhunderts seinen Anfang nahm, wurde die öffentliche Sicherheit in jenen

Gegen-

Gegenden Deutschlands ungemein vermehrt, der Handel nahm dort immer mehr zu, und der Wohlstand und die Macht der Städte wuchs.

Noch viel höher aber, als im obern und mittlern Deutschland, stieg der Handel der Städte in den nördlichen Provinzen unsers Vaterlandes, oder in Niederdeutschland, wo sich vor allen andern mehrere der heutigen Niedersächsischen, einige Westphälische, und mehrere Flandrische Städte, als wichtige Handelsstädte auszeichneten. An der Ostsee, im heutigen Pommern und Mecklenburgischen hatten, wie ich schon sonst erwähnt habe, Slavische Völkerschaften in ältern Zeiten berühmte Handelsstädte gehabt, und beträchtlichen Handel zu Wasser und zu Lande getrieben. Nach der gänzlichen Besiegung der Slaven in jenen Gegenden hatten die Niedersächsischen Städte diesen Handel immer mehr an sich gezogen. Besonders waren Hamburg, Lübeck, Bremen, Lüneburg, Braunschweig damals durch Handel sehr empor gekommen. Hamburg, Lübeck und Bremen trieben vorzüglich sehr ausgebreitete Schiffahrt. Sie handelten auf der Nord- und Ostsee nach England, Dänemark, Schweden und Norwegen, theils mit Deutschen Landesprodukten, z. B. mit Flachs, Holz, Salz, Weinen, theils mit, in den Deutschen Städten verfertigten Stahl-Eisen- und

U u 2   Kup-

Kupferarbeiten, besonders auch mit Leder, mit wollenen Zeugen und Leinewand, theils mit ausländischen Waaren, mit Zucker, Gewürzen, Seidenwaaren. Sie erhielten dagegen aus jenen Ländern die Landesproducte und Waaren, welche dort erzeugt und verfertigt wurden, besonders aus den nördlichen Ländern Europas viel Pelzwerk, und handelten damit durch Deutschland und anderwärts hin. Sie hatten große Waarenlager in den Ländern, in welche sie handelten, und genossen von den Regenten derselben große Vorrechte und Freyheiten, vorzüglich in England. Ein besonders wichtiger Handelsartikel für die Deutschen Seeschiffahrt treibenden Städte war der Handel mit Häringen, welche in der Nord- und Ostsee gefangen, und um diese Zeit so gemein in Deutschland wurden, daß man selbst in Strasburg, das doch so entfernt von den Gegenden lag, wo man den Häringsfang trieb, acht Häringe um einen Pfennig kaufte.

Um den Handel desto besser und mit mehrerer Sicherheit treiben zu können, waren auch die Niederdeutschen Kaufleute hier und da in gewisse Verbindungen zusammen getreten, welche bey ihnen den Namen Hansen führten; und, um auf ihren Handelsreisen in jenen Fehdezeiten vor Ueberfällen desto sicherer zu seyn, reisten sie immer in

gro-

grofer Menge zusammen. Keine dieser Verbindungen oder Hansen wurde für den Deutschen Handel damals, und noch mehr in den folgenden Zeiten wichtiger, als diejenige Hansa, in welche einige Jahre vor der Entstehung des Rheinischen Städtebundes die beyden Niedersächsischen Städte Hamburg und Lübeck traten, zur Beschützung ihres Handels, theils gegen Landräuber, theils und vorzüglich gegen die damaligen Seeräuberenen der Dänen. Diese Verbindung nahm ihren Anfang im Jahre 1241, und wird der Hanseatische Bund oder die grose Hansa genannt. Da Hamburg und Lübeck von dieser Verbindung so grose Vortheile genossen, so suchten gar bald mehrere Städte in diesen Bund zu treten. Braunschweig, wo Hamburg und Lübeck grose Handelsniederlagen von Deutschen und aus Italien herbeygeführten Waaren hatten, nahmen sie zuerst in ihre Verbindung auf, und nach und nach immer mehrere Städte. In der Folge wuchs die Zahl der Bundesstädte der Hania im heutigen Niedersachsen, Obersachsen und Westphalen und den Niederlanden bis über 80 an. Zu Lübeck, als dem Oberhaupte des ganzen Hanseatischen Bundes und aller Deutschen Seestädte, wurden dann zu gewissen Zeiten die Versammlungen oder die Hansatage gehalten, in welchen die Abgeordneten der Hanse-

U u 3 städte

Städte über ihre gemeinschaftlichen Angelegenheiten sich berathschlagten. Bald beym Entstehn dieses Bundes rüsteten Hamburg und Lübeck eine Kriegsflotte aus, um damit ihre Handelsschiffe gegen die Seeräuber zu schützen, und bald wurden diese Städte so mächtig zur See, daß die Deutschen Schiffe mit völliger Sicherheit vor Seeräubern die See befahren konnten.

Die Deutschen waren nebst den Italiänern damals die geschicktesten Seefahrer, und in der Schiffsbaukunst und Schiffahrt hatten sie vor allen andern Nationen damaliger Zeit wichtige Erfindungen gemacht. Sie schifften nicht nur auf der Nord- und Ostsee in die nördlichen und östlichen Länder von Europa, sondern fuhren zur Zeit der Kreuzzüge sogar nach Asien und Afrika auf Meeren, die vorher von ihnen noch wenig oder gar nicht befahren worden waren. Durch ihre Schiffe führten sie, nebst den Italiänern, den Kreuzfahrern Proviant zu, und unterstützten die Unternehmungen derselben gegen die Muhamedaner. Besonders zeichneten sich hierbey die Friesen, die Flanderer, Lübecker und Bremer aus. Den Burgemeistern der Stadt Bremen bewilligte sogar der Kaiser Heinrich V. zur Belohnung des Muthes und der Verdienste der Bremer bey den Kreuzzügen, das Vorrecht der Edelleute, auf ihren Mänteln Gold

und

und Grauwerk zu tragen. Die Kenntnisse der Deutschen Seefahrer in der Schiffahrt waren durch ihre Theilnahme an den Kreuzzügen noch sehr vermehrt worden. Bremische Kaufleute entdeckten auch im Jahr 1158 in bis dahin von ihnen unbefahrenen Gegenden der Ostsee, Länder, welche die Deutschen vorher fast gar nicht kannten, z. B. das heutige Liefland und Kurland. Hier ließen sich nun nach und nach viele Deutsche des Handels wegen nieder, erbaueten unter andern die Stadt Riga, und Deutsche Mönche breiteten das Christenthum unter den Einwohnern jener Gegenden aus. In einiger Zeit wurden das ganze heutige Liefland, Kurland und Esthland von einem Deutschen Ritterorden, den sogenannten Schwertbrüdern, welche zur Bekehrung und Besiegung der heydnischen Bewohner jener Gegenden errichtet worden waren, erobert, die Einwohner zwar zu Christen, aber auch leider zu Leibeigenen der Deutschen Eroberer gemacht. Fast um die nämliche Zeit eroberte der zur Zeit der Kreuzzüge in Palästina errichtete geistlichr Orden der Deutschen Ritter, dessen ich schon zu einer andern Zeit erwähnt habe, das heutige Königreich Preussen, worauf auch dort sich sehr viele Deutsche, des Handels und anderer Ursachen wegen, niederließen, viele Städte erbaueten, und Deutsche Geistliche die heydnischen Preussen zu Christen mach-

machten. Von den Niederlassungen der Deutschen in diesen an der Ostsee liegenden Ländern kommt es her, daß man noch bis auf den heutigen Tag in jenen Ländern die Deutsche Sprache spricht, und man dort Deutsche Sitten, Gebräuche und Einrichtungen, besonders in den dortigen Städten, welche meist Deutschen Ursprungs sind, findet.

Bey dem, durch die Vermehrung und Vervollkommnung der Handwerke und des Handels, zugenommenen Wohlstande und Ansehen der Städte nahm auch ihre Macht immer mehr zu. Viele wurden nach und nach ganz von aller Gerichtsbarkeit der Grafen und anderer Richter frey, und erhielten ihre eigene Gerichtsbarkeit. Ueberhaupt bekamen die Städte damals immer mehr die Verfassungen und Einrichtungen, welche sie zum Theil noch haben, ihre besondern Magisträte und obrigkeitlichen Personen, welche über Ordnung, Recht und Gerechtigkeit, über die Sicherheit der Bürger, und über alles, was das gemeine Beste einer Stadt betraf, wachen mußten.

(Die Fortsetzung folgt.)

Der Bote aus Thüringen.

Vier und Vierzigstes Stück.

1796.

Fortsetzung der Geschichte der Deutschen.

Da die Landleute und Leibeigenen gegen die Bedrückungen ihrer Herren so häufig Zufluchtsörter in den Städten fanden: so hatte dies nebst manchen andern Ursachen auch großen Einfluß auf die Verbesserung des Zustandes der auf dem Lande zurückgebliebenen Bewohner und Leibeigenen. Manche Herren fingen an mit denselben glimpflicher umzugehen. Manche Kaiser selbst gaben ernstliche Befehle, daß man die Bauern, ihre Gärten, Weinberge, Aecker und anderes Eigenthum bey den Fehden schonen sollte. Manche Kaiser suchten den Anbau ihrer eigenthümlichen Güter und der Reichsgüter immer mehr zu verbessern; ihr Beyspiel wurde auch von manchen Adelichen und Fürsten nachgeahmt. Alle Provinzen Deutschlands wurden daher jetzt immer besser angebauet, und die großen

Waldungen nahmen immer mehr ab. Vorzüglich waren die Rheingegenden, die Niederlande, Sachsen und Thüringen immer mehr durch vollkommnern Anbau verschönert worden.

Drey Umstände trugen besonders noch in diesen Zeiten sehr viel zum bessern Anbau vieler Gegenden unsers Vaterlandes bey. Dahin gehört erstlich die größere Bevölkerung und der zunehmende Wohlstand der Städte. In den Dörfern und Gegenden, welche um die Städte herum lagen, wurde jetzt der Anbau des Landes desto eifriger betrieben, weil die Städter sich, bey der Zunahme der Handwerker und der Handelsleute, immer weniger mit dem Landbau beschäftigten; die nahen Dorfbewohner aber nun um so reichlichern Absatz ihrer Früchte und Erzeugnisse in den Städten finden mußten. Die Landleute suchten jetzt nicht mehr bloß so viel hervorzubringen, als sie etwa für sich und ihre Familien zum Unterhalt brauchten; sondern sie strebten vielmehr so viel als möglich zu erzeugen, um den Ueberfluß an die Städter zu verkaufen, welche die gekauften Früchte theils selbst verzehrten, theils damit und mit den daraus verfertigten Dingen Handel trieben. Außer dem häufigern Wein, Obst, und Getreidebau wurde damals vorzüglich stark, zum Besten des Handels, getrieben der Anbau des Safrans, des Saflors und der Farberröthe,

röthe, der Flachsbau, Waid und Hopfenbau. Hopfen wurde deßhalb sehr viel angebauet, weil das Deutsche Bier häufig damals in fremde Länder, z. B. nach England verführt wurde; der Waid aber wurde zur Färberey gebraucht, und die Handelsstädte trieben mit demselben, so wie mit den damit gefärbten leinenen und wollenen Zeugen sehr einträglichen Handel. Eine zweyte Ursache des vermehrten Anbaues vieler Provinzen Deutschlands war folgende: Die Niederländer (Holländer und Flandrer) waren vorzüglich sehr thätig und geschickt im Acker- und Gartenbau und überhaupt in der Landwirthschaft. Ihr Land aber war häufig den Ueberschwemmungen der Nordsee ausgesetzt. Viele Niederländer wurden daher oft genöthigt, ihr Vaterland zu verlassen. In andern Gegenden Deutschlands aber wurden sie von den Fürsten und Landesherren mit Freuden aufgenommen und ihnen Ländereyen und Wohnplätze gegeben. Da trugen nun diese ausgewanderten Niederländer ungemein viel zum bessern Anbau mehrerer Gegenden unseres Vaterlandes bey. Vorzüglich ließen sich viele im Brandenburgischen, Mecklenburgischen, Holsteinischen, in Schlesien, auch in Thüringen, besonders im Stift Naumburg und in der goldenen Aue nieder.

X x 2   End-

Endlich aber half damals den bessern Anbau Deutschlands beförnern die allmählige Aufhebung der Leibeigenschaft in mehrern Gegenden unsers Vaterlandes, wozu, nebst manchen andern Ursachen, die Predigten der Geistlichen sehr viel mitwirkten, welche sehr stark gegen die Leibeigenschaft eiferten, und auch auf ihren Gütern mit gutem Beyspiele vorangingen. Sobald nur erst hier und da der Anfang gemacht worden war, den Bauern mehr billige Freyheit zu geben, so wurde das Schicksal derselben auch in andern Gegenden nach und nach besser. Denn die Fürsten und der Adel sahen ja gar bald ein, daß auch sie davon Vortheil hätten, und daß es, nach der Aufhebung der Leibeigenschaft und Erleichterung des Schicksals ihrer Unterthanen, nach und nach immer schöner in ihren Gebieten und auf ihren Gütern wurde.

Der Bergbau hatte, seitdem die Harzbergwerke unter den Sächsischen Kaisern waren entdeckt worden, immer mehr Vollkommenheit erreicht. Jene Bergwerke waren nun nicht nur immer fleißiger bearbeitet, und dadurch die Menge des Silbers und anderer Metalle sehr vermehrt worden; sondern im zwölften und dreyzehnten Jahrhunderte hatte man auch in mehrern Theilen Deutschlands neue Bergwerke entdeckt, unter

ter denen die Silber- und Kupferbergwerke im Mansfeldischen, im Erzgebürge und in Böhmen, ein Goldbergwerk in Schlesien, und die Zinnbergwerke in Böhmen und im Meißnischen die vorzüglichsten und einträglichsten waren. Die Deutschen wurden im Bergbau immer geschickter, machten allerley Erfindungen, welche ihnen die Bearbeitung der Bergwerke, die Schmelzung und Reinigung der Metalle sehr erleichterten. Ja, sie wurden mit der Zeit so berühmte Bergleute, daß man sie in fremde Länder verschrieb, um dort den Bergbau besser betreiben zu helfen, und die Ausländer darin zu belehren. In Deutschland selbst nahm die Zahl der Bergleute mit der Vermehrung der Bergwerke immer mehr zu, so wie auch die Zahl derer, welche sich mit der Verarbeitung der gegrabenen und geschmolzenen Metalle beschäftigten. Die Entdeckung neuer Bergwerke wurde auch der Grund der Erbauung mancher neuen Stadt, in der Nähe der neuentdeckten Bergwerke. So wurde z. B. die Entdeckung der Silberbergwerke im Erzgebirge die Veranlassung der Erbauung der Stadt Freyberg, die noch bis auf den heutigen Tag eine der berühmtesten Bergstädte in Deutschland, ja in ganz Europa ist.

So vielerley nützliche Erfindungen und Entdeckungen

langen indessen auch die Deutschen in diesen Zeiten, bey ihrem viel besser betriebenen Handel, Handwerken, Landbau, und manchen neuen Gewerben gemacht hatten: so unwissend waren sie doch noch in vielen andern Dingen, z. B. in ihren Religionseinsichten, wie wir das schon aus ihrer so eifrigen Theilnahme an den Kreuzzügen merken konnten. Auch beweisen dieß die noch immer damals üblichen Zweykämpfe, Feuer- und Wasserproben, durch welche bey Gerichten die Schuld oder Unschuld des Beklagten erwiesen werden sollte. Doch mehr von dem damaligen Religionszustande bey einer andern Gelegenheit. Aber nicht nur in Religionssachen sah es mit unsern Vorfahren damals noch gar übel aus; sondern auch in so manchen andern Kenntnissen waren sie sehr unwissend und daher über alle Vorstellung leichtgläubig. Vornehme und Niedrige glaubten durchgängig an Zauberey, Hexerey und Teufelsbannerey. Betrüger oder Selbstbetrogene konnten ohne Scheu allerley schreckliche und wunderbare Geschichten von Hexen, Zauberern und Geisterbeschwörern unter den Leuten verbreiten. Man glaubte alles. Kaum wird der Herr Gevatter mir es glauben, wenn ich ihm sage, daß damals selbst viele Gelehrte, die doch viel mehr Einsichten, als andere Leute haben mußten, der

Mey-

Meynung waren: es gäbe in Aegypten sechs Ellen hohe Menschen, welche keinen Kopf, den Mund und die Augen aber auf der Brust hätten. Man glaubte: oben in der Luft sey eben so wohl Meer, und es werde dort eben so gut Schiffahrt getrieben, wie unten auf der Erde. Aber wie elend sah es auch damals um den Unterricht aus. Die Kloster- und Domschulen, welche der brave Kaiser Karl der Große einige Jahrhunderte früher hatte errichten lassen, waren in den kläglichsten Zustand gerathen. Die Herren Mönche und Domherren schmausten lieber, als daß sie sich viel um die ihrer Aufsicht übergebenen Schulen bekümmert hätten, und überließen den Unterricht Leuten, welche selbst wenig verstanden. Die Prediger waren zufrieden, wenn sie ihren Kirchkindern nothdürftig etwas von dem beygebracht hatten, was man damals christliche Religion nannte. Zum vielen Nachdenken mochten und durften sie die Leute auch nicht anführen: denn sonst würden diese nicht mehr treue Anhänger des Papstes geblieben seyn, und nicht mehr alles so blind geglaubt haben, was der Papst und die Pfaffen für gut fanden, sie zu lehren. Die Kaufleute und andere Bürger in den Städten fühlten es indessen immer mehr, wie nöthig ihnen bey ihren Geschäften wenigstens Lesen, Schreiben und Rechnen sey. Da-

her

her waren sie darauf bedacht, Schulen zu errichten, in denen ihren Kindern diese Kenntniße gelehrt werden könnten. So sehr sich also auch die Bischöfe, Domherren und Mönche dagegen setzten, so brachte es doch die Bürgerschaft in mehrern Städten dahin, daß außer den Kloster- und Domschulen noch andere Schulen in den Städten errichtet wurden, welche den Namen Stadtschulen bekamen. Ihre Zahl nahm gar bald zu, und bald war keine nur etwas beträchtliche Stadt, die nicht eine solche Schule gehabt hätte. Freylich waren ihre Einrichtungen sehr unvollkommen, wie alle menschlichen Anstalten und Einrichtungen es bey ihrem Anfange meist immer sind. Aber es war nun doch schon der Grund gelegt, wenigstens in den Städten Lesen und Schreiben viel gemeiner zu machen, und dadurch schon immer ein merklicher Vorschritt zur Erlangung mehrerer Einsichten gemacht.

(Die Fortsetzung folgt.)

Mit dem Ende dieses Jahrs wird die Geschichte der Deutschen auf einige Zeit geschlossen werden. Der folgende Jahrgang wird enthalten: Lebensbeschreibungen merkwürdiger Männer, Nachrichten von den Sitten verschiedener Völker, und den Merkwürdigkeiten fremder Länder, kurze Erzählungen aus Reisebeschreibungen, u. dergl., wodurch den Lesern hoffentlich nicht nur eine angenehme Unterhaltung, sondern auch manche nützliche Belehrung verschaffet werden wird. C. G. Salzmann.

Der Bote aus Thüringen.

Fünf und vierzigstes Stück.

1796.

Fortsetzung der Geschichte der Deutschen.

Durch die Kreuzzüge und häufigen Kriegszüge nach Italien, hatten die Deutschen manches von der feinern, aber auch weichlichern, schwelgerischen Lebensart, welche sie in den wärmern Ländern Asiens, in Konstantinopel und in Italien kennen lernten, angenommen. Auch die vermehrte Volksmenge und der Reichthum in den Städten hatten manchen Einfluß auf die Verfeinerung der Sitten unserer Vorfahren. Aber leider wurden auch Sünden der Unkeuschheit, Unmäßigkeit und Schwelgerey jetzt immer gemeiner in den Deutschen Städten. An den Höfen der Fürsten und vornehmen Herren hatte man schon lange her angefangen, an feyerlichen Tagen immer mehr Pracht und Aufwand zu machen. Bey solchen Gelegenheiten wurden keine Kosten gespart, um recht hoch zu schmausen. Ein Fürst such-

te es dem andern in solchen Fällen an prächtiger Kleidung, an herrlichem Essen und Trinken, an Veranstaltung geldkostender Lustbarkeiten, und einem recht großen glänzenden Hofstaate zuvor zu thun. Dies war besonders der Fall, wenn Reichstage gehalten wurden, wenn ein Fürst seiner Tochter Hochzeit machte, oder sonst eine ihm wichtige Begebenheit Gelegenheit zu einem festlichen Tage an seinem Hofe gäb. Unter den Lustbarkeiten, welche in solchen Fällen angestellt wurden, sind besonders die Turniere merkwürdig. Unter Turnieren versteht man Waffenübungen, welche mit Beobachtung gewisser Regeln, zur Lust und zum Vergnügen, von den Adelichen gehalten wurden, und an denen der hohe Adel sowohl, als der niedere Theil nahm. Doch ich muß dem Herrn Gevatter wohl eine kleine Beschreibung von einem solchen Turniere oder Kriegsspiele machen. Wenn ein Turnier gehalten werden sollte: so wurde es immer lange Zeit vorher dem Adel bekannt gemacht, damit jeder, der Lust hatte, daran Theil zu nehmen, sich dazu gehörig vorbereiten konnte. Doch durften nur die Edelleute daran Theil nehmen, die in gutem Rufe standen, und deren Eltern und Großeltern wenigstens schon von Adel gewesen waren. Gewöhnlich wurde das Turnier bey einer Stadt gehalten, damit theils die Men-
se

der Theilnehmer an demselben, theils die Zuschauer gehöriges Unterkommen und Bewirthung finden konnten. Der Platz, wo man dasselbe hielt, mußte sehr groß und eben seyn. Niemand wurde auf den Kampfplatz gelassen, als die, welche mit turnieren wollten und ihre Waffenträger. War der bestimmte Tag und Stunde des Turniers gekommen: so zogen die zum Kampfe versammelten Edelleute in prächtiger Rüstung (Harnische) und zu Pferde unter dem Schalle einer kriegerischen Musik auf den Kampfplatz. Sobald alles bereit war, fingen einzelne Paare an, mit einander zu kämpfen. Die Uebungen bestanden theils darin, daß einer den andern, im vollen Rennen des Pferdes, mit seiner Lanze aus dem Sattel zu heben, oder mit seinem Pferde zu Boden zu werfen suchte. Auch wohl mit dem Schwerte fochten die Kämpfer mit einander, und einer suchte dem andern das Schwert aus der Hand zu hauen. Die, welche den Sieg davon trugen, wurden, wenn das ganze Turnier geendigt war, von den vornehmsten Frauenzimmern, die den Kampf mit angesehen hatten, mit goldenen Ketten, goldenen Armbändern und dergleichen Kostbarkeiten beschenkt, welche die Sieger als Heiligthümer aufzubewahren pflegten. Ein solcher Turnierritter sah ungefähr so aus, wie der Herr, der hier abgebildet ist; nur muß der Hr. Gevatter sich das Pferd hinzudenken. Das Ding, das er in der Hand hat, nennt man eine Lanze.

Bey diesen Turnieren ging es aber manchmal sehr hart her. Mancher adeliche Herr blieb dabey auf dem Kampfplatze todt, oder wurde doch schwer verwundet. Bey einem Turniere, das man einst in Sachsen hielt, wurden das eine Mal sogar 16 Ritter getödtet. Dergleichen Vorfälle machten, daß die Bischöfe sehr stark gegen diese mörderischen Spiele predigten, und da Vorstellungen nicht viel helfen wollten, mit dem Kirchenbann droheten, auch wohl manchen Herrn damit bestraften. Aber der Hang zu diesen Lustbarkeiten war zu groß, als daß das Predigen, Drohen und Strafen der Geistlichkeit, sie hätte verhindern können. Nach geendigtem Turniere machten sich dann die Herren Kämpfer und der übrige Adel brav lustig. Da wurde getanzt, weidlich geschmauß und gezecht. Diese Turniere kosteten aber auch den Fürsten, welche sie anstellten, und den Edelleuten, welche daran Theil nahmen, viel Geld. Mancher machte bey einem solchen Turniere fast mehr Aufwand, als er das ganze Jahr einnahm, und gerieth dadurch in große Schulden.

Die Städter, welche so oft Zuschauer dieser Kriegsspiele waren, und überdieß auch öfters sich in den Waffen übten, um desto geschickter zur Vertheidigung bey einem Angriffe von außen her zu seyn, fanden auch Geschmak an dergleichen Uebungen

bungen. In den Städten kamen daher um dieſe Zeit die Vogel- und Scheibenſchießen auf. Man bediente ſich dabey der Armbrüſte: denn Feuergewehr gab es damals noch nicht. Auch Ringelſtechen hielten die Bürger. Dieſe errichteten ſogenannte Schützengeſellſchaften, deren Mitglieder anfänglich nur die vornehmern Bürger waren; aber bald wurden auch niedrigere in ſolche Geſellſchaften aufgenommen. Die heutigen Schützengeſellſchaften, Vogel- und Scheibenſchießen in vielen Städten ſtammen noch von jenen alten Zeiten her.

Dieß mag genug ſeyn von dem Zuſtande und den wichtigen Veränderungen, welche ſich zur Zeit der Hohenſtaufiſchen oder Schwäbiſchen Kaiſer und Könige und bis zu König Richards Tode in unſerm Vaterlande und unter unſern Vorfahren zutrugen.

König Richards Tod erfolgte, wie ich ſchon angezeigt habe, im Jahr 1272, und zwar in ſeinem Geburtslande England. Nach mancherley Berathſchlagungen wählten die Kurfürſten auf einer Verſammlung zu Frankfurt am Main im Jahre 1273 einen gewiſſen Grafen Rudolf von Habsburg zum Könige Deutſchlands. Graf Rudolf gehörte zwar eben nicht zu den mächtigſten Deutſchen Fürſten; aber doch hatte er ganz anſehnsehnliche Besitzungen im Elsaß und in der Schweitz, wo auch sein Stammhaus Habsburg im heutigen Kanton Bern lag, und noch dort zu sehen ist. Was ihm indessen an sehr großer Macht abging, das ersetzte seine ungemeine Klugheit, Rechtschaffenheit und Tapferkeit. Dieß waren Eigenschaften, um welcher willen er schon lange von allen, die ihn näher kannten, oder von ihm gehört hatten, sehr geschätzt worden war, und überdieß Eigenschaften, die ein König Deutschlands damals ganz besonders sehr nöthig hatte.

(Die Fortsetzung folgt.)

Fortgesetztes Verzeichniß der Pränumeranten auf das Buch: der Himmel auf Erden:

Herr Lieut. von Fischer in Magdeburg 1 Exemp.
Mad. Brandt in Lübeck   6
Herr Freysaß Grosse in Biselbach   9
— Prof. Eck in Leipzig   6
— Amtsadvocat Hoch in Waltershausen 1
— Secret. Alms in Burg Penzlin   1
— Pfarrer Götz in Cassel   18
— Superint. Schmid in Brandenburg an der Havel   6

Herr

Herr Landmarschall von Sacken in Berghof 6
-- Cand. Tiling daf. 11
-- Pfarrer Hennauer zu Hertha 2
-- Kirchner zu Weimar 3
-- Consistorialrath Gelbke in Gotha 1
-- Diak. Cöster in Bach 2
-- Ortolph in Zeitz 1
-- Kaufmann Vogt in Erfurt 2
-- Börmel zu Tannenrode 1
-- Pastor Herschel zu Kirchhohenfeld 10
-- Cand. Touton zu Mollis 14
-- Director Plato zu Leipzig 9
-- Kammermusikus Reich in Weimar 1
-- Kaufmann Nottebohm in Bielefeld 1
-- Sluchowiny, Lehrer am Gymnasium zu Presburg 6
-- Cantor Ebert zu Kirchehorn 2
-- Pfarrer Salzmann zu Berlstedt 6
-- Cantor Kilian zu Gröbzig 3
-- Apotheker Schlegel zu Stollberg 1
-- Staatsminister von Frankenberg zu Gotha 2
-- Succentor Merbeth in Freyberg 6

138

Der Bote aus Thüringen.

Sechs und Vierzigstes Stück.

1796.

Fortsetzung der Geschichte der Deutschen.

Ganz Deutschland war auch mit Rudolfs Wahl sehr zufrieden; nur der König Ottokar von Böhmen nicht, weil dieser gern selbst die Deutsche Königswürde gehabt hätte. König Ottokar war übrigens ein sehr gefährlicher Gegner. Denn er besaß außer seinem Königreiche Böhmen auch Mähren, Oestreich, Steyermark, Kärnthen und Krain. Dabey war er ungemein tapfer und kriegerisch gesinnt, hatte schon mehrmals sehr wichtige Proben seines Muthes in mehrern Kriegen, unter andern auch in Verbindung mit dem Deutschen Orden, bey Bekämpfung der heydnischen Preussen, abgelegt. Bey welcher Gelegenheit er Veranlassung zur Erbauung der heutigen Hauptstadt Preussens gab, welche deßhalb nach ihm den Namen Königsberg erhielt. Aber der nicht weniger tapfere König Rudolf brauchte ihn nicht

nicht zu fürchten, da er fast alle übrigen Fürsten Deutschlands auf seiner Seite hatte. Indessen ging es doch ohne Krieg nicht ab; und Rudolf erhielt nicht eher Ruhe vor seinem Gegner, als bis dieser in einer Schlacht gegen ihn (1278) das Leben verlohr. Mit vollkommener Bewilligung der Kurfürsten und übrigen Reichsstände, gab hierauf Rudolf seinen Söhnen, Albrecht und Rudolf, die dem Könige Ottokar abgenommenen Länder Oestreich, Steyermark und Krain, und legte dadurch den Grund zur Macht seiner Familie, von der gewisser Maßen noch bis auf den heutigen Tag Nachkommenschaft da ist, und die genannten Länder im Besitz hat.*)

Nachdem Rudolf zum ruhigen Besitz seiner Würde gekommen war, verwandte er alle seine Kräfte auf die Beförderung des Wohlstandes des Deutschen Reiches, und zeigte dadurch, daß er alles das

*) Dieß, so wie das auf der Seite 204 hieher Gehörige ist auf folgende Weise zu verstehen: Unsers jetzigen Kaisers Franz II. Großmutter, die berühmte Kaiserin Königin Maria Theresia, war nämlich eine Tochter Kaiser Karls VI., der von der männlichen Nachkommenschaft Rudolfs von Habsburg abstammte, und der letzte Abkömmling vom Habsburgischen Mannsstamme war. Maria Theresia erbte aber,

das Zutrauen verdiene, welches man bey seiner Erhebung auf den Deutschen Königsthron zu ihm gehabt hatte. Gleich bey Antritt seiner Regierung hatte er erklärt, daß er alle Sorgfalt und Macht anwenden werde zur Beförderung und Erhaltung des Friedens und der Gerechtigkeit, als der köstlichsten Gaben, welche Gott einem Lande schenken könne. Und als einst seine Wache einen armen Mann, der etwas bey ihm anzubringen hatte, nicht vor ihn lassen wollte, wurde er unwillig und rief: Bin ich denn König, um mich vor den Leuten zu verschließen? So dachte, so sprach Rudolf, so — welches das wichtigste ist — handelte Rudolf auch. Nichts war dem

Z 3 2   Deut-

aber, nach einer ausdrücklichen Verordnung ihres Vaters, da kein männlicher Erbe da war, nach dem Tode desselben 1740 alle Länder ihres Vaters, und also auch die Habsburg-Oestreichischen Länder. Sie war mit dem Großherzoge von Toscana, nachherigen Kaiser Franz I., verheurathet, und hinterließ diese Länder bey ihrem Tode ihrem mit diesem Herrn erzeugten Sohne, dem verstorbenen merkwürdigen Kaiser Joseph II., von dem ihr 2ter Sohn, der vor einigen Jahren verstorbene Kaiser Leopold II. dieselben erbte, und sie bey seinem Tode seinem Sohne, dem jetzigen Kaiser Franz II., hinterließ.

Deutschen Reiche, nachdem es unter den letzten Hohenstaufischen Regenten, und noch mehr während König Richards ohnmächtiger Regierung, so viel durch innere Unruhen, Befehdungen und Räubereyen vieler adelichen Herren gelitten hatte, nöthiger, als innere Ruhe und Sicherheit. Diese unserm lieben Vaterlande zu verschaffen, war Rudolfs vorzüglichste Sorge, fast von dem ersten Augenblicke seiner Regierung an, bis an seinen Tod. Mit unermüdetem Eifer vermahnte er die Fürsten und den Adel Deutschlands, Ruhe und Frieden unter einander zu erhalten, ihre etwanigen Streitigkeiten und Uneinigkeiten, anstatt einander sogleich zu befehden, lieber auf eine gütliche Weise durch Vergleich beyzulegen, oder durch die für Recht und Gerechtigkeit wachende, von ihm gesetzten Richter, oder durch ihn selbst, als den obersten Richter im Reiche, entscheiden zu lassen. Er kannte kein angenehmeres Geschäfte, als Leute, die mit einander in Unfrieden lebten, zum Vergleich zu bringen. Daher brachte er fast seine ganze Regierungszeit damit hin, daß er von einer Provinz zur andern reiste, überall Gericht hielt und Streitigkeiten schlichtete. Um den unzähligen Räubereyen ein Ende zu machen, ließ er in Franken, Schwaben, Thüringen und andern Gegenden viele Raubschlösser zerstören. In Thü-

ringen

ringen allein, wo er sich einst, um Recht und Gerechtigkeit zu handhaben und Ruhe zu stiften, ein ganzes Jahr aufhielt, wurden auf seinen Befehl, durch seine Truppen und die Erfurtischen Bürger, über 60 Burgen und veste Höfe niedergerissen, und 28 räuberische Edelleute zu Ilmenau aufgefangen, nach Erfurt gebracht, dort von ihm vor Gericht verurtheilt und enthauptet. Anderwärts gings eben so. Einem Grafen von Wirtemberg, der den unsinnigen Wahlspruch hatte: Gottes Freund und aller Welt Feind, auch demselben gemäß handelte, und daher bald den, bald jenen seiner Nachbarn beunruhigte, nahm er alle seine vesten Schlösser, ließ die Mauern seiner Hauptstadt Stuttgardt niederreissen, und hielt ihn ernstlich an, Ruhe mit seinen Nachbarn zu halten. Wenn Rudolf so hin und her, bey seinem Herumreisen in den verschiedenen Provinzen Deutschlands, Gericht hielt, bezeigte er in diesem Geschäfte eine ungemeine Geschicklichkeit und Klugheit. Selbst in den verwickeltesten Fällen war er im Stande, die Wahrheit, und wer Recht oder Unrecht hatte, leicht zu entdecken. So erzählt man unter andern ein artiges Beyspiel davon, das während seines Aufenthaltes in Thüringen sich zu Erfurt zutrug. Als er dort eines Tages zu Gerichtssaß, kamen ein Gastwirth und ein Kaufmann zu ihm.

Z 3 Der

Der Kaufmann klagte, er habe dem Gastwirthe eine Summe Geldes aufzuheben gegeben, und da er sie jetzt zurückfordere, wolle dieser nichts von dem Gelde wissen. Der Gastwirth betheuerte auch wirklich dem Könige, er habe kein Geld vom Kaufmanne erhalten. Beweisen konnte der Kaufmann seine Aussage weder durch Zeugen noch durch Handschrift. Der König Rudolf dachte ein wenig nach, guckte dabey beyden starr ins Gesicht, und da schien es ihm, als ob es mit dem Gastwirthe doch wohl nicht so ganz richtig wäre. Indem er diesen immer genauer ansah, wurde er an dem Gürtel, den er um den Leib hatte, einen gar schönen Beutel gewahr. Der Gastwirth merkte, daß Rudolf den Beutel so genau betrachtete, und glaubte vielleicht, er würde für seine Sache etwas gewinnen, wenn er dem Könige damit ein Geschenk machte. Er bot denselben also Rudolfen an. Dieser schöpfte daraus noch mehr Verdacht gegen den Gastwirth. Aber noch immer fehlte der wirkliche Beweis seiner Schuld. Indessen nahm Rudolf den Beutel ganz freundlich an, dachte wieder ein wenig nach, ging dann mit demselben in ein Nebenzimmer, schickte einen seiner Diener mit dem Beutel zur Frau des Gastwirths, und ließ ihr im Namen ihres Mannes sagen, sie möchte in dem Beutel das bewußte Geld

des

des Kaufmanns schicken. Die Frau argwöhnte keine List, gab dem Diener das Geld, und dieser überlieferte es dem Könige. Rudolf ging hierauf in den Gerichtssaal zurück, und examinirte noch einmal scharf den Kläger und den Beklagten. Der Gastwirth, der an nichts weniger dachte, als daß er verrathen sey, läugnete und betheuerte seine Unschuld, wie zuvor. Da zog Rudolf endlich den Beutel mit dem Gelde hervor. Nun half freylich kein Läugnen mehr; der überführte Gastwirth wurde gehangen, und der Kaufmann bekam sein Geld wieder.

Ungeachtet seiner rastlosen Bemühungen gelang es Rudolfen zwar nicht, das Faustrecht in Deutschland ganz zu vertilgen, aber doch stellte er so viel Ruhe und Sicherheit in demselben her, als nur irgend unter den damaligen Umständen möglich war. Da er in Deutschland selbst so gar viel zu thun fand, so bekümmerte er sich auch gerade nicht mehr um Italien, als seine Sorgfalt für Deutschlands Wohl ihm erlaubte. Er that also auch keinen Zug nach Italien und Rom, und wurde daher auch nicht vom Papste zum Kaiser gekrönt. Indessen suchte Rudolf doch den Papst, da ihm dessen großer Einfluß auf die Leute gar wohl bekannt war, so viel als möglich, zum Freunde zu behalten. Und dieß war allerdings sehr klug gehandelt.

(Die Fortsetzung folgt.)

Herr D. Christ. August Struve zu Görlitz, der schon verschiedene Noth = und Hülfs = Tafeln geliefert hat, in welchen er die einfachsten Mittel angiebt, durch welche in vielen Fällen die Gesundheit und das Leben der Menschen kann gerettet werden, hat wieder eine solche Noth = und Hülfs = Tafel verfertiget: von den Mitteln, Kinder gesund zu erhalten, die billig in jede Kinderstube geschafft werden sollte. Das Stück kostet einen Groschen, wer 40 Stück sich von dem Verfasser verschreibt, erhält sie für einen Thaler.

Fortgesetztes Verzeichniß der Pränumeranten auf das Buch: der Himmel auf Erden:

Herr Pastor Müller in Schmira	1 Exempl.
Königl. Preuss. Postamt in Quedlinburg	1
Herr H. G. Apel in Wollersleben	1
— Schullehrer Wolfram in Stetten	4
— Caesar in Delitzsch	1
— Bohn in Hamburg	24
Ettingersche Buchhandlung in Gotha	10
Herr Buchhändler Gerlach in Dresden	2
— Simon in Tabarts,	1

Der Bote aus Thüringen.

Sieben und vierzigstes Stück.

1796.

Fortsetzung der Geschichte der Deutschen.

Nachdem Rudolf bis an seinen Tod für Deutschlands Wohl unermüdet thätig gewesen war, starb er im hohen Alter im Jahre 1291 zu Germersheim, einer Pfälzischen Stadt, die von ihm ihren Ursprung erhalten hat. Er hinterließ den Ruhm eines eben so guten Regenten, als unbestechlich rechtschaffenen und sehr menschenfreundlichen Mannes. Seine Redlichkeit war so allgemein anerkannt, daß man noch lange nach seinem Tode von einem Manne, mit dessen Redlichkeit es nicht so ganz richtig war, in Deutschland zu sagen pflegte: Dieser Mann hat Rudolfs Redlichkeit nicht. Er war ein wahrer Bürger- und Bauernfreund, und fand großes Vergnügen daran, zuweilen auch die Wohnungen der Niedern zu besuchen, und sich über ihr häusliches Glück zu freuen. In allen seinen Sitten, so wie in seiner Kleidung, war er ganz

ganz einfach, ein Feind aller Pracht und unnützen Aufwandes, nahm mit geringer Kost vorlieb, und war ungemein mäßig im Trinken, welches sonst damals eben nicht eine sehr gemeine Sitte unter den Deutschen war.

Unsere Vorfahren empfanden des redlichen Rudolfs Verlust gewiß um so stärker, da unter seinen nächsten Nachfolgern gar bald allerley vorfiel, das unserm Vaterlande eben nicht zum Vortheile gereichte. Rudolf hatte nicht lange vor seinem Tode die Kurfürsten zu bewegen gesucht, seinen Sohn Albrecht, den Herzog von Oestreich, zu seinem Nachfolger zu ernennen. Aber dazu mochten sich diese nicht verstehen, weil sie fürchteten, ein so mächtiger Herr, wie Albrecht, möchte wohl das kaiserliche Ansehen, zu ihrem Nachtheile, vergrößern. Ihnen lag mehr daran, sich selbst immer mehr Macht zu verschaffen, als zu zugeben, daß die gesunkene Macht des Reichsoberhauptes wieder wüchse. Daher pflegten sie, und vorzüglich die 3 geistlichen Kurfürsten, welche gemeiniglich immer den meisten Einfluß bey einer neuen Wahl hatten, fast bey jeder neuen Wahl ihre Gewalt und Macht immer mehr zu vergrößern und zu bevestigen, und an den neu gewählten König jedes Mal allerley solche Forderungen zu machen, welche zur Beförderung dieser ihrer Absichten dienten. Die Wahl fiel nach

nach Rudolfs Tode zunächst auf den Grafen Adolf von Nassau, einen zwar sehr tapfern, aber nichts weniger, als mächtigen Deutschen Fürsten. König Adolf hatte den geistlichen Kurfürsten, und insonderheit dem Mainzischen, allerley dem königlichen Ansehen nachtheilige Versprechungen bey seiner Wahl und Krönung thun müssen. Aber in der Folge bezeigte er keine große Lust, dieselben zu erfüllen. Deßhalb wurden die, welche vorher am eifrigsten seine Erwählung befördert hatten, am Ende seine bittersten Feinde. Außerdem machte Adolf sich auch bey der Deutschen Nation auf andere Weise verhaßt. Er verband sich mit dem Könige von England zur Bekriegung des Französischen Königs, und weil er selbst kein Geld hatte, so ließ er sich von dem Englischen Könige eine große Summe Geldes zur Führung des Krieges geben. Man pflegt heut zu Tage solches Geld Subsidiengelder zu nennen, und findet darin nichts Anstößiges. Damals dachte man aber hierüber ganz anders. Man hielt es für erniedrigend für einen Deutschen König und Römischen Kaiser, von einem fremden Fürsten Hülfsgelder zum Kriegführen zu nehmen. Uebrigens kam es zwischen dem Könige von Frankreich und Adolfen zu keinen wirklichen Feindseligkeiten, obgleich der letztere jenem den Krieg erklärte. Vielmehr verwendete Adolf das von dem Englischen Kö-

nige

nige erhaltene Geld zum Ankauf von Thüringen. Die Sache hängt so zusammen.

In Thüringen regierte damals Landgraf Albrecht, wegen seines übeln Verhaltens der Unartige genannt. Sein Vater, der schon sonst erwähnte Heinrich der Erlauchte, Markgraf von Meißen und Landgraf von Thüringen, hatte ihm dieses Land zur Regierung überlassen. Albrecht war mit Margarethen, einer Tochter des berühmten Hohenstaufischen Kaisers Friedrich II. vermählt worden. Diese hatte ihm zwey Söhne gebohren, welche Friedrich und Tietzmann hießen. So eine würdige Frau auch Margarethe war, so wurde ihr doch Landgraf Albrecht am Ende gram, weil ihm eine junge Hofdame, Kunigunde von Eisenberg, besser gefiel, mit welcher er auch einen Sohn, Namens Apitz, zeugte. Albrechts Widerwille gegen Margarethen ging endlich so weit, daß er sogar einen armen Tagelöhner zu bestechen suchte, sie umzubringen. Aber statt diese Schandthat zu vollführen, entdeckte dieser vielmehr Margarethen alles heimlich, und war ihr sogar des Nachts zur Flucht von dem Schlosse Wartburg behülflich, wo sich Landgraf Albrecht mit seiner Familie aufhielt. Bey dem Abschiede von ihren geliebten Söhnen, küßte Margarethe den ältesten, Friedrichen, mit solcher Lebhaftigkeit, daß sie ihm in den Backen biß, wovon Friedrich

den

den Beynahmen: der Gebiffene oder mit der gebiffenen Wange, bekam. Sie flüchtete sich nach Frankfurt am Main, wo sie bald starb; Albrecht aber heurathete nun Kunigunden. Margarethens Söhne geriethen in der Folge mit ihrem Vater Albrecht in große Streitigkeiten, weil dieser ihnen, um seinen Lieblingssohn Apitz desto besser versorgen zu können, manches zu entziehen suchte. Auch gab es der Ursachen zum Streit noch andere. Damals lebte König Rudolf noch. Dieser hatte, seiner rühmlichen Gewohnheit gemäß, zwischen Vater und Söhnen Frieden zu stiften gesucht. Aber unter König Adolfs Regierung fing der Streit zwischen ihnen von neuem mit großer Heftigkeit an. Um seinen Söhnen recht nachdrücklich wehe zu thun, wollte Landgraf Albrecht endlich seine Länder verkaufen. So sehr auch die Söhne und der Thüringische Adel, der auf Friedrichs und Tiezmanns Seite war, sich dagegen setzten; so sehr auch die übrigen Deutschen Fürsten diesen Vorsatz Albrechts für eine Ungerechtigkeit gegen seine Söhne hielten: so entschloß sich doch König Adolf selbst Thüringen zu kaufen, und gab Albrechten dafür nach unserm Gelde etwa 160000 Thaler — eine Summe, wofür jetzt manches Landgut verkauft wird. Aber Adolf fand in Thüringen an dem Adel, der meisten Theils den Söhnen Albrechts anhing,

einen

einen so muthigen Feind, daß er mehr als ein Heer nach Thüringen führen mußte, um sich mit Gewalt in den Besitz dieses Landes zu setzen. Dabey wurden in Thüringen von Adolfs Truppen so schreckliche Gräuelthaten verübt, daß die Beschreibung davon fast allen Glauben übersteigt. Selbst Kirchen und Nonnenklöster wurden nicht verschont, und die armen Nonnen aufs abscheulichste gemißhandelt. Unter andern mußten die Gegende a)um Mittelhausen, Heldrungen, Beichlingen, Raspenburg, Wippach u. andere viel von ihnen ausstehen. In letzterm Orte wurde auch die Kapelle geplündert. Die Unzufriedenheit der Kurfürsten und anderer Fürsten mit dem Könige Adolf wurde durch das Betragen seiner Truppen in Thüringen gar sehr vermehrt. Er wurde nun förmlich angeklagt, daß er seiner Würde zuwider von dem Englischen Könige Subsidiengelder genommen, auf seinen Feldzügen Raub, Unzucht und andere Gräuelthaten verübt habe u. dergl. Die Kurfürsten forderten ihn ordentlich vor Gericht, und da er nicht erschien, setzten sie ihn ab, und stellten den Sohn des König Rudolfs, den Herzog Albrecht von Oestreich, ihm als Gegenkönig entgegen. Da Adolf aber seine Würde nicht gutwillig niederlegen wollte: so kam es zwischen ihm und Albrechten zum Kriege, wo rin Adolf in einer Schlacht nicht weit von Worms

1298 ums Leben kam, worauf Albrecht ordentlich zum Könige gewählt und gekrönt wurde.

Es scheint nicht, daß Adolfs Feinde durch den neuen König wirklich gewonnen haben. Zwar hatte Albrecht I. auch den Kurfürsten bey seiner Wahl allerley versprechen müssen; aber hinterher hatte er ebenfalls wenig Lust, das Versprochene zu erfüllen, und gerieth daher in grosen Streit mit mehrern derselben. Er machte allerley Projecte, mehrere Deutsche Länder an sich zu bringen; aber alle verunglückten. Auch auf Thüringen glaubte er, als Nachfolger des Königs Adolfs, ein Recht zu haben. Hier wie im Meisnischen, hatten Landgraf Albrechts Söhne, während des Streites des Königs Adolf mit den Kurfürsten und seinem Gegenkönige, wieder die Oberhand erhalten. Der größte Theil der Thüringer wollte aber den König Albrecht eben so wenig, als vorher Adolfen, zum Herrn haben: daher brauchte Albrecht ebenfalls Gewalt. Nach mancherley Verheerungen, welche seine Truppen in Thüringen verübten, wurden sie im Altenburgischen bey dem Städtchen Lucca*) 1307

---

*) Von der Niederlage der Truppen des Königs Albrecht bey Lucca soll das Sprichwort entstanden seyn: Es geht dir, wie den Schwaben bey Lucca. Unter Albrechts Heere befanden sich nämlich vorzüglich viele Schwaben.

1307 gänzlich geschlagen. Da König Albrecht sich zugleich anderwärts so viel zu thun machte, so konnte er sich seitdem wenig mehr um Thüringen bekümmern. Friedrich mit der gebissenen Wange gelangte daher zu dem ruhigen Besitz dieses Landes. Sein Bruder Tiezmann, war einige Zeit nach der Schlacht bey Lucca, wie man glaubt, auf Anstiften des Statthalters König Albrechts, in der Thomaskirche zu Leipzig meuchelmörderisch ermordet worden.

Die wegen ihrer Folgen merkwürdigste Begebenheit, welche unter Albrechts I. Regierung im Deutschen Reiche vorfiel, war der Bund einiger Schweizerischen Orte. Zu Albrechts Zeit war die Schweiz, gleich andern Deutschen Provinzen, unter mehrere Herren vom hohen und niedern Adel vertheilt. Auch gab es dort Reichsstädte, z. B. Basel, Zürich, Bern, Solothurn, auch manche andere Orte und Bezirke, welche unmittelbar unter dem Schutze des Deutschen Reichs und seines Oberhauptes standen, und über welche die Deutschen Könige zur Handhabung der Gerechtigkeit Schutz- und Schirmvögte zu setzen pflegten.

(Die Fortsetzung folgt.)

Herr Steinbeck, Verfasser des aufrichtigen Kalendermanns, der Volkszeitung, u. s. w. hat sich um die niedern Classen der Deutschen ein neues Verdienst durch ein Buch erworben, welches er unter dem Titel: Versuch eines Erziehungsbuchs für Deutsche Bürger und Landleute, herausgegeben hat.

Der Bote aus Thüringen.

Acht und vierzigstes Stück.

1796.

Fortsetzung der Geschichte der Deutschen.

Zu den ansehnlichsten Herren in der Schweiz hatten schon seit einiger Zeit her die Grafen von Habsburg gehört, und über verschiedene Orte war ehemals der tapfere und redliche Graf Rudolf von Habsburg, ehe er König wurde, Schutzvogt gewesen. Zu den Orten, welche unmittelbar unter dem Reiche und seinem Oberhaupte standen, wurden auch, in den hohen Alpengebirgen, die drey Orte, oder sogenannten Waldstätte Schwyz, (Schweiz) Uri und Unterwalden gerechnet. Diese hatten einst den Grafen Rudolf von Habsburg zu ihrem besondern Schutzvogte erwählt. Als nun sein Sohn Albrecht König wurde, soll dieser den Gedanken gehabt haben, diese Waldstätte unter den erblichen Schutz seiner Familie zu bringen, und da Ueberredung bey ihnen nicht anschlagen wollte, deßhalb solche Reichs- und Land-Vögte über sie gesetzt haben, welche sie sehr hart behandelten und drückten. Daß die über sie gesetzten Reichs- und Landvögte die Bewohner jener Gegenden sehr mißhandelten, sie um jede Kleinigkeit willen hart bestraften, ihnen schwere Zölle auflegten u. dergl., ist ausgemacht. Dadurch wurden aber die Leute sehr aufgebracht auf diese Vögte. Drey angesehene Männer: Walther Fürst aus Uri, Werner von Stauffach aus Schwyz, und Arnold von Melchthal aus Unterwalden verbanden sich endlich, nebst andern Männern aus den Waldstätten, zusammen, um am Neujahrstage 1308 die Vögte aus dem Lande zu jagen, und die Burgen derselben zu zerstören, ohne dabey — welches merkwürdig ist — Blut zu vergießen, ohne irgend jemanden, und insonderheit auch, ohne die Grafen von Habsburg in ihren sonstigen Rechten und Gütern zu kränken. Wie gesagt, so gethan. Mit dem ersten Tage des Jahres 1308 wurden die Vögte ohne alles Blutvergießen aus Schwyz, Uri und Unterwalden fortgejagt, und ihre Burgen zerstört. Einige Tage nachher beschworen die drey Orte Schwyz, Uri und Unterwalden unter einander einen zehnjährigen, und einige Jahre darauf (1315) einen ewigen Bund, ihre Freyheit gegen jede Unterdrückung zu vertheidigen. Dieser Bund war die Grundlage zur heutigen, nach dem Orte Schwyz sog:»

sogenannten Schweizerischen Eidgenossenschaft. Nach und nach traten immer mehrere Bezirke und Städte diesem Bunde bey ohnedaß die Verbundenen sich noch vom Deutschen Reiche eigentlich trennten. Dieß geschah erst späterhin, im sechzehnten Jahrhunderte, und sogar erst im Jahre 1648 erkannte das Deutsche Reich die Unabhängigkeit der Schweizerischen Republik an. Die Schweizer hatten zwar lange Zeit hindurch manchen harten Kampf gegen das Habsburgisch-Oesterreichische Haus für ihre Freyheit und Unabhängigkeit zu kämpfen; aber zuweilen waren sie doch auch selbst Schuld an den Kriegen, in welche sie verwickelt wurden: denn auch sie machten, gleich andern Staaten, mit der Zeit allerley Vergrößerungsprojekte. König Albrecht würde wahrscheinlich wohl schon selbst den drey Waldstätten seine schwere Hand haben fühlen lassen, wenn er länger regiert hätte. Aber seinem Leben wurde 1308, in dem nämlichen Jahre, als die drey Waldstätte seine Vögte verjagten, durch Meuchelmord ein Ende gemacht. Seines Bruders Sohn, der Prinz Johann, der den König Albrecht in Verdacht hatte, er wolle ihn um sein rechtmäßiges Erbtheil bringen, wozu allerdings einiger Anschein da war, verschwor sich gegen ihn mit einigen Edelleuten, die in Albrechts Gefolge waren. Die Verschwornen paßten Zeit-

und

und Gelegenheit ab, und brachten Albrechten auf einer Reise jämmerlich ums Leben. Nur ein einziger von den Mördern wurde entdeckt und geträdert. Die übrigen retteten sich zwar durch die Flucht; aber der Strafe ihres eigenen Gewissens konnten sie doch nicht entgehen.

An des ermordeten König Albrechts Stelle wurde der Graf Heinrich von Luxemburg König. Als Deutschlands Oberhaupt heißt dieser Herr Heinrich VII. Seit Rudolfs Zeiten hatten sich Deutschlands Könige wenig um Italien bekümmert, und es scheint nicht, daß sich Deutschland deßhalb übler befunden hätte. Heinrich VII. und mehrere seiner Nachfolger handelten hierin aber anders. In Italien ging es immer noch sehr unruhig her, und fast in jeder Stadt kämpften Parteyen gegen Parteyen. Das Merkwürdigste, was sich aber dort um diese Zeit zutrug, war, daß im Jahr 1305. der König von Frankreich, Philipp der Schöne, wegen seiner bisherigen Händel mit den Päpsten, es so weit brachte, daß der heilige Vater Clemens V. seinen Wohnsitz von Rom in die Stadt Avignon, im Südlichen Frankreich verlegen mußte, wo auch die Päpste seitdem 70 Jahre hindurch wohnten, gar sehr abhängig von den Französischen Königen lebten, und von diesen nicht selten auch dazu benutzt wurden, Un-

ruhen

uhen im Deutschen Reiche zu stiften und zu unterhalten. Heinrich VII. wurde von vielen Italienern sehr gebeten, als ihr Oberhaupt, doch zu ihnen zu kommen, und bey ihnen Ruhe und Frieden wieder herzustellen. Er ging auch wirklich hin, und wurde anfänglich gut aufgenommen. Zu Rom wurde ihm von einem Kardinal, (weil, wie wir wissen, der Papst zu Avignon war) die Kaiserkrone aufgesetzt. Doch man wurde in Italien des Kaisers Gegenwart, so gerecht er immer gegen jedermann handeln mochte, bald überdrüßig. Er fand auch schon dort im Jahre 1313 seinen Tod, und man hatte starken Verdacht, daß ihn ein Mönch bey Darreichung des heiligen Abendmahls vergiftet habe. Heinrich VII hatte, bald nach Antritt seiner Regierung, seine Familie mächtiger zu machen gesucht, und daher beym Aussterben der Böhmischen Königsfamilie, das Königreich Böhmen seinem Sohne Johann zu verschaffen gewust, dessen Nachkommen auch lange Zeit hindurch Böhmen beherrschten, und sogar späterhin die Deutsche Königs- und Römische Kaiserwürde erhielten.

Bisher war seit Rudolfs Zeit die jedesmalige Wahl eines neuen Reichsoberhauptes so ganz hübsch ruhig abgelaufen. Als man aber nun nach Heinrichs Tode wieder eine neue Wahl vornehmen wollte, waren die Kurfürsten über die zu wählende

Person verschiedener Meynung. Ein Theil wollte den Herzog Ludewig von Bayern, der andre den Herzog von Oestreich, Friedrich den Schönen, einen Enkel des König Rudolfs zum Könige haben. Da gab es denn wieder, wie in solchen Fällen gewöhnlich ist, innern Krieg und viele Unruhen in Deutschland. Am Ende behielt Ludewig freylich wohl die Oberhand; aber der heilige Vater und der König von Frankreich mischten sich ins Spiel, und suchten den Streit und die Uneinigkeit in Deutschland in die Länge zu ziehen. Selbst dann, als Ludewigs Gegner 1330 starb, hörte der Zank doch nicht auf. Darüber kam Ludewig, während seiner ziemlich langen Regierung, gar zu keiner ordentlichen Ruhe, besonders, da er auch in Italien als Kaiser sich zeigen wollte. Der Papst, sein Feind, maßte sich an, ihm komme in streitigen Fällen das Recht der Entscheidung zu, ja ohne seine Zustimmung sey überhaupt kein erwählter Deutscher König als gültig anzusehen. Er donnerte sogar, nach seiner alten Weise, mit Bann und Lossagung des Reichs von dem seinem Oberhaupte schuldigen Gehorsam auf den Kaiser Ludewig los, weil dieser auf des Papstes Stimme nicht recht hören wollte. Er drohete auch, und sprach wirklich aus den Bann über alle die, welche auf sein Geschrey nicht achteten und Ludewigen tra treu blieben. Darüber hörte in vielen Gegenden Deutschlands aller Gottesdienst auf, in manchen aber wurden die Geistlichen von den Leuten mit Gewalt gezwungen, aller Befehle des heiligen Vaters ungeachtet, Gottesdienst zu halten. Endlich aber wurden die Kurfürsten des Einmischens des Papstes in die Reichsangelegenheiten, wobey sie in Gefahr kamen, ihr Wahlrecht zu verlieren, überdrüßig, und versammelten sich deßhalb 1338 zu Rense.*) Hier machten sie sich, auf dem sogenannten Königsstuhle, unter einander gegenseitig zum Schutze des Reichs und zur Vertheidigung ihrer Vorrechte gegen jedermann verbindlich. Diese wichtige Verbindung nennt man den Ersten Kurverein.

(Die Fortsetzung folgt.)

*) Eine Kurkölnische Stadt, in deren Nähe am Rhein noch der sogenannte Königsstuhl, ein altes Gebäude, zu sehen ist, wo ehemals die Kurfürsten zuweilen, wegen der Königswahl und anderer Ursachen, sich zu versammeln pflegten.

Da die Rindviehseuche in Franken immer weiter um sich greift: so theile ich hier ein zuverläßiges Mittel mit, wie sie jeder vernünftige Hausvater von seinem Hofe abhalten kann. Da die mehresten Thierärzte darinne übereinstimmen, daß sie durch Ansteckung fortgepflanzt werde: so hat man nicht nöthig, das arme Vieh mit Arzneyen zu plagen, sondern man

man muß nur dafür sorgen, daß das Vieh nicht angesteckt werde. Daher muß man

1) genau die Vorschriften befolgen, welche die Landesobrigkeit giebt, um zu verhüten, daß die Ansteckung nicht aus entfernten Gegenden mitgetheilt werde.

2) Wenn die Seuche in die nächsten Ortschaften kommt: so darf man kein Stück Vieh mehr aus dem Stalle lassen.

3) Alle Ritzen und Oeffnungen des Stalls müssen wohl verstopft werden, und wenn man in den Stall geht, muß man sogleich die Thür wieder verschließen.

4) Es darf keine Person, als die Hausgenossen in den Stall gehen, und diese müssen sich sorgfältig vor allem Umgange mit Personen hüten, die um sich die Seuche haben; denn auch in Kleidern kann die Seuche von einem Orte zum andern getragen werden.

5) Morgens und Abends muß der Stall mit Wachholderbeeren ausgeräuchert werden, wobey der Herr oder die Frau immer selbst zugegen seyn muß, damit der Stall nicht angesteckt werde.

6) Muß man in die Decke des Stalls eine Oeffnung machen, etwa einen Schuh lang und breit, und auf dieselbe einen Schlot von Bretern setzen, der durch das Dach geführt wird, damit die Dünste hinausziehen können.

Durch dieß Mittel erhielt einer meiner Freunde seinen Viehstand, obgleich fast alles Vieh in seinem Orte starb, und sogar das Vieh seines Nachbars fiel, dessen Stall neben dem seinigen gebauet war.

Der Bote aus Thüringen.

Der Bote aus Thüringen.

Neun und vierzigstes Stück.

1796.

Fortsetzung der Geschichte der Deutschen.

Die nächste Folge des ersten Kurvereins war, daß einen Monat später in dem nämlichen Jahre 1338, auf dem Reichstage zu Frankfurt, der Kaiser Ludewig, die Kurfürsten und alle übrigen Reichsfürsten, Grafen, Herren und Reichsstädte den merkwürdigen und wichtigen Reichsschluß festsetzten: Die Kaiserliche Würde und Macht kommen unmittelbar von Gott; und nach altem Herkommen ist der, von den Kurfürsten einstimmig, oder von den Meisten derselben zum Kaiser oder König Erwählte, durch die bloße Wahl der Kurfürsten, für einen wahren Römischen König und Kaiser von allen und jeden zu erkennen, ohne daß dazu des Papstes oder irgend eines andern Genehmigung, Bestätigung oder Einwilligung nöthig ist. Dieß war nun von Seiten des Deutschen Reichs und des Kaisers wohl lich genug erklärt, daß man sich an den Papst in Reichsangelegenheiten künftig hin nicht mehr kehren wolle. Die Reichsstände gingen auch sogar so weit, daß sie das vom Papst über Deutschland ausgesprochene Verbot des Gottesdienstes für null und nichtig erklärten. Aber die Einigkeit war doch zwischen dem Kaiser Ludwig und mehrern Reichsfürsten noch so wenig fest, daß es schon im Jahr 1346 der Papst Clemens VI. wieder wagen durfte, aufs neue den Bannfluch gegen Ludwigen auszusprechen. Das war aber auch der letzte Bannfluch, den ein Papst über ein Oberhaupt des Deutschen Reiches auszusprechen wagte. In demselben hieß es unter andern: Wenn Ludwig ausgeht und wenn er eingeht, verfolg ihn der Fluch! Blitze müsse der Himmel auf ihn regnen! Gottes und seiner Heiligen Zorn brenne über ihn jetzt und ewig! Die ganze Welt waffne sich wider ihn! Die Erde öffne sich und verschling ihn lebendig!

Wirth. Genug, genug, Herr Gevatter! so mag der — Gott sey bey uns — sprechen, wenn er auf jemanden zürnt; aber wie konnte der so sprechen, welcher sich für einen Statthalter unsers Herrn Jesu auf Erden ausgab?

Bote. Genug Papst Clemens VI. sprach so und nicht anders. Ja die meisten Kurfürsten ließen

ßen sich sogar noch von ihm verleiten, anstatt des Kaisers Ludewig den Markgrafen Karl von Mähren zum König und Kaiser zu wählen und zu krönen. Dieser begnügte sich aber, bis Kaiser Ludewig endlich 1347 starb, mit dem bloßen Titel.

Karl, Markgraf von Mähren, war ein Sohn des Böhmischen Königs Johann und also ein Enkel des Kaisers Heinrich VII. aus dem Luxenburgischen Hause. Es kostete ihm manches schöne Sümmchen, ehe er von allen Fürsten Deutschlands als Reichsoberhaupt anerkannt wurde. Während der ersten Regierungsjahre des Kaisers Karl, dieses Namens IV., trafen unser Vaterland große Unglücksfälle. Ein schreckliches Erdbeben zerstörte ganze Städte und Dörfer. Auch in Erfurt stürzte dasselbe mehrere Häuser ein, und die dasigen Einwohner suchten auf dem freyen Felde Schutz und Sicherheit, um nicht von den einstürzenden Häusern erschlagen zu werden. Um diese Zeit hatte auch Miswachs eine große Theurung der Lebensmittel und in manchen Gegenden sogar die größte Hungersnoth verursacht. Bald darauf richtete eine sich durch ganz Deutschland verbreitende Pest die fürchterlichsten Verheerungen unter unsern Vorfahren an. Man hat berechnet, daß sie wenigstens den vierten Theil aller Bewohner unsers Vaterlandes hinraffte. An einem einzigen

Tage starben in dem einen Jahre zu Wien 966, zu Lübeck sogar am Laurentiustage 1500 Menschen. Diese letztere, damals viel mehr als jetzt bevölkerte, Stadt verlohr überhaupt damals durch die Pest 90000 Menschen, die Stadt Strasburg 16000, Erfurt 12000. In Westphalen sollen die Lebendigen kaum mehr hingereicht haben, die Todten zubegraben. In Erfurt ließ der Stadtrath viele Todten in 11 große Gruben bey dem nun schon längst zerstörten Dorfe Neuses am Rothenberge werfen.

Wirth. Wie in aller Welt kam denn aber damals die Pest nach Deutschland?

Bote. Sie kam eben so hieher, wie noch jetzt die Blattern unter uns, und andere sogenannte ansteckende Krankheiten unter Menschen und Vieh kommen — durch Ansteckung. Sie hatte sich aus Asien durch Handelsschiffe nach Italien, und von aus durch Handel und Wandel in andere Europäische Länder, und so auch nach Deutschland verbreitet. Ganz Europa litt damals durch sie, und sie raubte allein 5000 Augustiner- und 6000 Franciscanermönchen das Leben. Daraus und aus dem oben angeführten Verluste an Menschen, den unser Deutschland litt, kann der Herr Gevatter leicht urtheilen, wie sehr viele Menschen sie überhaupt durch ganz Europa hingerafft haben mag. Daß die Pest auf diese Weise nach Europa und auch

in

in unser Vaterland gekommen war, glaubten aber damals in Deutschland gar viele Leute nicht. Der grösste und also natürlich der unwissendste Theil unserer Vorfahren meynte, die Pest wäre durch giftige Ausdünstungen entstanden, welche bey Gelegenheit des Erdbebens aus der Erde emporgestiegen wären, und die ganze Luft vergiftet hätten. Andere glaubten, die Juden hätten die Brunnen und die Häringe vergiftet, und dadurch das so entsetzliche Menschensterben verursacht. Ueberhaupt war es nichts ungewöhnliches, daß man den armen Juden dergleichen Dinge zuschrieb. Denn als etwa 20 Jahre vor der großen Menschenpest eine Viehseuche durch Deutschland gewüthet hatte, hatte man auch die Juden beschuldigt, sie hätten die Viehweiden vergiftet. Dergleichen Beschuldigungen erdichteten viele Christen, theils aus Religionshaß, theils aus Begierde nach dem Gelde der Juden, das diese durch Handel, oft freylich auch durch einen äuserst unbilligen Geldwucher, in jenen Zeiten erwarben. Man fiel daher damals in mehrern Deutschen Provinzen über die an der Viehseuche eben sowohl, als an der verheerenden Menschenpest unschuldigen Juden her, brachte viele Tausende dieser Unglücklichen ums Leben und riß ihr Geld und Vermögen an sich. Auch in unserm Thüringen hatten die Juden dieß

Ccc 3   Schicksal,

Caſſel. 4 Exmpl.
Herr Peters Erzieher des jungen Grafen
   zu Iſenburg Meerholz. 1
— — Albert Henkhell in Caſſel. 1
— — Cand. Straube in Waltershauſen. 1
— — Heyder Arledter in Frankf. a. M. 4
Fr. Bethmann Hollweg daſ. 2
Herr Andreä daſ. 1
— — Stein Erzieher daſ. 8
— — Organiſt Kühnel in Leipzig. 2
Fr. Salzmann in Erfurt 1
Dem. Pfaff in Langenſalz. 4
Herr Juſtizcommiſſar Lange in Nordhau-
   ſen. 1
— — Sachſe daſelbſt. 1
Mad. Welker in Gotha. 3
Herr Joh. Ch. Reintanz in Langenſalz. 2
— — Buchh. Bornwaſſer in Reval. 12
Fr. von Malapert in Frankf. a. M. 1
Herr M. Pfaff in Langenſalz. 1
— — Agent Frölich in Koppenhagen. 2
— — Cand. Brandes in Lübeck. 42
— — Cammerſecr. Streit zu Breslau. 49
— — Generalmaj. v. Düring in Haders-
   leben. 6
Fr. Gerichtsdirect. Lindener zu München-
   bernsdorf. 1
Herr J. C. L. Höger in Celle. 19
— — Hoffmann Lehrer der Prinzen zu An-
   halt Pleſſ in Pleſſ. 19
— — Ernſt Semper in Rürleben. 1

Der Bote aus Thüringen.

Funfzigstes Stück.

1796.

Fortsetzung der Geschichte der Deutschen.

In vielen Gegenden floh man, sobald die Pest sich näherte. Und das war freylich sehr vernünftig. Denn Vermeidung alles Umganges und Zusammenseyns mit Leuten, welche mit der Pest und andern ansteckenden Krankheiten behaftet sind, ist das sicherste Mittel, sich vor denselben zu verwahren. Seitdem man daher in allen Europäischen Ländern, die Türkey ausgenommen, Anstalten getroffen hat, daß keine von der Pest Angesteckte dieselbe verbreiten können, giebt es auch keine Pest mehr in diesen Ländern; hingegen in der Türkey, wo man diese Anstalten nicht für nöthig hält, richtet sie noch immer von Zeit zu Zeit die gräulichsten Verheerungen an. Sollten sich etwa einst die Europäer und ihre Regenten auf eine ähnliche Weise gegen die Kinderblattern vereinigen, wie sie es nun seit langer Zeit schon gegen die Pest gethan haben:

so würde es auch bald keine Kinderblattern mehr unter uns geben. Gott gebe, daß dieß doch recht bald geschehen möge!

Ich komme nun wieder auf den Kaiser Karl IV. zurück. Für das allgemeine Beste Deutschlands hat dieser Herr eben keine große Dinge gethan. Aber desto mehr machte er sich damit zu schaffen, die Größe und Macht seiner Familie und seiner Erbländer zu vermehren. Durch den im Jahre 1346 erfolgten Tod seines Vaters, war Karl IV. Herr von Böhmen, Mähren, beynahe von ganz Schlesien*) und

von

---

*) Dieses Land gehörte, wie schon anderwärts gesagt worden ist, in ältern Zeiten zu Polen. Im Jahre 1164 erhielt es eigene, von den Polen unabhängige Herzoge, welche aber mit den damaligen Polnischen Königen einen gewissen Piast zum gemeinschaftlichen Stammvater hatten. Nach und nach machten diese Herzoge so viele Theilungen ihres Landes unter ihre Kinder, daß im Anfange des 14ten Jahrhunderts Schlesien 16 verschiedene regierende Herren hatte, welche alle unter einander theils Brüder, theils Vettern waren. Diese Herren Brüder und Vettern hatten aber so viel Zank und Streit mit einander, daß es dem Böhmischen Könige Johann, dem Vater Kaisers Karls IV., sehr leicht wurde, sie nach und nach, theils durch List, theils durch Gewalt fast alle unter seine Oberherrschaft zu bringen, so, daß um das Jahr 1331 schon fast ganz Schlesien unter Böhmischer Oberherrschaft stand.

von der Oberlausitz geworden. Damit war er aber nicht zufrieden; er wollte mehr, und brachte also vorzüglich durch seine Schlauheit, durch Heurathen und andere Verbindungen, überhaupt meist auf friedlichen Wegen, an seine Familie den ihm noch fehlenden Theil von Schlesien, die Niederlausitz, die Mark Brandenburg, auch ein Stück von der Oberpfalz. Unter allen diesen Ländern seiner Familie verdankt ihm vorzüglich das Königreich Böhmen sehr viel. Karl IV. brachte dort den Handel sehr in Aufnahme, verschönerte Prag sehr durch Anlegung neuer prächtiger Gebäude, vergrößerte es durch Erbauung der sogenannten Neustadt, und legte dort eine Brücke über die Moldau an, die noch heut zu Tage zu den schönsten in Deutschland gehört. Zur Verbreitung nützlicher Kenntnisse unter seinen Unterthanen stiftete er auch 1348 eine so genannte Universität oder hohe Schule zu Prag, eine Anstalt, wo, wie der Herr Gevatter wissen wird, junge Leute zu Predigern, Juristen, Aerzten u. s. w. gebildet werden. Die Prager Universität war, wo nicht die erste, doch eine der ersten Anstalten dieser Art in Deutschland.

Unter dem, was Karl IV. als Reichsoberhaupt that, ist das Merkwürdigste, daß durch seine Veranstaltung dasjenige Reichsgrundgesetz zu Stande gebracht wurde, das man mit dem Namen der gol-

denen

denen Bulle belegt hat. Dieses Reichsgrundgesetz wurde im Jahre 1356 auf dem Reichstage
zu Nürnberg und Metz, (letzteres ist eine Stadt
in Lothringen) ausgearbeitet. In demselben wurde,
um für die Zukunft bey neuen Kaiserwahlen allen
Zwiste und Streite vorzubeugen, aufs genaueste bestimmt, welche von Deutschlands Fürsten die einzigen rechtmäßigen Kur- oder Wahlfürsten seyn;
was jeder derselben bey der Krönung für Geschäfte
und Dienste verrichten, und was sie für besondere
Rechte und Vorzüge haben sollten. Alle bey der
Krönung des Reichsoberhauptes üblichen Gebräuche wurden darin aufs genaueste angegeben. Alles
was nun in dieser sogenannten goldenen Bulle, in
Ansehung der Deutschen Reichsverfassung, damals
verordnet wurde, ist auch noch meist bis auf den
heutigen Tag gültig, und bey der Krönung eines
neuen Kaisers geht es noch bis auf alle Kleinigkeiten
so zu, wie es darin festgesetzt ist. Künftighin werde ich einmal dem Herrn Gevatter diese Krönungs-
feyerlichkeiten ein wenig beschreiben.

In Ansehung des so verderblichen Faustrechts
wurde auch manches in der goldenen Bulle verordnet; aber leider! nichts, was zur völligen Vertilgung desselben gedient hätte. Daher ging es
denn auch unter Karls IV. Regierung in diesem
Puncte schlimm genug her, und von den Früchten
der

der ehemaligen Bemühungen des redlichen Rudolfs zur Vertilgung des Faustrechts war wenig mehr zu sehen. Ja unter Karls IV. Nachfolger gings hierin fast noch schlimmer. Dieser war Karls ältester Sohn Wenzel oder Wenzeslaus, der schon bey Lebzeiten seines Vaters von den Kurfürsten zum Römischen Könige erwählet worden war.

Nach seines Vaters Tode (1378) trat Wenzel nicht nur in seinem Erbkönigreiche Böhmen, sondern auch im Deutschen Reiche die Regierung an. Aber er hatte nicht Kraft, nicht Thätigkeit, zuweilen auch wohl nicht guten Willen gnug, Deutschland von den vielen Befehdungen zu befreyen, oder sie wenigstens zu vermindern, unter denen es litt. Besonders hatten damals die Städte viele harte Kämpfe mit dem Adel und den Fürsten. Den Adelichen und Fürsten war die Macht und die immer mehr zunehmende Unabhängigkeit der Städte ein Gräuel, und die Städte suchten auf der andern Seite, durch das durch Handel und Gewerbe gewonnene Geld, ihre Gewalt, ihre Besitzungen und Gebiete, zum Nachtheil des Adels und der Fürsten immer mehr zu vergrößern. Dieß nun verursachte unter beyden Partheyen fast unaufhörlich Zank, Streit und Kriege. Vorzüglich war dies zu Wenzels Zeiten der Fall in Schwaben und den Rheingegenden. Deßhalb hatten sich auch die

die Schwäbischen und die Rheinischen Reichsstädte immer enger an einander geschlossen, und sich
durch ein Bündniß zur gegenseitigen Vertheidigung
und Beschützung immer fester vereinigt. Selbst manche Fürsten schlossen sich, um ihrer Sicherheit willen,
an den Bund derselben an. Dagegen errichteten die
Adelichen und Fürsten auch unter einander Verbindungen zu ihrer Vertheidigung gegen die Städte.
Dergleichen Bündnisse auf beyden Seiten vermin-
derten aber die Zänkereyen und Fehden nicht, sondern vermehrten sie vielmehr. Daher auch Wenzel
sich Mühe gab, diese Verbindungen aufzuheben, ohne doch dem Uebel ein Ende machen zu können. Uebrigens darf es uns nicht wundern, daß es über weltliche Angelegenheiten so viel Zank und Streit gab;
in geistlichen Dingen ging es ja nicht um ein Haar
besser zu. Noch in dem letzten Regierungsjahre Kaiser Karls IV. waren statt eines einzigen Papstes,
zwey Päpste entstanden. Damit war es so zugegangen. Papst Gregor XI. hatte sich von Avignon,
wo, wie schon gesagt, seit geraumer Zeit die Päpste re-
sidirten, nach Rom begeben, und war nicht lange nach
seiner Ankunft hier gestorben. Da zwangen die Römer die Herren Kardinäle, welche den Papst nach Rom
begleitet hatten, daß sie einen Italiäner Urban VI.
zum Papst wählen mußten, welcher wieder Rom zu
seinem Wohnsitze wählte. Nicht lange nachher ent-
wischten die Kardinäle aus Rom, weil ihnen der heil-
lige Vater Urban VI. nicht so recht nach ihrem Willen handeln wollte, erklärten die zu Rom geschehene
Wahl für erzwungen, und wählten einen andern
Papst, der den Namen Clemens VII. erhielt

und

und in Avignon wohnte. Sieht der Herr Gevatter, da gab es also auf einmal zwey heilige Väter, einen zu Rom, und einen zu Avignon. Jeder hielt sich für den einzig rechtmäßigen Papst; jeder verlangte von der christlichen Kirche Gehorsam für seine Befehle und Verordnungen; und jeder suchte sich von der Christenheit, Geld und reichlichen Unterhalt für sich und seinen Hofstaat zu verschaffen. Beyde hatten ganze Länder zu Anhängern. Die meisten Deutschen hielten es mit Urban VI. und seinen Nachfolgern. Ueber diese Spaltung und Uneinigkeit in der christlichen Kirche ärgerten sich alle frommen Christen gar sehr, und wünschten nichts mehr, als daß der Kaiser Wenzel, als der oberste Schutzherr der Kirche, diesen Zwiespalt, den man das große Schisma nennt, heben möchte. Aber dieß geschah nicht. Am Ende hielten die Kurfürsten Wenzeln, ob sie ihn gleich selbst gewählt hatten, für untüchtig zur Regierung. Sie brachten allerley, freylich meist gegründete Klagen über ihn vor, und ermahnten ihn, sich dagegen zu rechtfertigen und sich zu bessern. Dieß hielt Wenzel aber nicht für nöthig, und daher entsetzten sie ihn im Jahr 1400 der Reichsoberhauptswürde, und wählten an seine Stelle den Kurfürsten Ruprecht von der Pfalz zum König und Kaiser. Die Hauptpuncte, welche man als Ursachen der Absetzung Wenzels angab, waren, daß er einen sehr übeln Lebenswandel führe, sich nicht hinlängliche Mühe gegeben habe, den innern Unruhen in Deutschland und der Spaltung in der Kirche abzuhelfen; und daß er ohne Zustimmung der Kurfürsten einen Italiäner für Geld zum Herzoge von Mailand erhoben u. dadurch das An-

sehen

sehen des Reichs in Italien noch mehr verringert habe. Der neu gewählte Kaiser Ruprecht mußte zwar vor seiner Wahl und Krönung versprechen, in den beyden letzten Puncten seine Sachen besser als Wenzel zu machen; er hatte auch dazu den besten Willen und mehr Klugheit, Thätigkeit und Muth, als Wenzel. Aber im Ganzen blieb es doch mit den genannten Puncten beym Alten. Wenzel, der nun noch sein Erbkönigreich Böhmen behielt, wo man aber auch meistentheils sehr unzufrieden mit ihm war, überließ Ruprechten den erlangten Besitz der Kaiserwürde, ziemlich ruhig, und bekümmerte sich wenig mehr um Deutschland. Als Ruprecht im Jahre 1410 starb, schien es zwar, als ob Wenzel wieder als Kaiser und König Deutschlands auftreten wollte; aber er besann sich eines Bessern, und war es zufrieden, daß sein Bruder Siegmund, durch förmliche Wahl der Kurfürsten, die Reichsoberhauptswürde erhielt.

(Die Fortsetzung folgt.)

Bey Johann Jakob Gebauer in Halle ist erschienen: Leben, Meynungen und Schicksale D. Martin Luthers größtentheils mit dessen eignen Worten, für gebildete Leser aus allen Ständen, von Johann Friedrich Wilhelm Motz. Mit Kupfern. Dieß Buch wird allen, die Luthers große Verdienste um die Welt, besonders um Deutschland zu schätzen wissen, sehr werth seyn: zumal da darinne immer seine eignen Worte angeführt werden, aus welchem seine hellen Einsichten und seine richtige Beurtheilungskraft zu ersehen sind.

(Hierbey eine Karte von Italien.)

Der Bote aus Thüringen.

Ein und Funfzigstes Stück.
1796.

Fortsetzung der Geschichte der Deutschen.

Siegmund war schon einige Zeit vor seiner Erwählung zum Römischen Kaiser, durch seine Verheurathung mit einer Ungarischen Prinzessin, König von Ungarn geworden. Auch hatte er von seinem Vater Karl IV. die Mark Brandenburg bekommen, welche er aber aus Geldmangel hatte verpfänden müssen; ja aus einer ähnlichen Ursache verkaufte er sogar 1415 dieses Land an den Burggrafen Friedrich von Nürnberg, dessen Nachkommen (das heutige königliche Preußische Haus) noch bis jetzt in dem Besitz desselben sind. Bald nach seiner Erwählung zum Römischen Kaiser, machte Siegmund es sich zur angelegentlichsten Pflicht, die große Trennung in der christlichen Kirche zu heben, welche unter Ruprechts Regierung noch mehr zugenommen hatte, weil noch ein dritter Papst hinzugekommen war, den man 1409 auf einer

Kirchenversammlung zu Pisa, im heutigen Großherzogthume Toscana in Italien, nach förmlicher Entsetzung der beoden andern Päpste, gewählt hatte. Diese wollten aber ihre Entsetzung nicht anerkennen, und so waren also drey Päpste entstanden, von denen jeder allein sich für den rechtmäßigen hielt, und seine Anhänger hatte. Durch Kaiser Siegmunds Bemühungen wurde es dahin gebracht, daß eine allgemeine Kirchenversammlung nach Kostanz oder Kostnitz, einer Stadt am Bodensee im heutigen Schwäbischen Kreise an der Schweitzerischen Gränze, für das Jahr 1414 zusammenberufen wurde. Eine solche allgemeine Kirchenversammlung oder Concilium, wobey aus allen christlichen Ländern Europens Bischöfe und andere Geistliche erscheinen sollten, hielt man damals für das sicherste Mittel, der schädlichen Trennung in der Kirche abzuhelfen. Es kamen auch zu Kostnitz wirklich alle Kardinäle, eine große Menge Bischöfe, Prälaten, Aebte, und überhaupt mehr als 18000 hohe und niedrige Geistliche aus fast allen Ländern Europens zusammen, und so viele Fürsten, Grafen und andere Zuhörer und Zuschauer, daß der Fremden wohl auf 100,000 auf der Kirchenversammlung zu Kostnitz waren. Auch der Kaiser Siegmund und einer der Päpste, Johann XXIII., hatten sich dort eingefunden. Nach dem
Wunsche

Wunsche der Europäischen Christenheit sollten nun dort zu Stande gebracht werden die Hebung des Schisma oder der grosen Trennung in der Kirche, und eine Abschaffung der Mißbräuche der päpstlichen Gewalt und der Sittenverderbniß der hohen und niedrigen Geistlichkeit. Mit der Hebung des Schisma gings gut. Denn nachdem die versammelten geistlichen Herren sich erst ein wenig mit einander herumgestritten hatten, wurden die heiligen Väter Johann XXIII. und Benedict XIII. ihrer Würde entsetzt, weil sie nicht gutwillig abdanken wollten, und ihr College Gregor XII., weil er vernünftiger, als jene beyde war, dankte freywillig ab. Zum einzigen rechtmäsigen Papste wurde nachher im Jahre 1417 von den Kardinälen zu Kostnitz, einer ihrer anwesenden Kollegen gewählt, welcher als Papst den Nahmen Martin V. annahm. So gut gings aber nicht mit der Erfüllung des zweyten Wunsches der Christenheit; mit der Abstellung der Mißbräuche der päpstlichen Gewalt und der im Grund verdorbenen Sitten der hohen und niedrigen Geistlichkeit.*) Aus der Erfüllung dieses Wunsches wurde fast so gut, wie Nichts, obgleich das Concilium zu Kostnitz beynahe vier Jahre dauerte,

---

*) Wie gar sehr übel es in diesen Puncten aussah, davon wird künftighin einmal bey der Erzählung der Reformation durch Martin Luthern geredet werden.

und es also den Herren an Zeit zur Berathschlagung über diese Sache gar nicht mangelte. Doch versprach, — und das war freylich leicht, — der neue Papst, künftighin solle alles gut anderst und zu dem Ende bald wieder eine neue Kirchenversammlung gehalten werden. Damit war es denn gut; und der Kaiser, der Papst und alle versammelten Herren gingen wieder hin, wo sie hergekommen waren. Wie wenig überhaupt in diesem Puncte die Christenheit von der Kirchenversammlung zu Kostnitz erwarten durfte, hatte diese schon im ersten Jahre ihrer Versammlung, durch ihr Verfahren gegen einen rechtschaffenen Böhmischen Geistlichen, merken lassen. Von dem Schicksale dieses Mannes will ich doch das Hauptsächlichste, nebst den daraus entstandenen wichtigen Folgen, dem Herrn Gevatter noch erzählen. Dieser Böhmische Geistliche hieß Johann Huß, und hatte sich durch seine große Geschicklichkeit zum Lehrer der Religion auf der vom Kaiser Karl IV. zu Prag im Königreiche Böhmen errichteten Universität emporgeschwungen. Theils durch eigenes Nachdenken, theils durch fleißiges Lesen der Bibel und der Schriften eines Engländers, Namens Wiklef, war er auf allerley Meynungen in Religionssachen gekommen, welche mit den herrschenden Religionsmeynungen gar nicht recht übereinstimmten. Ihm schien zum Beyspiel, ein solches Oberhaupt der christlichen Kirche, wofür der Papst allgemein angesehen wurde, etwas ganz unnöthiges. Am allerwenigsten, meynte er, dürfe man den Papst für einen Statthalter Jesu Christi halten, wenn er in so groben Sünden und Verbrechen lebe, deren sich so gar manche Päpste bisher schuldig gemacht hätten. Eben so sprach er gegen den Ablaß, ferner gegen das Mönchswesen, weil sich so viele Mönche vieler Ausschweifungen schuldig machten, und gegen das sündliche Leben der Bischöfe, der Prälaten und anderer Geistlichen der damaligen Zeit. Dieß wollte nun freylich dem Papste, den Bischöfen, den Mönchen und Geistlichen nicht gefallen. Johann Huß kehrte sich aber nicht

daran;

daran; sondern fuhr fort, sowohl als Lehrer bey der Universität, als auch in seinen Predigten zum Volke, auf die nämliche Weise zu lehren. Unter den studierenden Böhmen, so wie auch unter seinen übrigen Landsleuten, fanden seine Lehren und Predigten viel Beyfall. Den Deutschen Studenten in Prag, deren es dort eine ausserordentliche Menge gab, gefielen sie aber nicht. Ja als Huß den Böhmen bey der Prager Universität gewisse Vorrechte zu verschaffen suchte, welche die Deutschen zu Prag Studierenden und ihre Lehrer vorher gehabt hatten: so verließen sogar viele tausend Deutsche Studenten mit ihren Lehrern die Prager Universität und gingen anderwärts hin. Viele unter diesen gingen 1409 nach Leipzig, wodurch die dasige Universität ihren Ursprung erhielt. Indessen vermehrte sich die Zahl der Anhänger Hussens, in Prag und durch ganz Böhmen, immer mehr. Huß wurde beym Papst verklagt, der ihn nach Rom citirte; aber Huß ging nicht hin; man verbrannte zu Prag Wiklefs Schriften, aus denen Huß seine Grundsätze zum Theil gelernt hatte, und die nun in Böhmen nebst der Bibel, auf Hussens Anrathen, immer fleißiger gelesen wurden; ja Huß selbst wurde aus Prag vertrieben. Aber alles half nichts; Hussens Anhänger vermehrten sich täglich. Nachdem nun unterdessen die Kirchenversammlung zu Kostniz zu Stande gekommen war: so sollten auch dort Hussens Meynungen untersucht, und, wo möglich, der weitern Verbreitung derselben Einhalt gethan werden. Huß selbst hatte gewünscht, daß seine Sache vor einer allgemeinen Kirchenversammlung untersucht werden möchte. Kaiser Siegmund versprach ihm, daß er ohne alle Gefahr nach Kostniz kommen dürfe. Auf dieses Versprechen wagte es Huß hin zu reisen. Kaum aber war er dort angekommen, so wurde er ins Gefängniß geworfen. Den Kaiser, der sich gegen dieses seinem Versprechen zuwider laufende Verfahren setzen wollte, suchten die geistlichen Herren, so gut als möglich, zu beruhigen. Die Kirchenversammlung verlangte nun von Hussen, er sollte seine Meynungen widerrufen, d. i. sie für Irrthümer erklären. Huß aber meynte, das könne er nicht, bevor man ihn nicht überzeugt hätte, daß seine

Meynun-

Meynungen irrig wären. Ueberzeugen aber konnten ihn die Herren nicht, und da sie das nicht konnten: so widerrufte Huß auch nicht. Da erklärte man ihn für einen hartnäckigen Ketzer, führte ihn, mit einer mit Teufeln bemahlten Mütze geziert, im Jahre 1415 den 6. Jul. zum Scheiterhaufen, und verbrannte ihn. Huß ließ sich mit frohem Muthe verbrennen, und sang sein Glaubensbekenntniß ab, als die Flammen um ihn herumloderten. Mit gleichem Muthe ließ sich das Jahr darauf sein eifrigster Anhänger, Freund und Landsmann, Hieronymus von Prag, auch zu Kostnitz von den geistlichen Herren verbrennen. Ohne Zweifel glaubten die gelehrten, weisen Kardinäle, Bischöfe, Prälaten, Aebte und übrigen geistlichen Herren zu Kostnitz, bey der Verbrennung dieser beyden Erzketzer, recht klüglich gehandelt, und so auf einmal die ihnen irrig scheinenden Meynungen aus den Köpfen der Anhänger Hussens, die man Hussiten nannte, herausgesetzt zu haben. Wir wollen doch sehen, ob sie hierin richtig urtheilten.

Als die Nachricht von Hussens und seines Freundes Hinrichtung nach Böhmen kam: so schrien sogleich die Böhmen über Ungerechtigkeit des Verfahrens des Conciliums. Wer etwa noch bisher mit seinen neuen Meynungen geheim gethan hatte, bekannte sie nun ohne alle Scheu, und Huß wurde von den Böhmen für einen Märtyrer der Wahrheit gehalten. Während Hussens Proceß noch in Kostnitz geführt wurde, war schon unter den Böhmen von einem gewissen andern Prager Prediger, Jacob von Mieß, noch eine andere Lehre in Umlauf gebracht worden, nämlich die Lehre, daß man nach Christi Verordnung, beym Abendmahl den Leuten sowohl Brod als Wein darreichen müsse: denn seit geraumer Zeit hatte man gewöhnlich den Communicanten nur Brod dargereicht. Auch diese Lehre fand bald viele Anhänger in Böhmen. Huß selbst billigte sie noch in seinem Gefängnisse zu Kostnitz. Nach seiner und seines Freundes Hinrichtung wurde sie noch allgemeiner von den Böhmen angenommen. Je mehr in der Folge der neue zu Kostnitz gewählte Papst, Martin V., das Concilium zu Kostnitz, und die Böhmischen Gegner der Hussiten in Böhmen selbst, die Ausbreitung der neuen

Meynun-

Meynungen aufs neue durch allerley gewaltsame Mittel verhindern wollten, je aufgebrachter wurden die Hussiten. Ja endlich erregten sie einen förmlichen Aufruhr. Viele Tausende griffen zu den Waffen und brauchten Gewalt gegen ihre Gegner. Ein gewisser Edelmann Johann von Troczuow, der nur ein Auge hatte, und daher den Beynamen Ziska erhielt, wurde ihr Hauptanführer. Die Wuth, in welche sie durch den Wiederstand gesetzt worden waren, verleitete sie zu schauderhaften Grausamkeiten. Eines Tages (1419) zog ein großer Haufe Hussiten, unter Anführung des erwähnten Ziska, nach der Prager Stephanskirche. Dort hängten sie einen Geistlichen auf, drangen in die verschlossene Kirche ein, und genossen — nachdem sie eben erst ein Verbrechen begangen hatten — das von Jesu eingesetzte Mahl der Bruderliebe unter beyderley Gestalt. Hierauf zogen sie mit dem Kelche, den einer ihrer Geistlichen trug, in der Stadt herum. Als sie bey dem Rathhause vorbeykamen, warf ein Unbesonnener aus demselben den Geistlichen, der den Kelch trug, mit einem Steine. Sogleich drang ein Haufe wüthend in das Rathhaus ein, und stürzte dreyzehn Rathsherren zu den Fenstern heraus, welche von den unten stehenden mit Spießen aufgefangen und ermordet wurden. Damals regierte der von den Kurfürsten seiner Kaiserwürde entsetzte Wenzel noch in Böhmen. Als dieser jene schreckliche Nachricht erfuhr, rührte ihn der Schlag, woran er 18 Tage darauf starb. Dieser Gräuelthat der in Wuth gesetzten Hussiten folgten bald noch mehrere, und nicht nur ihre Gegner in Böhmen, sondern ganz Deutschland mußte ihren Zorn und Wuth fühlen. Wenzel hinterließ nämlich seinen Bruder, den Kaiser Siegmund, als Erben Böhmens, Mährens und Schlesiens. Die Hussitischen Böhmen wollten aber Siegmunden nicht zu ihrem König haben, weil er die Hinrichtung Hussens und seines Freundes zu Kostnitz zugelassen hatte. Darüber entstand der sogenannte Hussitenkrieg, der wohl 16 Jahre hindurch zwischen Siegmunden u. seinen Gegnern, den Hussiten, geführt wurde. Auch das Deutsche Reich, das Siegmunden zu verschiedenen Malen durch ansehnliche Reichsarmeen unterstützte, nahm an demselben Theil. Die Hussiten führten unter der

Haupt-

Hauptanführung Ziska's, und nach dessen Tode, (1424), unter der Anführung eines ehemaligen Mönchs, Namens Prokop, den Krieg mit der größten Wuth, und verübten die unmenschlichsten Grausamkeiten. Wo sie in Böhmen hinkamen, wurden die Klöster niedergebrannt, die Mönche u. viele andere Geistliche ihrer Gegner aufs grausamste ermordet, Dörfer u. Städte ihrer Gegner zerstört. Die ansehnlichsten Heere Siegmunds und der Deutschen Fürsten wurden von ihnen in die Flucht geschlagen. In mehrern Deutschen Provinzen fielen sie von Böhmen her ein, u. viele Gegenden Schlesiens, der Mark Brandenburg, im Meißnischen, Franken, Bayern und Oestreich wurden von ihnen aufs gräulichste verheert. Fragt man nun, wer alles dieß gräßliche Elend veranlaßt habe, so kann man doch wohl nicht mit gutem Gewissen antworten: Johann Hussens und Jakobs von Mieß Meynungen. Denn in den angeführten und in den übrigen Meynungen dieser Männer ist doch nichts enthalten, was die Hußiten zu solchen Grausamkeiten und unmenschlichen Thaten hätte bewegen können. Aber in der Unduldsamkeit, in der Unklugheit, in dem verkehrten Verfahren des Conciliums zu Kostnitz, des Papstes, und der übrigen Gegner der Hussiten auf der einen Seite; und in der Unduldsamkeit, in dem Unverstände, in dem Mangel an wahrer christlicher Liebe und christlicher Denkungsart der Hußiten auf der andern Seite, muß die eigentliche Ursache des Hussitenkriegs und aller darin verübten Gräuel gesucht werden. Kaiser Siegmund würde wahrscheinlich auch wohl nicht zu Böhmens Besitz gelangt seyn, wenn nicht unter den Hussiten selbst verschiedene Partheyen entstanden, und diese mit einander endlich in große Händel gerathen wären, welche Siegmund zu seinem Vortheil zu benutzen wußte. Dabey kam zugleich Siegmund endlich auf den weisen Gedanken, den Hussiten die verlangte Religionsfreyheit zu bewilligen, worauf sich der größte Theil ihm unterwarf, und die Uebrigen denn bald vollends mit Gewalt zum Gehorsam gebracht wurden, so daß Siegmund im Jahr 1436 allgemein von den Böhmen als ihr König anerkannt wurde, und er bis an seinen Tod, der aber schon das Jahr darauf 1437 erfolgte, ruhig seine Erbländer regieren konnte.

Der Bote aus Thüringen.

Zwey und Funfzigstes Stück.

1796.

Register.

Adelbert, Graf, wird enthauptet	S. 72
Adelbert, Erzbischof, erzieht Heinrich IV	156 ff.
Adolf, König, wird abgesetzt	374
Albrecht der Bär, Markgraf von Brandenburg	321
Albrecht der Unartige, Landgraf in Thüringen	372
Albrecht, König, wird ermordet	379
Arnulf, König, schlägt die Normänner	64
Bamberg, zu, wird ein Bisthum gestiftet	142
Bardewick, die Stadt, wird zerstört	287
Bayern kommt an das Wittelsbachische Haus	285
Bergbau, der, nimmt zu	348
Bergschlößer, die, ihre Menge u. übeln Folgen	212. 319
Bernhard von Anhalt, wird Herzog von Sachsen	285
Bernward, Bischof, befördert Künste und Handwerke	127
Bilderverehrung	15 f.
Böhmen, kömmt in Flor durch Deutsche	325. 395

December 1796. Bran-

Brandenburg, Ursprung von S. 89
Bruderkrieg in Deutschland 52
Bürger, ihr Ursprung, 16
Bulle, die goldene 396
Burgund kommt an Deutschland 146
Dachziegeln, die, werden erfunden 128
Deutschland wird ein besonderes Reich 57
— Folgen seiner Verbindung mit Italien 118 f.
— wird mehr angebauet 217. 345 f.
— geräth in große Verwirrung 294 f.
— wird durch die Hussiten verwüstet 408
Deutsche wallfahrten nach dem Lande Canaan 235
— nehmen an den Kreuzzügen Theil 252 f.
Domherren werden Schulmeister 22
Eider, die, wird die Gränze zwischen
  Deutschen und Dänen 146
Eisenach, wird von den Ungarn zerstört 67
— wird wieder aufgebauet 220
Ernst, Herzog von Schwaben, empört
  sich gegen seinen Vater 146
Faustrecht, das, nimmt überhand 211 f. 335
Feuerprobe, ein Gottesurtheil 134
Friedrich I., Kaiser, führt ein Kreuzheer an 266
— macht sich in Italien mächtig 291 f.
Friedrich II., Kaiser wird König v. Jerusalem 267. 303
— ziehet sich den Haß des Papstes zu 301 f.
Friedrich mit der gebissenen Wange 373
Friedrich, Burggraf, kauft die Mark Brandenburg 405
Fürsten, d. Deutsch. erhalten größere Macht 203 f. 323
Gauen, die, hören auf 204
Geißler, die, 391
Geistliche, Sitten derselben 9. 213

Geist

Geistl., ihre Unwissenheit zu Karls d. Gr. Zeit S. 13 f.
— ihre Macht nimmt zu — 206
— dürfen nicht heurathen 208 f.
Goslar, die Stadt, wird verschönert 152
Gottesfrieden, der 147
Gottesurtheile 131
Grafschaften, die, werden erblich 204
Gregor VII., Papst, sucht sich zum
Herrn der Könige zu machen 171
— hat Händel mit Kaiser Heinrich IV. 174
— spricht d. Bannfluch über Heinr. IV. aus 177
— wird in die Enge getrieben 190
— stirbt, u. wird unter d. Heiligen versetzt 190
Handel, der, nimmt in Deutschland zu 39. 335 f.
Handwerke, die, kommen empor 35. 333
Hanno, Erzbischof, bemächtigt sich Heinrichs IV. 155
Harzbergwerke, die, werden entdeckt 124
— wichtige Folgen ihrer Entdeckung 126 f.
Hansa, die große, wird errichtet 341
Heinrich I. verändert das Deutsche Kriegswesen 82
— legt Städte an 84 f.
— besiegt die Slaven 89
— schlägt die Ungarn 93
Heinrich II., Kaiser, wird zum Heiligen gemacht 142
Heinrich III. demüthigt den Papst 148
— küßt dem Papst die Füße 149
— fordert den König von Frankreich heraus 151
Heinrich IV., seine Erziehung 155 f.
— macht sich verhaßt 159
— bringt d. Sachs. u. Thür. gegen sich auf 162 f.
— schlägt die Sachsen 169
— handelt treulos 170

Heinrich IV. bekommt mit Greg. VII. Händel S. 174
— demüthigt sich vor Gregor VII. schimpfl. 181 f.
— wird abgesetzt 186
— treibt den Papst in die Enge 190
— zieht gegen seinen Sohn zu Felde 192
— wird gefangen genommen 194
— entsagt der Regierung 194
Heinrich V. zwingt den Papst, ihn zu krönen 201
— vergleicht sich mit dem Papste 202
Heinrich, Herzog, der Stolze, bekommt
    Streit und wird abgesetzt 276 - 278
Heinrich, Herzog, der Löwe, wird mäch-
    tig, beneidet und abgesetzt 282 - 284
— macht seine Länder blühend 289
Heinrich VI., Kaiser, wird in Italien mächtig 293
Heinrich Raspe, Landgraf, wird König 304
Heinrich VII verhilft seinem Sohne zu Böhmen 381
Herzogthümer, die großen Deutschen, gehen ein 321
Hessen kommt an den Landgrafen von Thüringen 231
— wird ein eigener Staat 330
Hohenstaufen, die, veranlassen viele Unruhen 276 f.
— nehmen ein unglückliches Ende 308
Hundetragen, eine Strafe für Aufrührer 103
Huß, Johann, Schicksale desselben 404
Hussitenkrieg 407
Jerusalem wird von den Kreuzfahrern erobert 260
Johann XII., Papst, wird abgesetzt 122
Johanniterritter, Ursprung der 262
Italien kommt unter die Deutschen Könige 117
— kostet viel Deutsches Blut 118
Judenverfolgungen 253. 389
Karl, der Große, Kaiser, sorgt für die

Sicher-

Sicherheit, Aufklärung, d. Ackerbau
Handwerke und Handel in Deutschland 3 - 40
arl, der Dicke, wird Kaiser u. König v. Frankreich 60
— wird abgesetzt 61
arl IV., veranstaltet die goldene Bulle 396
esselfang, ein Gottesurtheil 134
irchenversammlung, Thaten der zu Kostnitz 402 f.
onrad I., sein größter Sieg 75
onrad II., Kaiser, bringt Burgund an Deutschl. 146
onrad III. führt ein Kreuzheer nach Asien 265
onrad IV. wird König 305
onradin, Prinz, wird enthauptet 308
Kreuzprobe, ein Gottesurtheil 135
Kreuzzüge, Geschichte der 232 f.
— haben für Deutschland wichtige Folgen 268 f.
Kurfürsten, ihr Ursprung 333
Kurverein, erster 383
Leibeigene, ihr Zustand verbessert sich 345 f.
Leipzig, zu, wird eine Universität errichtet 405
Lothar II. wird Kaiser 228
Ludewig, der Fromme, Kaiser, wird von seinen
  Söhnen bekriegt 47 f.
Ludewig, der Deutsche, König, schützt sein Reich 58.
Ludewig, das Kind, wird König 70
Ludewig, Graf, der Bärtige, bauet Thüring. an 218 f.
Ludewig der Springer bauet Thüringen an 220 f.
Ludewig von Bayern, Kaiser, wird in Bann gethan 386
Lübeck wird eine große Handelsstadt 283
Markgrafen, der, Ursprung 4
Meißen, Ursprung von 91
Mönche, die, werden Schulmeister 22
— befördern den Anbau Deutschlands 226
Nonnenklöster, die, vermehren sich 270

Normänner, die, plündern in Deutschland S. 60
— werden von den Deutschen derb geschlagen 64
Oestreich wird ein eigenes Herzogthum 281
— kommt an das Habsburgische Haus 362
Otto I. wird zu Aachen gekrönt 98 f.
— hat viele Feinde 101
— besiegt und bekehrt die Slaven 103 f.
— schlägt die Ungarn total 111
— bringt die Kaiserwürde an Deutschland 113
— macht die Geistlichen reich 139
Otto IV. wird Kaiser und hat wenig Ruhe 295 f.
Papst, der, erhält große Macht 206
Pest, eine schreckliche, verheert Deutschland 387
Peter, der Einsiedler, predigt das Kreuz 245
Pfalzen, was darunter zu verstehen 36
Philipp, König, wird ermordet 295
Ra egast, ein Götze der Slaven 107
Reichskleinodien 42
Reichsritterschaft, der Ursprung derselben 322
Reinhardsbrunn, Ursprung des Klosters 221
Rheinische Städtebund, der, entsteht 338
Rindviehseuche, Mittel zur Verhütung der Ansteckung 383
Ritterorden, der Deutsche, wird gestiftet 262
Römermonathe, ihr Ursprung 117
Rudolf, Herzog von Schwaben, wird König 186
— verliert seine rechte Hand und stirbt 189
Rudolf von Habsburg, König, steuert dem Faustrechte 364 f.
Ruprecht, Pfalzgraf, wird Kaiser 399
Sachsen, die, bekriegen Heinrich IV. 166 f.
Sachsen, das Herzogthum, wird geschwächt 285

Silfahrt, große, der Deutschen	342
Schisma, das große, entsteht	399
— wird gehoben	403
Schlesier, die, unter Polnischer Herrschaft, werden Christen	139
Schlesien kommt unter Böhmische Herrschaft	394
Schmogra, zu, wird ein Bisthum errichtet	141
Schulen werden in Deutschland angelegt 21 f.	352
Schweizerbund, der,	378
Siegmund, Kais. veranlaßt d. Concilium zu Kostnitz	402
— wird, nach 16jähr. Kriege, Kön. v. Böhm.	408
Slapen, die, im Meißnischen werden besiegt	90
Slaven hatten berühmte Städte an der Ostsee	108
— werden endlich völlig unterjocht	330 f.
Städte werden angelegt in Deutschland	84 f.
— werden Wohnungen der Handwerker und Künstler	130
— ihr Wohlstand vermehrt sich 214 f.	331 f.
— ihre Händel mit dem Adel	397
Tempelherren, ihr Ursprung	261
Thüringen wird mehr angebauet	218 f.
— bekommt einen Landgrafen	230
— kommt an den Markgrafen von Meissen	329
Thüringer bekriegen Heinrich IV.	165 f.
Turniere	354
Ungarn, die, verwüsten Deutschland	66
— werden von den Deutschen geschlagen 93.	111
Universität, die erste, in Deutschland	395
Wasserprobe, die kalte, ein Gottesurtheil	135
Wartburg, die, wird erbauet	220
Welfen, die, veranlassen viel Unruhen in Deutschland	276 f.

Fff 4   Wenden,

Wenden, die, werden besiegt	89
Wenzel, Kaiser, wird abgesetzt	397
Wilhelm, Graf von Holland, wird König	305
Winetha eine Stadt der Slaven geht unter	109
Ziska, Anführer der Hussiten	407
Zünfte, Ursprung der	233

Berichtigungen.

Seite 146 lies statt Otto II.: Konrad II.
Seite 313, Zeile 2 lies statt nicht mehr: nicht viel mehr.
Seite 357 Zeile 4 muß es statt: Bey einem Turniere — — getödtet heißen: Bey den Turnieren, die man in Sachsen hielt, wurden einst in einem einzigen Jahre 16 Ritter getödtet.

Diejenigen Leser des Boten aus Thüringen, welche denselben bisher durch die Crusiussische Buchhandlung erhalten haben, können ihn künftiges Jahr von der Buchhandlung der Erziehungsanstalt in Schnepfenthal, oder von dem Commissionair derselben, Hrn. Buchhändl. Reinicke in Leipzig erhalten.

www.ingramcontent.com/pod-product-compliance
Lightning Source LLC
Chambersburg PA
CBHW030605300426
44111CB00009B/1109